HEINZ-GERD SCHMITZ

Wertungen

Philosophische Schriften

Band 104

Wertungen

Philosophische Prämissen evaluativer Diskurse
und politiktheoretische Auswirkungen einiger ihrer
prominenteren Resultate

Von

Heinz-Gerd Schmitz

Duncker & Humblot · Berlin

Bibliografische Information der Deutschen Nationalbibliothek

Die Deutsche Nationalbibliothek verzeichnet diese Publikation in
der Deutschen Nationalbibliografie; detaillierte bibliografische Daten
sind im Internet über http://dnb.d-nb.de abrufbar.

Alle Rechte vorbehalten
© 2021 Duncker & Humblot GmbH, Berlin
Satz: TextFormA(r)t, Daniela Weiland, Göttingen
Druck: CPI buchbücher.de GmbH, Birkach
Printed in Germany

ISSN 0935-6053
ISBN 978-3-428-18169-8 (Print)
ISBN 978-3-428-58169-6 (E-Book)

Gedruckt auf alterungsbeständigem (säurefreiem) Papier
entsprechend ISO 9706 ♾

Internet: http://www.duncker-humblot.de

„Wehe dir, Zarathustra!
Du siehst aus, wie Einer,
Der Gold verschluckt hat:
man wird dir noch den Bauch aufschlitzen! …"

Friedrich Nietzsche: Nietzsche contra Wagner,
Von der Armuth des Reichsten

Inhaltsverzeichnis

I. Einleitung 11

Teil A
Prämissen 21

II. Umwertung 23

III. Das Tragische, die Werte und das Böse 30

IV. Die Freiheit und der Wille 42

    Exkurs (a): Determinsten und Indeterministen 52

V. Kulturen 60

Teil B
Analysen 71

VI. Der wertphilosophische Subjektivismus 73

VII. Der wertphilosophische Objektivismus 82

VIII. Der wertphilosophische Intersubjektivismus 91

IX. Semiotische Axiologie 99

Teil C
Applikationen 107

X. Der Grundwert des Politischen 109

    Exkurs (b): Die Intrige 117

XI. Aus- und Einwanderung 124

XII. Der Sozialstaat 135

XIII. Die Gleichheit der Bürger 145

XIV. Schlußüberlegung 157

Bibliographie 162

Personenregister 172

Sachregister 173

Abkürzungen

Akad	Kant, I.: Werke, Akademie-Textausgabe, unveränderter photomechanischer Abdruck des Textes der von der Preußischen Akademie der Wissenschaften 1902 begonnen Ausgabe von Kants gesammelten Schriften, Berlin 1968
Ant	Sophokles: Antigone
Anthr	Kant, I.: Anthropologie in pragmatischer Hinsicht
AT	Peirce, Ch. S.: The Architecture of Theories, in: Wiener, 142–159
Buchler	Buchler, J. (Hrsg.): The Philosophical Writings of Peirce, New York 1955
CI	Peirce, Ch. S.: Some Consequences of Four Incapacities, in: Wiener, 39–72
De div	Cicero: De divinatione
De int	Aristoteles: De interpretatione
DNE	Peirce, Ch. S.: The Doctrine of Necessity Examined, in: Houser/Kloesel, 298–311
EN	Aristoteles: Ethica Nicomachea
EnHU	Hume, D.: Enquiry Concerning Human Understanding, in: D. H.: Enquiries Concerning Human Understanding and Concerning the Principles of Morals, ed. L. A. Selby-Bigge, third edition with text revised and notes by P. H. Nidditch, Oxford 1982, 1–165
Enz	Hegel, G. F. W.: Enzyklopädie der philosophischen Wissenschaften
GD	Nietzsche, F.: Götzen-Dämmerung
GM	Nietzsche, F.: Genealogie der Moral
GT	Die Geburt der Tragödie
GzMdS	Kant, I.: Grundlegung zur Metaphysik der Sitten
Houser/Kloesel	Houser, N./Kloesel, Ch. (Hrsg.): The Essential Peirce. Selected Philosophical Writings, vol. 1: 1867–1893, Bloomington/Indianapolis 1992
HWerke	Hegel, G. F. W.: Werke, auf der Grundlage der Werke von 1832–1845 neu edierte Ausgabe, Redaktion E. Moldenhauer und K. M. Michel, Frankfurt/M. 1979
JGB	Nietzsche, F.: Jenseits von Gut und Böse
KdU	Kant, I.: Kritik der Urteilskraft
KSA	Nietzsche, F.: Sämtliche Werke. Kritische Studienausgabe in 15 Bde., hg. v. G. Colli u. M. Montinari, München/Berlin/New York 1980
LN	Peirce, Ch. S.: The Laws of Nature and Hume's Argument Against Miracles. In: Wiener, 289–321
LS	Peirce, Ch. S.: Logic as Semiotics: The Theory of Signes. In: Buchler, 98–119
M	Nietzsche, F.: Morgenröthe
MA	Nietzsche, F.: Menschliches, Allzumenschliches
MdS	Kant, I: Metaphysik der Sitten
Met	Aristoteles: Metaphysik

PH	Sextus Empiricus: Πυρρώνειοι ὑποτυπώσεις
PhdR	*Hegel*, G. F. W.: Philosophie des Rechts. Die Vorlesung von 1819/1820 in einer Nachschrift, hg. v. D. Henrich, Frankfurt/M. 1983
Phys	*Aristoteles*: Physikvorlesung
Poet.	*Aristoteles*: De arte poetica
Pol.	*Aristoteles*, Politik
Rel	*Kant*, I.: Die Religion innerhalb der Grenzen der bloßen Vernunft
Rh.	Aristoteles: Ars rhetorica
Rphil	*Hegel*, G. F. W.: Grundlinien der Philosophie des Rechts
ST	Thomas von Aquin: Theologische Summe
Tr	*Hume*, D.: A Treatise of Human Nature, ed. L. A. SelbyBigge, second edition with text revised and notes by P. H. Nidditch, Oxford 1981
Wiener	*Peirce*, Ch. S.: Selected Writings (Values in a Universe of Chance), hg. v. Ph. P. Wiener, New York 1966
Za	*Nietzsche*, F.: Also sprach Zarathustra
ZeF	*Kant*, I.: Zum ewigen Frieden

I. Einleitung

ἐφ' ἡμῖν δὴ καὶ ἡ ἀρετή, ὁμοίως δὲ καὶ ἡ κακία –
es liegt bei uns, tugendhaft oder schlecht zu sein[1].

quicquid est quod nos sic vivere, sic mori iussit,
eadem necessitate et deos alligat – was auch immer
es sei, das uns auf diese Weise zu leben und zu sterben befohlen hat, mit der gleichen Notwendigkeit
bindet es auch die Götter[2].

Anfang August 2011 werden Teile Londons, später auch andere Städte in England von Krawallen erschüttert: Junge Leute brechen Geschäfte auf und eignen sich die dort zum Verkauf bereitliegenden Waren an – vornehmlich große Plasmabildschirme, Mobiltelephone, Sportbekleidung. Buchläden bleiben verschont. Es kommt zudem zu Raubüberfällen, zu Körperverletzungen, Anschlägen auf das Leben von Personen, die im Wege stehen oder sich in den Weg stellen. Automobile und Häuser werden in Brand gesetzt. Man versucht anschließend, die Feuerwehr daran zu hindern, ihre Arbeit zu tun. Ein traditionsreiches Möbelgeschäft, das ca. 140 Jahre alt ist, also beide Weltkriege überstanden hat und in vierter Generation geführt wird, brennt einer der Plünderer nieder – ohne ersichtlichen Grund, einfach weil ihm danach ist, wie er später vor Gericht aussagt. Die BBC interviewt zwei junge Frauen, die freimütig gestehen, sie hätten zeigen wollen, daß niemand sie daran hindern könne, sich ihre Wünsche zu erfüllen; ihre Beute ist eine Flasche Rosé.

Angesichts der Wut, mit der die Krawallmacher vorgehen, aber auch im Lichte der Tatsache, daß die Raubzüge offensichtlich organisiert sind, beschleicht die Politik eine gewisse Ratlosigkeit. Man spricht von nihilistischen Untaten, vom Werteverlust; nach ein paar Tagen aber fällt man wieder in die Erklärungsmuster zurück, welche sich entlang der politischen Gruppierungen seit Jahrzehnten eingebürgert haben: Die Konservativen sprechen von kriminellen Banden, eher sozialdemokratisch Orientierte glauben, der Unmut über mangelnde Chancen und die große Kluft zwischen Arm und Reich seien als Erklärungsgründe anzuführen.

Beide Einschätzungen scheinen einem Beobachter, der die Nachrichten verfolgt hat, kaum zuzutreffen – die erste nicht, weil auch unbescholtene Personen

---

[1] EN 1113b6/7. Zitatbelege erfolgen durch Angabe des Autors, des Jahres, in dem die verwendete Ausgabe erschienen ist, ggf. der Bandnummer und der Seitenzahl. Die Bibliographie liefert die vollständigen Angaben. Antike Autoren werden mit den geläufigen Abkürzungen belegt; diese und die für weitere oft zitierte Autoren verwendeten Siglen finden sich im Abkürzungsverzeichnis.

[2] *Seneca*: De providentia V, 8.

beteiligt waren, die zweite nicht, weil die Organisatoren recht teure Smartphones benutzten, die eher von Geschäftsleuten als von Bewohnern der Sozialghettos verwendet werden.

Nachdem das Entsetzen etwas abgeklungen ist, publiziert die ‚International Herold Tribune'[3] in ihrer Kommentarsektion eine Analyse von Philipp Blond, Direktor des *think tank* ‚Res Publica'. Blond nennt die Krawalle ein neues soziologisches Phänomen, in welchem sich der soziale, kulturelle und ökonomische Wandel spiegele, der in den letzten 30 Jahren in Großbritannien stattgefunden habe. Die Frage, welche Blond in seinem Artikel beantworten will, lautet: Warum brechen Unruhen aus, die nicht als Protest aufgefaßt werden können, sondern nur einem Zweck dienen – krimineller Bereicherung? Die Antwort, welche er schließlich gibt, lautet: Die nächtlichen Krawallmacher spiegelten in ihrem Verhalten insofern das moderne England, als die Werte, von denen sie sich hätten leiten lassen, klare Parallelen zu denen der Eliten des Landes aufwiesen. Man habe sich einer Ökonomie in die Arme geworfen, die gierige Bereicherung zur Maxime mache; man verschreibe sich einem Libertarianismus, der sich als Liberalismus lediglich tarne. Worin, so Blond, Politik, die Geschäftswelt und die nächtlichen Krawallmacher übereinstimmten, sei die Auffassung, daß es keine objektiven Werte gebe.

Was an Blonds Analyse, so faktengesättigt und – vor allem – so erfrischend parteienfern sie daherkommt, überrascht, ist die Tatsache, daß einerseits die Existenz objektiver Werte für die in Frage kommenden Personen abgestritten, andererseits aber festgestellt wird, die sozial Deklassierten folgten denselben Orientierungen wie eine weitgehend deindustrialisierte, zum großen Teil auf den Finanzsektor reduzierte Ökonomie und eine sich durch falsche Abrechnungen, also durch Betrug, bereichernde politische Klasse. Das durch Blonds Artikel aufgeworfene Problem lautet also: Wie kann von einem Wertrelativismus die Rede sein, wenn alle die gleichen Werte haben?

Die vorliegende Untersuchung nimmt die skizzierte Debatte zum Ausgangspunkt, um zu klären, was denn überhaupt unter einem Wert zu verstehen ist und wie sich eine wertorientierte Politik darstellt. Die These, die ich begründen will, lautet: Das Wirken der Werte ergibt sich in einer semiotischen Analyse, welche zutage fördert, daß wir einen Sachverhalt als Fall einer Regel auffassen. Die Untersuchung wird also zeigen, daß wir es, wenn von Werten die Rede ist, mit Regeln zu tun haben, denen wir intersubjektive Gültigkeit attestieren.

Ich will die Voraussetzungen dieser Behauptungen hier in der Einleitung zunächst nur skizzieren: Werte dienen der Handlungsorientierung. Man handelt genau dann, wenn man einen Weltzustand in einen anderen überführt, der ohne den Eingriff nicht zustande gekommen wäre. Unter einem Weltzustand kann die Gesamtheit der bestehenden und nicht bestehenden Sachverhalte verstanden werden. Ein Sachverhalt ist als eine Korrelation aufzufassen

---

[3] In ihrer Ausgabe vom 25.8.2011.

- von Subjekten: Jemand zieht einen Ertrinkenden aus dem Wasser;
- von Objekten: Jemand legt eine Münze in den Hut eines Bettlers;

beziehungsweise eine Korrelation

- zwischen einem Subjekt oder mehreren Subjekten und mindestens einem Objekt: Eine Person/mehrere Personen arbeitet/arbeiten auf dem Feld.

Unter einem Objekt wird alles das verstanden, dem die Eigenschaft eines Subjekts mangelt. Ein Subjekt ist eine solche Entität, die in der Lage ist, Propositionen zu formen. Hierbei muß es sich nicht um sprachliche Gebilde handeln, es kann auch eine rein mentale, i. e. phonetisch nicht artikulierte, Proposition vorliegen.

Das Handeln kann nun auf zwei Stufen erklärt werden: einmal so, daß Propositionen keine Rolle spielen; dann aber auch so, daß erst die Produktion gewisser Propositionen auf den Kern dessen weist, was das jeweilige Handeln ausmacht. So ist ein Eingriff in den Weltzustand, der darin besteht, einen Baum zu fällen, nicht auf die Formulierung einer Proposition angewiesen[4], sehr wohl aber der, mit welchem zwei Personen in den Stand der Ehe treten.

Jedes Handeln sichert entweder den Fortbestand eines Sachverhaltes, oder es realisiert einen bisher nicht bestehenden Sachverhalt. Die drei oben genannten Korrelationen werden also entweder durch das Handeln aufrechterhalten oder aber herbeigeführt. Dies geschieht nach der Maßgabe eines Wertes. Werte treten hier als leitende Postulate auf, welche den durch das Handeln herbeizuführenden Weltzustand fordern. Unmittelbar damit ist verbunden, daß der jeweils vorliegende Weltzustand als Unwert angesehen wird. Wertung setzt mithin einen ganz bestimmten Blick auf jeweilige Weltzustände voraus. Dieser Blick verbietet es, sich mit dem zufrieden zu geben, was jeweils ist beziehungsweise geschieht; er verlangt vielmehr, daß derjenige, um dessen Blick es sich handelt, sich mit einem Weltzustand, den er antrifft, handelnd ins Verhältnis setzt.

Werte wirken freilich nicht unvermittelt; sie schlagen sich nämlich in Normen[5] nieder. Normen sind – so meine Definition – Sollenssätze, die aus der Gültigkeit bestimmter Werte ihre präskriptive Kraft beziehen. Gültigkeit meint hier zunächst nicht Gültigkeit schlechthin, sondern lediglich putative Gültigkeit im Bewußtsein

---

[4] Im Zusammenhang mit der Bestimmung eines Begriffes der Kultur im fünften Kapitel wird sich zeigen, daß dies nicht für alle Völker der Fall ist. Gewisse animistische Stämme entschuldigen sich bei den Bäumen, bevor sie sie fällen.

[5] Gänzlich anders versteht Habermas das Verhältnis von Normen und Werten. Erstere will er als etwas verstanden wissen, was im Entscheidungsfalle mit universeller Gültigkeit sagt, was zu tun sei; Werte hingegen stellen lediglich Empfehlungen dar, die von Kollektiv zu Kollektiv schwanken können (vgl. *Habermas* 1997, 72/73). Mein Vorschlag lautet demgegenüber, als Wert zu bezeichnen, was Habermas eine Norm nennt, und den in Habermas' Wertbegriff eingeschriebenen Relativismus dadurch zu beseitigen, daß Normen in direkte Abhängigkeit von Werten gebracht werden. Die im Laufe des Buches am Wertrelativismus zu übende Kritik muß diese Auffassung rechtfertigen.

dessen, der den Satz formuliert. Das sich hier ergebende philosophische Problem lautet: Läßt sich die putative Gültigkeit überschreiten, sind Werte mehr als subjektive Zuschreibungen?

Der – weil wertgeladen – als Norm aufzutreten fähige Sollenssatz verlangt die Ausführung beziehungsweise Unterlassung einer Handlung im angegebenen Sinne. Auf die Frage, mit welchem Recht diese Aufforderung erfolge, gibt derjenige, der sie formuliert hat, zu verstehen, daß ein gewisser Wert es erforderlich mache. Ich will in den folgenden Kapiteln zu zeigen versuchen, daß solche Werte nicht nur für ein Individuum, sondern inter-individuell und damit intersubjektiv Gültigkeit besitzen. Die Rede vom wertenden Blick auf die Welt indiziert also keine Beliebigkeit des Wertens, sondern verweist lediglich darauf, daß Werte erst dann ins Spiel kommen können, wenn man eine bestimmte Perspektive einnimmt[6].

Dem an der klassischen Physik[7] eines Newton orientierten, i. e. auf den makroskopischen Kosmos gerichteten, Forscher müssen und sollen sie entgehen, weil seine Untersuchungen eine vollständig determinierte Welt von an sich selbst bedeutungslosen Entitäten voraussetzt, deren regelhaftes Auftreten eruiert werden soll, um es eines Tages prognostizieren[8] und schließlich manipulieren zu können. Musterhaft ist hier die von Laplace gegebene Bestimmung. Er sagt: Wenn wir die Existenz einer Intelligenz annehmen, der einerseits alle Naturkräfte bekannt sind, andererseits die Zuständlichkeit aller Entitäten, dann wäre für eine solche Intelligenz nichts kontingent, Vergangenheit und Zukunft lägen ihr wie offene Bücher vor Augen[9].

Daß wir über solche Kenntnisse nicht verfügen, ist für Laplace lediglich darauf zurückzuführen, daß wir (noch) nicht genug wissen. Weitere Forschung werde uns immer kundiger machen, so daß wir uns der beschriebenen Intelligenz anzunähern in der Lage seien. Diese Annahme ist Resultat einer szientifischen Per-

---

[6] Diese Auffassung vertritt auch House. Allerdings nimmt er an, daß Aussagen über Fakten und wertende Propositionen nur einen konträren Gegensatz bildeten (vgl. *House* 2001, 313 f.). Demgegenüber will ich zu zeigen versuchen, daß es sich um einander ausschließende Perspektiven handelt – vgl. hierzu H. Boks Unterscheidung zwischen ‚theoretical‘ und ‚practical reasoning‘ (*Bok* 2004, 130); freilich vertritt Bok auf dieser Grundlage eine kompatibilistische Auffassung in der Willensfreiheitsdebatte, eine Position, die ich nicht beziehen werde (vgl. den Exkurs).

[7] Diese Einschränkung ist nötig, nachdem die Quantenphysik für den subatomaren Bereich nur noch eine statistische Kausalität zuläßt, also einem Indeterminismus das Wort redet; für den makroskopischen Bereich geht man freilich weiterhin von einer ‚causal closure of physics‘ aus: „... given some physical event e at time t_1 and the laws of physics, the outcome of some physical event ... at t_2 is fully fixed" (Bishop/Anspacher 2011, 102). Zur Bedeutung der Quantenphysik in den Willensfreiheitdebatten vgl. *Carnap* 1966, 193, 217, 222, 288 f.; *Hodgson* 2011; *Bishop* 2011. Ich werde im Exkurs nach dem IV. Kapitel einige Andeutungen zum Verhältnis von Quantenmechanik und Determinismus machen.

[8] Vgl. *Peirce* in LN (Wiener 290); auch Carnap stellt fest, die Rede von einer kausalen Beziehung meine potentielle Vorhersagbarkeit (*Carnap* 1966, 192, 216).

[9] *Laplace* 1902, 4; die gleiche Bestimmung bei *Peirce* (DNE 299), der freilich sogleich hinzusetzt, man habe es mit einem Postulat zu tun, dessen Gültigkeit fragwürdig sei (DNE 300). Vgl. in diesem Zusammenhang auch *Mill* 1882, 426.

spektive[10]. Man könnte dann von einer Illusion[11] sprechen, wenn vergessen wird, daß man es lediglich mit einem heuristischen Prinzip[12] zu tun hat, mit einer der berühmten Als-ob-Annahmen Hans Vaihingers[13]. Ich werde die szientifische Perspektive in den folgenden Kapiteln auch als den naturwissenschaftlichen Standpunkt bezeichnen und meine damit die skizzierte Laplace-Ontologie.

Die Rede von Werten setzt einen anderen Blickwinkel voraus, den nämlich, der Handlungs- und Willensfreiheit zuläßt, wodurch es unmöglich wird, das Auftreten von Ereignissen mit dem Grade an Sicherheit vorherzusagen, dessen sich der szientifische Blick auf die Welt rühmt oder den er doch wenigstens herbeisehnt.

Die grundsätzliche Differenz der beiden Perspektiven wird an der Verwendung der Begriffe ‚verursachen' und ‚verschulden' deutlich. Wenn ein Windstoß die teure, erst jüngst aus Hongkong mitgebrachte Vase von der Kommode fegt, dann wird ihm niemand, der einer nicht-animistisch denkenden Kultur angehört, die Schuld an diesem Unglück geben; ein Vorwurf ist aber sehr wohl möglich, wenn ein menschliches Subjekt sie absichtsvoll oder auch nur aus Unachtsamkeit hat zu Boden stürzen lassen[14]. Der Satz: „Du bist schuld am Verlust der Vase", kann – wiederum unter nicht-animistischen Verhältnissen – nur geäußert werden, wenn vier Voraussetzungen in Kraft sind:

(i) Man richtet ihn an einen Menschen eines gewissen Alters – Kleinstkinder wird man so nicht adressieren, auch wenn sie die Vase zerstört haben.

(ii) Man unterstellt dem Adressaten des Satzes Handlungs- beziehungsweise Willensfreiheit, nimmt also an, daß ihm die Tat zugerechnet werden kann, weil er sie hätte unterlassen oder zumindest doch achtsamer hätte sein können.

(iii) Man glaubt also, der Adressat bewege sich in einer zumindest partiell kontingenten Welt.

(iv) Man unterstellt, daß die Zerstörung der Vase einen Wert verletze, den auch der Adressat zu teilen habe.

---

[10] Gethmann spricht in diesem Zusammenhang von der naturwissenschaftlichen Berichtperspektive, die von der Vollzugsperspektive zu unterschieden sei. Nur letztere ermögliche es, daß ich mir meine Handlungen dergestalt zuschreibe, daß ich mich als ihren Urheber verstehe (*Gethmann* 2004, 49). Selbst wenn ein Experimentator annähme, er sei in seinen Aktionen vollständig determiniert, müsse er zugestehen, gewisse Zwecke mit seinen Forschungen zu verfolgen, womit er sich auf die Vollzugsebene begebe (51 f.). Aufgrund der Unterscheidung von Bericht- und Vollzugsebene könne gesagt werde, daß die Rede von einer Illusion des freien Willens auf einem Kategorienfehler beruhe (54).

[11] Das Credo dieser Illusion wird häufig im Zusammenhang mit der Frage nach der Möglichkeit eines freien Willens hergebetet; es lautet: Ereignisse sind vollständig determiniert; was ein determiniertes Ereignis verursacht, ist selbst ein Ereignis (*Broad* 1952, 215). Vgl. in diesem Zusammenhang den Exkurs im vorliegenden Buche.

[12] Vgl. *Falkenburg* 2012, 18.

[13] Vgl. *Vaihinger* 1920.

[14] Aristoteles konstatiert in diesem Sinne, der Mensch sei Urheber seiner Taten – genauso, wie er Urheber seiner Kinder sei (EN 1113b18/19).

Die Rede von Werten hängt mithin davon ab, daß man dazu bereit ist, die durch die Bedingungen (ii) und (iii) gekennzeichnete Perspektive einzunehmen, die nicht mit der skizzierten Auffassung eines Laplaceschen Naturforschers übereinstimmt, ja ihr entgegengesetzt ist. Wenn man die Gültigkeit von Werten überhaupt leugnet und damit auch ihr Gegenteil, das Böse[15], in Abrede stellt, dann weigert man sich, die für die Rede von Schuld nötige Perspektive einzunehmen. Eine solche Weigerung ist, so soll gezeigt werden, ganz unsinnig, da auch der Naturforscher, wenn er für seine Resultate Wahrheitsanspruch[16] erhebt und von sich und seinen Kollegen Wahrhaftigkeit verlangt und verlangen muß, immer bereits außerhalb des Laplace-Kosmos steht, den er untersucht, denn er rechnet nun neben dem Faktum kausaler Determination auch mit der Möglichkeit einer axiologischen, i.e. wertorientierten, Klassifikation gewisser Ereignisse in der Welt[17]. Sobald er den Vorwurf erhebt, einer seiner Kollegen habe seine Ergebnisse manipuliert, hat er den Laplace-Kosmos verlassen und sich im Axiologischen angesiedelt, i.e. er hat die szientifische gegen eine axiologische Perspektive ausgetauscht; denn was er mit dem Manipulationsvorwurf vollzieht, ist ja nichts anderes als eine Schuldzuweisung, für welche die vier benannten Bedingungen gelten.

Damit sind Gegenstand und Ansatz der in diesem Buch durchgeführten Überlegungen skizziert. Ich will nun noch eine kurze Übersicht über den Aufbau geben. In Kapitel (II) soll zunächst die philosophische Opposition zu Wort kommen – i.e. die Partei der axiologischen Subjektivisten. Zu nennen ist hier in erster Linie Nietzsche und das von ihm beeinflußte Denken. Es wird sich zeigen, daß sein Postulat der Umwertung, das letztlich die moderne Wertedebatte in Gang gesetzt hat, weil er in provokativer Form die etablierten Werte als bloße Zuschreibungen behandelt, die es zu reformieren gelte, ganz gegen die erklärte Absicht mit der Existenz trans-subjektiver Werte rechnen muß.

Im folgenden Kapitel (III) will ich die Voraussetzungen klären, welche in Kraft sind, wenn wir von Werten reden. Hier wird sich zeigen, daß wir, wenn wir von Werten sinnvoll sprechen wollen, den skizzierten Standpunkt einnehmen müssen, der es ermöglicht, daß wir uns als freie Wesen auffassen.

---

[15] Eine historische Darstellung der Auffassungen vom radikal Bösen hat J.B. Russell vorgelegt. Er denkt in seinem Buch auch über die Gründe nach, aus denen es den Zeitgenossen so schwerfällt, diesen Begriff in den Mund zu nehmen (vgl. *J.B. Russell* 1992, 241 ff., 274).

[16] Putnam nennt – mit Verweis auf Peirce – weitere Werte, die in den Naturwissenschaften eine Rolle spielen: Kohärenz, Plausibilität, Vernünftigkeit, Einfachheit etc. (vgl. *Putnam* 2003, 31, 135). Er spricht in diesem Zusammenhang von ‚epistemic values' (2003, 30f.). Senn weist darauf hin, daß schon deshalb jede Aussage über Faktisches etwas Wertendes enthält, weil sie auf einer Selektion beruht (1982, 444). Schon 1953 hat Rudner konstatiert, daß mit der Auswahl einer Hypothese eine Wertung vollzogen werde (*Rudner* 1953, 2). Th. Nagel hat 2012 eine Kritik des Neo-Darwinismus vorgelegt, welche auch die Problematik des Wertens thematisiert; vgl. in diesem Zusammenhang auch *C.G. Hempel* 2013, 128ff.; *G. Schurz* 2013, 311; *G. Doppelt* 2013, 275.

[17] Die Termini finden sich bei N. Hartmann, vgl. *Hartmann* 1949, 168.

Kapitel (IV) soll dann diese Prämissen näher klären: Was genau ist unter ‚Freiheit' und unter ‚Wille' zu verstehen? Dabei wird die Frage, ob es so etwas wie Willensfreiheit faktisch gibt, in einem sich anschließenden Exkurs (a) zur Sprache gebracht; er wird mit der Feststellung enden, daß die in den letzten Jahren geführten Debatten – wie ich meine – die Unfruchtbarkeit einer gewissen Art der Problemstellung gezeigt haben. Es ist schon viel gewonnen, wenn es gelingt, die Perspektive zu beleuchten, die man *nolens volens* wählt, wenn man von Werten spricht und eingesehen hat, daß man von ihnen sprechen muß. Diese Perspektive schließt sowohl den Determinismus als auch den verkürzten Freiheitsbegriff des Kompatibilismus aus.

Kapitel (V) bettet die Resultate des zweiten Kapitels dann in eine Konzeption des Kulturellen und der Kultur ein; denn sowohl das Böse als auch die Werte sind ohne einen solchen Kontext nicht konzipierbar. Ja man muß sagen, daß an der Wurzel aller Kultur immer gewisse Werturteile liegen.

Damit ist Teil A des Buches abgeschlossen. Die sich mit Teil B anschließenden Kapitel thematisieren nacheinander die drei denkbaren wertphilosophischen Positionen, den Subjektivismus, den Objektivismus und den Intersubjektivismus. Diese Gliederung stimmt nicht ganz mit dem überein, was in den philosophischen Debatten bisher erörtert worden ist. So kennt Scheler vier und nicht drei mögliche Auffassungen bezüglich des Status, den Werte haben können. Man halte sie einmal für Entitäten eigener Art. Man meine zweitens, sie seien Qualitäten von Dingen, Handlungen, Personen. Drittens nehme man an, sie müßten den Dingen innewohnende Kräfte, Fähigkeiten, Dispositionen sein, welche in Subjekten gewisse Gemütszustände hervorzurufen verstünden. Schließlich gebe es noch die Auffassung, Werte drückten Zustände von Subjekten aus[18].

Nimmt man diese Aufzählung in näheren Augenschein, dann deckt sie lediglich einen objektivistischen und einen subjektivistischen Standpunkt ab, wobei der erste in drei Spielarten auftritt – einmal so, daß Werte selbständige Entitäten sein sollen, dann so, daß sie Qualitäten von Objekten darstellen bzw. ihnen inhärierende Kräfte. Die letzte von Scheler aufgezählte Auffassung ist schließlich die subjektivistische Position.

Was sich bei Scheler nicht findet, ist die im vorliegenden Buch vertretene Ansicht, es gebe eine intersubjektive Gültigkeit von Werten. Sie resultiert, wenn man sich die triadische Struktur vor Augen führt, die in allem Werten steckt: Wert (1) hat etwas (2) immer für jemanden (3)[19]. Triadisch ist auch der Aufbau von Zeichen, so daß es naheliegt, das Handwerkszeug der semiotischen Analyse, das Charles Sanders Peirce uns verschafft hat, für die Untersuchung von Werten fruchtbar zu machen und damit Nietzsches nicht näher begründeten Hinweis, Werte verdankten sich unserer semiotischen Tätigkeit, zu substantiieren.

---

[18] *Scheler* 1921,10/11.
[19] Die Formel stammt von N. Hartmann – vgl. *Hartmann* 1949, 179.

Handlungen, Personen, Sachen, die bewertet werden, stellen sich dann als Zeichenmittel dar, welche sich auf Werte als ihren Gegenstand beziehen und einen entsprechenden Interpretanten hervorrufen, in dem die Wertung so ausgesprochen wird, daß sich die axiologische Bedeutung des Zeichenmittels enthüllt. Dies gilt, wie ich zeigen möchte, für alle Arten des Wertens – sowohl für die Urteile, die ein Restaurantkritiker fällt, als auch für die moralische Kennzeichnung von Personen oder Handlungen.

Das zehnte Kapitel kehrt zum Ausgangspunkt der Überlegungen zurück und wendet die Resultate der Untersuchung auf das Politische an, wodurch ihre praktischen Konsequenzen in den Blick geraten sollen. Damit kann deutlich werden, welchen Sinn die Rede von einer Wertorientierung der Politik haben muß; sie kann nur meinen, daß wir das Politische einer gewissen Normativität unterordnen, die sich in Regeln ausdrückt, denen man zu folgen hat, wenn man anstrebt, auf eine bestimmte Weise bewertet zu werden. Als letzter Wert, der diese Regeln fundiert, wird sich nicht etwa die Wohlfahrt, sondern ausschließlich die Freiheit zeigen. Bestimmt wird der Begriff durch eine Abgrenzung von anarchistischen und etatistischen Positionen. Freiheit erweist sich damit einerseits als Voraussetzung allen Wertens, andererseits aber auch als oberster Wert des Politischen. Freiheitsfeindliches politisches Handeln negiert die Normativität der Politik und nähert sie der Apolitie an, die im Terrorismus wie im Despotismus ihren radikalsten Ausdruck findet.

Vertieft wird der Begriff der Freiheit in einem zweiten Exkurs, der als ihre eigentliche Gegenspielerin nicht die offene Gewalt, sondern die Intrige identifiziert. Erprobt und exemplifiziert wird der gefundene politische Grundwert schließlich in zwei aktuellen Feldern: Das elfte Kapitel erörtert die Frage, ob man – angesichts der axiologischen Bedeutung der Freiheit – ein unbeschränktes Recht auf Immigration konstatieren muß, ob sich also – unter Absehung von der eigenen Lage – eine Verpflichtung den Bürgern fremder Länder gegenüber ergibt.

Eine Erörterung der Legitimität des Sozialstaates schließt die Applikation des politischen Grundwertes ab, indem sie die resultierenden Verpflichtungen Inländern gegenüber thematisiert. Hier wird sich ergeben, daß eine Redistribution von finanziellen Mitteln durch den Staat weder mit Hinweis auf Solidaritätsverpflichtungen oder auf den nötigen Respekt vor der Menschenwürde zu begründen ist noch auf Erfordernisse der Verteilungsgerechtigkeit, i.e. der *iustitia distributiva*. Der Grundwert der Freiheit läßt vielmehr ausschließlich eine Argumentation zu, die den Begriff der Partizipationsmöglichkeit ins Zentrum der Begründung von sozialstaatlichen Maßnahmen rückt. Die Resultate des Anwendungsteils werden am Ende in einer Überlegung zur Konzeption der Gleichheit der Bürger zusammengeführt.

Eine Schlußbetrachtung versucht einen Ausblick auf das, was philosophisch im angesprochenen Felde einer politischen Axiologie, in deren Zentrum der Grundwert der Freiheit steht, noch zu leisten wäre.

***

Teile der vorliegenden Überlegungen waren Gegenstand vieler lebhafter Seminardiskussionen über die letzten Jahre hinweg. Ich danke meinen Kölner Studenten für ihre scharfsinnigen Bemerkungen und für ihre diskursive Beharrlichkeit, welche es nicht erlaubte, daß etwas unkritisiert blieb. Was an Idiosynkrasien in den einzelnen Argumentationsgängen verblieben ist, steht natürlich vollständig in der Verantwortung des Autors.

Teil A

Prämissen

II. Umwertung

> „Und wer ein Schöpfer sein muss im Guten und Bösen: wahrlich, der muss ein Vernichter erst sein und Werthe zerbrechen."[1]

Es ist Nietzsche, der die philosophische Position eines Nihilismus ausarbeitet, welcher Werte lediglich als vom Subjekt vollzogene Zuschreibungen ansieht[2] und daher meint, man müsse sie abschaffen. Diese Auffassung verwickelt ihn freilich genau dann in Widersprüche, wenn er im gleichen Atemzug nach Umwertung aller Werte verlangt; denn ganz gegen seine Intention zeigt dieses Postulat, daß wir – jenseits eines nihilistischen Werterelativismus – durchaus auf transsubjektiv gültige Werte angewiesen sind, deren Gültigkeit wir gewiß nicht nur aus ‚Gedankenlosigkeit' oder gar mit der Absicht der ‚Falschmünzerei' annehmen[3]. Die Hauptstationen seiner Argumentation seien hier kurz nachgezeichnet, weil sie für das kontemporäre Wertebewußtsein von nicht geringer Bedeutung sind.

In einigen der Fragmente, die Colli und Montinari auf den Zeitraum November 1887 bis März 1888 datieren, beschreibt Nietzsche, welche ‚Weltconception' er sucht[4]. Es geht ihm um eine nicht-teleologische Auffassung des Werdens; denn – so stellt er fest – wenn die Welt sich auf ein Ziel zubewegte, dann müßte dieser Endzustand bereits erreicht sein. Eine nähere Erklärung, wie dies der Fall sein sollte, findet sich in dem Fragment nicht. Aber es ist nicht schwer, das Argument zu rekonstruieren: Alles teleologische Denken geht von einem Ende aus, in das eine Entwicklung hineinläuft. Von diesem Punkt blickt man retrospektiv auf den Weg zurück, der zu dem Endpunkt führt. Hat man sich so aufgestellt, dann läßt sich die Raupe, der ihre Vollendung noch bevorsteht, als ein unfertiger Schmetterling ansprechen, das *heran*-wachsende Kind als ein noch nicht *er*-wachsener Mensch. Wüßte man nun nicht, daß die Raupe sich in einen Schmetterling verwandelt und daß Kindheit kein Dauerzustand ist, dann wäre man nicht zu einer teleologischen Interpretation in der Lage. Also muß man schon einmal Schmetterlinge und erwachsene Menschen angetroffen haben, um Kinder und Raupen als deren defizitäre Modi zu begreifen, kurz: Man muß die Möglichkeit haben, an dem beschriebenen Endpunkt Aufstellung zu nehmen. Damit ist die Voraussetzung geschaffen, den

---

[1] *Nietzsche*, Za – KSA 4, 149.
[2] Für Landgrebe ist in eben der Vorstellung, daß es der Mensch selber sei, der dem Weltgeschehen Sinn verleihe, das nihilistische Grundgefühl zum Ausdruck gebracht (vgl. *Landgrebe* 1974, 26).
[3] Es ist Heidegger, der diese Behauptung in die Welt gesetzt hat – vgl. *Heidegger* 1961, 102.
[4] KSA 13, 34.

Wert von Raupen und Kindern zu messen. Er resultiert aus dem Abstand, in dem sie zu Schmetterlingen und Erwachsenen stehen – je näher sie ihrem Telos gekommen sind, um so wertvoller sind sie geworden.

Die große Leistung dieses von Aristoteles aufgebrachten teleologischen Denkens[5] besteht darin, die Welt des Werdens nicht als einen derivativen Modus eines transzendent-jenseitigen Ideenkosmos anzusehen, wie Platon vorschlägt, sondern dadurch Einheit im fortdauernd fluktuierenden Werde-Chaos zu stiften, daß man das stets sich Verändernde aus dem Zustand heraus versteht, in welchem es seinen – wie sich später erweisen wird lediglich vermeintlich – höchsten Entwicklungspunkt erreicht hat. Auf diese Weise läßt sich die fluktuierende Werdewelt in gewissem Sinne stillstellen, ohne daß man sich von ihr abwenden und in einem metaphysischen Transzensus in eine – wie Nietzsche gern sagt[6] – ‚Hinterwelt' flüchten müßte.

Aristoteles bleibt der Welt des Phänomenalen treu, aber natürlich hat auch seine Metaphysik ihre Schwächen, wenn es um das Werden und die Bestimmung seines Wertes geht; denn auch sie tut dem sich Wandelnden insofern Unrecht, als sie es in gewissem Sinne devaluiert. Denn Raupen sind dem Teologen ja nur unfertige Schmetterlinge, Kinder lediglich mangelhafte Erwachsene. Kurz: Das Werden ist ihm ein minderwertiger – weil derivativer – Modus des Seins.

Dieses Problem der Entwertung des Werdens kann schließlich auch nicht dadurch behoben werden, daß man die teleologische Sicht durch eine finalistische ersetzt, sich also nicht mehr retrospektiv, sondern prospektiv orientiert. Nun nähme man auf einem der Punkte Aufstellung, deren Addition den Werde-Weg bilden, und machte von dort Aussagen über das noch nicht erreichte Ende des Weges. Dies könnte so gerechtfertigt werden, daß man darauf verweist, das Ende des Weges gleichsam hochrechnen zu können; dies sei möglich, da man Einsicht in die Gangstruktur des Prozesses gewonnen habe. Damit tritt an die Stelle einer teleologischen eine geschichtsmetaphysische Erklärung von Ereignisabfolgen, welche vor allen Hinweisen darauf, daß der Gang der Dinge – zumindest partiell – kontingenten Charakter haben könnte, die Augen fest zukneift.

Zielzustände einzelner Vorgänge oder gar der gesamten Weltentwicklung zu prognostizieren ist nämlich ein heikles Geschäft, da man aufgrund der Unüberschaubarkeit künftiger Ereignisse niemals die Gesamtheit der Faktoren ins Kalkül zu ziehen vermag. Alles, was über das Urteil, man könne, wenn die Rahmenbedingungen konstant blieben, mit dem und dem rechnen, hinausgeht, ist letztlich daher pures Postulat. Man gibt als Endzustand aus, was einem aus welchen Gründen auch immer gefällt, nicht aber, was man mit Gewißheit vorherzusagen vermöchte.

---

[5] Zu den Einzelheiten der Argumentation vgl. *Schmitz* 1994.
[6] Vgl. MA – KSA 2, 386.

II. Umwertung

Ein Beispiel mag hier die Marxsche Rede von der Vorgeschichte und ihrem Ziel, der kommunistisch-klassenlosen Gesellschaft sein; sie ist ihrem Selbstverständnis nach wissenschaftliche Vorhersage des Geschichtsganges der Menschheit – angeblich einer Abfolge von Klassenkämpfen, die mit der Diktatur des Proletariats ihr Ende zu finden beginne[7]; bei genauerem Hinsehen handelt es sich freilich um eine szientifisch getarnte Geschichtsmetaphysik, die das, was ihr Urheber sich als Weltzustand wünschen mag, zum unvermeidlichen Resultat einer wissenschaftlich zu berechnenden Historie erklärt.

Es ist leicht zu sehen, daß der Vorwurf, der das teleologische Denken trifft, der Tadel nämlich, es diskriminiere das Werden, auch für eine finalistische Interpretation gültig ist. Auch ihr gilt das sich Entwickelnde wenig oder nichts – eben darum spricht Marx von einer Vorgeschichte, wenn er die prä-kommunistische Periode kennzeichnen will; dieser Zeitraum ist ihm letztlich nichts, der Endzustand hingegen alles. Demgegenüber gilt es, die ‚Unschuld des Werdens' herauszustellen; das zu tun, ist Nietzsches erklärte Absicht[8].

Was Nietzsche also im Sinn hat, ist eine Philosophie, welche das Werdende nicht gegen ein statisches Sein ausspielt, es geht ihm um die Unabwertbarkeit des Werdens[9]. Dieser Gedanke führt ihn dazu, die tradierten ontologischen Verhältnisse umzukehren. Nicht mehr das Werden ist ein defizitärer Modus des Seins, sondern ein Seiendes zu sein, heißt, in einem ständigen Werdeprozeß zu stehen, was zur Folge hat, daß man die Rede vom Sein überhaupt aufgeben, sie als eine Illusion entlarven muß.

Die Überlegungen führen dazu, zunächst ganz auf den Begriff ‚Wert' zu verzichten, denn es ist ja mit der Entlarvung der Seins-Illusion der Maßstab verlorengegangen, anhand dessen sich der Wert eines Werdenden messen ließe. Nun stehen die verschiedenen Zustände, die etwas in seinem Werden annimmt, einander gleichwertig gegenüber. Raupen und Kinder haben den gleichen Wert wie Schmetterlinge und Erwachsene; oder besser: Es verbietet sich nun, überhaupt nach dem Wert zu fragen, denn es tritt ein Wertnihilismus ein. Aber Nietzsche hat anderes im Sinn, ihm geht es um eine Umwertung der Werte, die nach Maßgabe seiner Rehabilitation des Werdens vollzogen werden soll.

Dies geschieht durch eine psychologisierende Analyse dessen, was uns überhaupt Wertungen im kritisierten Sinne aussprechen läßt, wodurch dann der eigentliche Maßstab zu Gesicht kommen soll. Wir werten nämlich – so Nietzsches These –, indem wir uns fragen, was der Erhaltung bzw. der Steigerung unserer Lebendigkeit dient[10]. Dem verleihen wir die Würde, ein Seiendes zu sein, wir drücken ihm gleichsam ein ontisches Siegel auf. Auf diese Weise kaschieren wir

---

[7] Vgl. *Marx* 1972, 29.
[8] Vgl. GD – KSA 6, 95.
[9] KSA 13, 34.
[10] KSA 13, 36.

vor uns und vor anderen das Faktum, daß es letztlich der Wille zur Macht ist, der wertet[11]. Wir können so vergessen, daß wir Urheber der Werte sind[12]; was wir gesetzt haben, wirkt dann wie eine selbständige Entität auf uns.

Mit dem Terminus ‚Wille zur Macht' bezeichnet Nietzsche das Prinzip unserer Lebendigkeit[13], an anderen Stellen gar das Prinzip alles dessen, was ist[14]. Das präpositional angeschlossene Attribut ‚zur Macht' nennt dabei nicht das, was der Wille will, sondern es bezeichnet seine zentrale Qualität; gemeint ist, daß der Wille darauf aus ist, sich ständig zu steigern. Die Etymologie des deutschen Wortes ‚Macht' zeigt dies deutlich: Macht ist ein Können-Können, die in der Gegenwart angesiedelte Fähigkeit, einen in der Zukunft auftretenden Zustand herbeizuführen. Soll eine solche Kapazität erworben und erhalten werden, dann gilt es, das Erreichte nicht etwa nur zu konservieren, man muß es vielmehr steigern. Das Können-Können ist mithin nur dann gesichert, wenn es sich als ein Mehr-Können-Können etablieren läßt. Etwas, das vom Willen zur Macht beseelt ist, strebt nach einer Existenz im Komparativ. Wille zur Macht ist mithin das beständige Mehrwerden-Wollen, die unbeschränkte Steigerung.

Die Menschheit oder gar alles Seiende dem Willen zur Macht zu unterstellen, heißt zunächst, einer nihilistischen Weltansicht das Wort zu reden. Dies geschieht freilich nicht aufgrund einer bloßen Gegnerschaft, welche die herrschende Moral beseitigen will; sondern es sind die etablierten Werte selbst, die in letzter Konsequenz in den Nihilismus treiben. Nietzsche vollzieht in seinen Augen also nur, was ohnehin zu geschehen hat, die nihilistische Entwertung der Werte, welche dann freilich in ihre Umwertung münden soll, die genau darin besteht, sie umzukehren[15]. Darum läßt er seinen Zarathustra den Satz sagen, der diesem Kapitel als Motto voransteht: „Und wer ein Schöpfer sein muss im Guten und Bösen: wahrlich, der muss ein Vernichter erst sein und Werthe zerbrechen."[16]

Angesichts der skizzierten Position stellt sich sofort die Frage, ob Nietzsche sich mit seinem Projekt nicht in unauflösbare Widersprüche[17] verwickelt. Denn einerseits führt sein Umwertungspostulat, das mit der Enthüllung unserer psychischen Mechanismen verbunden ist, ja zu einer Relativierung allen Wertens, das immer im Dienste eines anderen steht und daher niemals um seiner selbst willen vorgenommen wird – nichts ist deshalb an sich selbst gut und böse[18]; andererseits aber rechnet die Forderung neuer Werte damit, daß wir sehr wohl richtig und falsch werten können, daß also mit dem Auftreten von an sich selbst Wertvollem

---

[11] KSA 13, 45.
[12] Vgl. KSA 12, 192.
[13] Vgl. JGB – KSA 5, 207/208; GM – KSA 5, 315/316.
[14] Vgl. JGB KSA 5, 55.
[15] JGB – KSA 5, 126.
[16] Za – KSA 4, 149.
[17] Vgl. *Arendt* 1985, 29, 35.
[18] Vgl. M – KSA 3, 190; KSA 12, 114.

II. Umwertung 27

und eben auch mit Unwertem künftig noch zu rechnen ist. Dann aber wäre die von Nietzsche bezogene Position gar nicht jenseits von Gut und Böse angesiedelt, sondern sie behielte die kritisierte Dichotomie bei und füllte die Termini lediglich anders[19]. Die These, daß es keine moralischen Phänomene, sondern nur moralische Interpretationen gebe[20], wäre dann hinfällig.

Für die Vermutung, Nietzsche verwickele sich in Widersprüche[21], spricht das Faktum, daß er an mehreren Stellen seines Denkens in die gleiche Art von Schwierigkeit gerät. Dies gilt für seinen erkenntnistheoretischen Perspektivismus[22] wie auch für seine Metaphysikkritik[23]. Denn wenn alles Erkennen lediglich perspektivisch ist[24], dann muß diese Einsicht auch für die Erkenntnis gelten, daß dem so sei; wenn alle metaphysischen Hinterwelten lediglich Imaginationen darstellen[25], dann ist auch der Wille zur Macht als eine solche anzusehen, denn er hat letztlich keine andere philosophische Funktion als Platons ἰδέα τοῦ ἀγαθοῦ: Er ist das Einheitlich-Eine, welches das Mannigfaltige zusammenbinden und es damit begreifbar machen soll.

Systematisiert man das Problem, in welches Nietzsches Denken in allen geschilderten Fällen gerät, dann zeigt sich, daß ein Selbstanwendungsdilemma vorliegt: Seine Thesen, denen Nietzsche die Eigenschaft, wahr zu sein, unterstellen muß, sind Element einer Klasse, deren Elementen Nietzsche die Möglichkeit abspricht, wahr sein zu können. Dies ist die Klasse aller Sätze überhaupt. Wenn kein Satz wahr sein kann, dann muß dies auch für Nietzsches Thesen gelten, da sie ja nichts anderes als Sätze sind. Es ist die Absurdität der Behauptung, alles sei relativ, die hier waltet.

In Bezug auf Nietzsches die Werte betreffende These konkretisiert sich das Dilemma so: Es läßt sich nicht im gleichen Atemzug von der Relativität des Wertens und von der Notwendigkeit einer Umwertung aller Werte sprechen, wenn mit Umwertung gemeint ist, daß wir uns neue und bessere Werte zulegen sollten. Denn wenn Nietzsche feststellen will, welche Werte schlechter und welche besser sind, dann braucht er Werte, die von der Umwertung verschont bleiben – man könnte von Meta-Werten sprechen, mit deren Hilfe man Werte bewertet. Damit das möglich wird, müssen die Meta-Werte mehr als Zuschreibungen sein, wie Subjekte sie nach Belieben vornehmen.

Indem Nietzsche verlangt, daß wir die Werte, die wir Dingen, Menschen und Handlungen attestieren, ihrerseits bewerten, gesteht er zu, daß seine Umwertung nicht eine völlige Veränderung unseres Wertsystems bedeuten kann, sondern

---

[19] Vgl. in diesem Zusammenhang H. Arendts Analyse – *Arendt* 1985, 29 u. 35.
[20] KSA 12, 149.
[21] Vgl. *Kaufmann* 1982, 238 ff.; *Spiekermann* 1988, 497; *Adorno* 2003, 110.
[22] Vgl. *Löw* 1984, 122; *Rorty* 1989, 106; *Roth* 1993, 106, 109.
[23] Vgl. Schulz 105.
[24] Vgl. GM – KSA 5, 365.
[25] Vgl. EH – KSA 6, 258.

nur seine Überprüfung anhand von unveränderlichen trans-subjektiven Meta-Werten. Es ist diese Einsicht, welche Heideggers eingangs erwähnte Behauptung, von ‚Werten an sich' zu reden sei „entweder eine Gedankenlosigkeit oder eine Falschmünzerei"[26] so unzutreffend erscheinen läßt. Man wäre viel eher geneigt, den in diesem Kapitel skizzierten Wertrelativismus für eine Konzeption zu halten, welche man vorschnell oder aber mit der Absicht faßt, aus welchen Gründen auch immer, um über die logische Notwendigkeit trans-subjektiver Werte hinwegzutäuschen.

Damit zeigt sich die Berechtigung einer auf den Status von Werten gerichteten philosophischen Untersuchung. Denn der von Nietzsche inaugurierte Wertrelativismus, der in den Köpfen vieler Zeitgenossen herumspukt, läßt sich genausowenig halten wie eine konstruktivistische Lernpsychologie, die in ihren Grundzügen durchaus durch Nietzsches Perspektivismus inspiriert sein könnte, wenn ihre Protagonisten eine größere Affinität zur Philosophie besäßen. Für letztere gilt: Wenn alles Wissen vom Subjekt konstruiert ist, also eine abhängige Variable der Subjektivität des einzelnen Menschen darstellt, dann kann auch die konstruktivistische Theorie nichts anderes sein als ein Produkt des konstruierenden Bewußtseins derjenigen Forscher, welche sie in die Welt gesetzt haben. Damit hat sie die gleiche Verbindlichkeit wie die Auffassung gewisser Zeitgenossen, man könne der Sternenkonstellation etwas über seinen Charakter und das persönliche Schicksal entnehmen. Setzt man den Konstruktivismus mithin den eigenen Thesen aus, dann ist auch er nichts anderes als Produkt einer in ihren Konstruktionen nicht mehr kritisierbaren Phantasie.

Gleiches gilt für den Wertrelativismus – er benötigt einen absoluten, mithin trans-subjektiv gültigen Wert, wenn er Bestand haben soll[27]; denn wenn alle Werte nur von einzelnen Subjekten oder von Subjektgruppen vorgenommene Zuschreibungen sind, die um der Wahrung einer einmal gewählten oder um einer zu verändernden Lebensform willen vorgenommen werden, dann liegt hinter den durch einen solchen Hinweis relativierten und damit entwerteten Werten ein Meta-Wert – der nämlich, der dadurch zum Ausdruck kommt, daß alle Menschen darum bemüht sind, ihrem Leben eine wertorientierte Form zu geben. Dieses Streben hat dann einen Wert an sich selbst, weil alle weiteren Wertsetzungen aus ihm resultieren.

Man sieht leicht, daß ein Wertrelativismus, der diese Einsicht artikulierte, sich selbst *ad absurdum* führte; denn er deutete auf etwas hin, das es seiner Zentralthese nach nicht geben kann, einen nicht-relativen Meta-Wert. Kurz: Der Wertrelativismus scheitert daran, daß die axiologische Tätigkeit der Menschen in dem Sinne irreduzibel ist, daß sie sich nicht auf etwas zurückführen läßt, das nicht Element

---

[26] *Heidegger* 1961, 102.
[27] Aus diesem Grunde muß Kelsen für seinen Wertrelativismus einen Wert ansetzen, der absoluten Charakter hat, die Toleranz nämlich, welche man den unterschiedlichen Wertsystemen der Menschen gegenüber walten lassen müsse. Dieser Wert darf, um der Erhaltung des Relativismus willen, nicht relativiert werden (vgl. *Kelsen* 2000, 50).

der Welt der Werte wäre – wie auch immer eine solche Welt zu konzipieren wäre; die folgenden Kapitel werden versuchen, hier nähere Auskunft zu geben. Diese Irreduzibilität ist der Grund, aus dem Nietzsches Umwertungs-Projekt neben seinen Nihilismus tritt und schon in dem Augenblick, in dem es ins Leben gerufen wird, an seinem Konkurrenten scheitert, denn der wert-kritische Nihilismus versperrt ihm gründlich den Weg.

Liegen die Verhältnisse so, dann fällt der Philosophie in Zeiten, in denen mancher glaubt, einzelne Kollektive brüteten *ad libitum* Werte aus, wie sie Kleidermoden kreieren, die Aufgabe zu, den trans-subjektiven Charakter des Wertens zu bedenken. Ich beginne eine solche Untersuchung zunächst mit einer zweiten Vorverständigung, welche zeigen soll, inwiefern unserem Alltagsdenken durchaus die Vorstellung trans-subjektiver Werte zugrunde liegt, ohne daß man uns zugleich unterstellen müßte, hier walte unser Wille zur Macht, dessen Wirken wir vor uns selbst zu verbergen wüßten.

III. Das Tragische, die Werte und das Böse

„In der Nacht sah ich Nietzsches Tafelbesteck. Das Tranchiermesser war scharf und gut erhalten, die Vorlegegabel beider Zinken beraubt. Die Fassung war aus Horn gewesen; offenbar hatten Insekten sie zernagt. Ich blies das Hornmehl vom Griff. Die Zinken waren herausgefallen wie Zähne aus dem Gebiß."[1]

Der Schriftsteller Martin Mosebach, dem wir mehrere stilistisch brillante Romane verdanken, charakterisiert sich selbst mit folgender Feststellung: „Ich höre und müsste längst verstanden haben, dass die Gegenstände, die mich umgeben, ohne die mindeste Bedeutung sind, dass nichts in ihnen steckt, dass alles, was ich in ihnen sehe, nur von mir ... in sie hineingesetzt wird. Ich höre das, aber ich glaube es nicht. Ich stehe auf der tiefsten Stufe der Menschheitsgeschichte. Ich bin Animist."[2]

Mosebachs Animismus wendet sich gegen die Welt, welche die szientifische Perspektive fingiert und in die Nietzsche seinen Willen zur Macht hineinphantasiert; hier hat nichts eine Bedeutung, von Werten kann nicht gesprochen werden. Der von Mosebach selbstironisch ‚animistisch' genannte Standpunkt erlaubt es hingegen, wertende Klassifikationen von Menschen, Dingen und Ereignissen vorzunehmen, die einen höheren Gültigkeitsgrad als subjektive Zuschreibungen besitzen.

Zugleich wird an Mosebachs Äußerung deutlich, daß wir uns der Welt gegenüber auf eine bestimmte Weise verhalten müssen, wenn wir die in ihrem makroskopischen Bereich waltenden Gesetzmäßigkeiten erkennen wollen; auf eine ganz andere Art hingegen, wenn wir den erforschten Abläufen Sinn, Bedeutung und Wert zuzuschreiben gesonnen sind. Damit wird in gewissem Sinne eine Position vertreten, die man *perspektivistisch* nennen könnte, wenn der Begriff nicht schon durch Nietzsche besetzt wäre. Gemeint ist: Wenn man den makroskopischen Kosmos und seine Gesetzmäßigkeiten untersuchen will, hat man einen szientifischen Blickwinkel zu wählen; wenn man sinnvoll von Werten sprechen will, hingegen einen ganz anderen, einen axiologischen nämlich.

Damit ist eine im letzten Kapitel lediglich angedeutete Frage in einer ersten, noch thetischen Orientierung beantwortet: Die vorliegende Arbeit nimmt an und hat zu zeigen, daß Werte nicht Entitäten eines eigens für sie bestehenden Kosmos

---

[1] *Jünger* 1998, 2, 355.
[2] *Mosebach* 2007, 13.

darstellen, dem eine weitere Welt des Faktischen gegenüberstünde³. Vielmehr ist es so, daß wir den Wertaspekt von Dingen, Menschen und Handlungen dann aufzufassen in der Lage sind, wenn wir in unserer einheitlich-einen Welt eine bestimmte Aufstellung nehmen. Diese Aspekte werden abgeblendet, wenn wir einen anderen Standpunkt beziehen⁴. Ich nenne den wertblinden Blick auf die Welt, wie bereits in der Einleitung angekündigt, ‚szientifisch'. Es handelt sich um eine durchaus begrenzte Sichtweise, denn auch im Prozeß der Forschungen hat man axiologische Standpunkte einzunehmen⁵.

Die sich aus diesen Thesen ergebende philosophische Frage lautet: Wie genau müssen wir die Welt betrachten, wenn wir von Werten sprechen wollen, und welchen ontischen Status haben Werte dann, wenn sie keine Entitäten im geläufigen Sinne des Wortes sind? Drei mögliche Antworten auf die zweite Frage sind denkbar:

(i) Werte haben lediglich subjektive Geltung, sie sind daher durch den, der wertend auftritt, anderen Menschen nicht anzusinnen, ja sie sind gar keine Äußerungen über gewisse Gegenstände, sondern Mitteilungen über die Befindlichkeit des wertenden Subjektes – diese Auffassung legt Nietzsche uns nahe.

(ii) Die genau entgegensetzte Position wird bezogen, wenn man Werten objektive und trans-kulturelle Gültigkeit zuschreibt; hier müssen alle Menschen, ganz gleich in welcher Gesellschaft und zu welcher Zeit sie leben, gewisse Gegenstände, Ereignisse und Personen auf eine festgelegte Art und Weise beurteilen. In diesem Sinne bestimmt Aristoteles das Gute (ἀγαθόν)⁶.

---

³ Einschlägig wäre hier die Auffassung Poppers, der freilich nicht mit zwei, sondern mit drei Welten rechnet – die erste umfaßt „the universe of physical entities", die zweite „the world of mental stages", die dritte „the world of the contents of thought, and ... of the products of the human mind ..." (*Popper/Eccles* 1977, 38). Billigung und Mißbilligung werden in der dritten Welt angesiedelt (*Popper/Eccles* 1977, 110), woraus zu schließen wäre, daß man hier auch die Werte antrifft. Daß Poppers Welten interagieren, wird durch folgende Überlegung deutlich: Das Wollen ist ein mentaler Akt (Welt 2), der nach einer normativen Maßgabe erfolgt (Welt 3) und im Reich der Dinge (Welt 1) eine Veränderung herbeiführt. Was mir letztlich gegen Poppers Theorie zu sprechen scheint, ist das mit ‚Ockham's razor' bezeichnete Postulat: Es scheint einfacher, die Differenz von Fakten und Werten auf differente Standpunkte zurückzuführen, als die Welt zu verdreifachen und Welt 2 und 3 sodann mit Entitäten zu bevölkern, welche dem *common sense* gewiß etwas seltsam erscheinen dürften. Gegen Poppers Erklärung spricht also der Grundsatz der Prinzipiensparsamkeit.

⁴ Zur Beglaubigung dieser These sei an dieser Stelle lediglich exemplarisch auf eine Position der Forschung verwiesen: Für E. R. House sind Tatsachen und Werte nicht verschiedene Arten von Entitäten, sondern Ansprüche, die erhoben werden – Hinsichten auf die Welt (vgl. *House* 2001, 313).

⁵ R. Rudner weist darauf hin, daß schon die Wahl einer Hypothese einen Wertaspekt beinhalte, da man die Wahrscheinlichkeit des mit der Hypothese Ausgesagten einschätzen und dann feststellen müsse, ob sie eine nähere Untersuchung rechtfertige (*Rudner* 1953, 2).

⁶ Vgl. Rh. 1362a21–26.

(iii) Eine schwächere These vertritt man, wenn man feststellt, daß sich Werte finden lassen, die zumindest intersubjektive Gültigkeit haben.

Die Ausführungen der sich anschließenden Kapitel sollen erweisen, daß die beiden extremen Auffassungen (i) und (ii), man könnte von einem wertphilosophischen Subjektivismus bzw. Objektivismus sprechen, sich nicht in einer einleuchtenden Weise vertreten lassen.

Zunächst aber gilt es, vorläufig zu erklären, warum – jenseits der Kritik an Nietzsches Umwertungspostulat – der Gedanke aufkommen kann, Wertungen seien mehr als Ausdruck von persönlichen Befindlichkeiten, i. e. die Negation von Position (i) und zugleich eine Bestätigung von Mosebachs sogenanntem Animismus. Um das zu zeigen, will ich vom Phänomen des Tragischen ausgehen, denn an ihm wird sichtbar, daß wir, wenn wir etwas tragisch nennen, mit intersubjektiv gültigen Werten rechnen, die nicht auf bloßen Zuschreibungen beruhen.

Dem Tragischen entgegengesetzt ist das Böse, verstanden als die Negation aller Werte[7]. Ich will versuchen, durch eine nähere Kennzeichnung der Verwendung dieses Terminus *ex negativo* eine erste Annäherung an den Begriff des Wertes zu vollziehen. Auf diese Weise wird sich auch im Umriß zeigen, warum der skizzierte wertphilosophische Perspektivismus naheliegt und wie der Standpunkt, den man einnehmen muß, wenn man sinnvoll von Werten sprechen will, beschaffen ist.

Wenn man das Tragische bestimmen will, muß man eine Reihe von Entscheidungen treffen. Die erste besteht darin, die Frage zu beantworten, ob wir es mit einer Qualität gewisser Ereignisfolgen zu tun haben, in welche menschliche Akteure involviert sind (1a), oder ob das Tragische nur ein Bewußtseinsphänomen ist; es träte in diesem Falle dann auf, wenn ein rationales und obendrein zu gewissen Emotionen fähiges Subjekt bestimmte Ereignisfolgen, in welche menschliche Akteure involviert sind, perzipiert (1b)[8]. In beiden Fällen könnten die Subjekte, denen sich die Vorstellung des Tragischen einstellt, selbst am Geschehen beteiligt sein (2a); oder aber es wäre so, daß sie lediglich die Rolle von Zuschauern innehätten (2b). Schließlich gilt es noch festzulegen, ob das Tragische nur im Rahmen der Dichtung aufzutreten vermag (3a) oder ob wir es auch im Nicht-Fiktionalen, das heißt: in unserem Alltag, antreffen können (3b)[9].

---

[7] Kierkegaard stellt zutreffend fest, wo das Böse auftrete, habe das Tragische keinen Platz – vgl. *Kierkegaard* 2007, 118. Damit ist freilich nichts anderes formuliert, als das, was Aristoteles schon in seinen Ausführungen zur Hamartia gesagt hat – vgl. Poet. 1453a7–10.
Es sind aber auch gegenteiligen Auffassungen vertreten worden. Hier nimmt man – wie ich meine fälschlicherweise – an, das Tragische habe es mit dem Bösen zu tun (vgl. *Sewall* 1971, 154 f., 156; *Stein* 1971, 327; *Steiner* 1971, 359, 373 ff.).
[8] Jaspers spricht vom ‚tragischen Wissen', das freilich nicht in allen Kulturen auftrete – vgl. *Jaspers* 1971, 6 f.; die Dichtung nennt er dann eine ‚Verleiblichung' des tragischen Bewußtseins – Vgl. *Jaspers* 1971, 15.
[9] Vgl. *Eagleton* 2003, 14 – hier wird die Auffassung vertreten, die Rede vom Tragischen im Leben der Menschen sei eine metaphorische Ableitung der in der Kunst anzutreffenden Tragik.

III. Das Tragische, die Werte und das Böse

Die a-b-Alternativen sind frei kombinierbar, aber natürlich ist nicht jede Kombination sinnvoll. Vieles spricht dafür, daß die Bestimmungen, die Max Scheler[10] gegeben hat, das Phänomen des Tragischen treffen. Er schreibt, es handele sich um die Bezeichnung einer Ereignisfolge (1a), welche einem Betrachter (2b) eine bestimmte Beschaffenheit der Welt sichtbar werden lasse, was in ihm Trauer auslöse.

Daß Scheler (1b) zu Recht ablehnt, wird dadurch deutlich, daß in der Psyche des Subjektes nicht das Tragische auftritt, sondern die seelische Reaktion, welche es auslöst – Trauer bei Scheler, ἔλεος (eleos) und φόβος (phobos) bei Aristoteles[11], Furcht und Mitleid bei Lessing[12]. Einleuchtend ist auch die Annahme, daß die Kennzeichnung eines Ereignisses mit dem Adjektiv ‚tragisch' immer von einem Betrachter ausgeht, nicht aber von den involvierten Akteuren.

Daß Scheler die Auffassung (3b) vertritt, wird daran deutlich, daß sich seinen Bestimmungen keine Begrenzung auf die Literatur entnehmen läßt. Unwichtig ist hier, ob man annehmen will, unsere Rede vom Tragischen transferiere ein zunächst ausschließlich literarisches Phänomen in den Alltag, oder ob man meint, in der Literatur schlage sich ein trans-literarisches Phänomen nieder. Ausschlaggebend ist allein die Tatsache, daß wir den Begriff ‚tragisch' nicht nur auf solche Ereignisse beziehen, die uns auf einer Bühne dargeboten werden.

Worin genau die Ereignisfolge besteht, bestimmt Scheler so: Es treffen Akteure aufeinander, die in ihrem gegenläufigen Handeln wertorientiert agieren, mithin Wertträger sind. Vernichtet wird derjenige, der einen höheren Wert als sein Gegner oder aber wenigstens einen gleichbedeutsamen Wert vertritt[13]. Niemals darf also der Wert des Vernichters den seines Opfers übersteigen, aber er darf auch kein schurkischer Bösewicht sein[14]. Das Tragische ist dem Bösen entgegengesetzt, weil

---

[10] *Scheler* 1919, 248/249. Szondi stellt zurecht heraus, Schelers Bestimmung mache explizit, was in früheren Überlegungen bereits implizit vorhanden gewesen sei – vgl. *Szondi* 1978, 200.

[11] Vgl. Rh. 1382a21/22; Rh. 1385b13–16; Poet. 1449b24–28.

[12] *Lessing* 1968, 377, 396.

[13] Daß Scheler keine einseitig philosophische Position vertritt, wird deutlich, wenn man ein Beispiel für einen literaturwissenschaftlichen Zugriff gibt. Henn bestimmt das Material der Tragödie dreifach: (1) die Natur und die Eigenschaften der Gesetze, unter denen wir leben – ob sie nun göttlichen, natürlichen oder menschlichen Ursprungs seien; (2) der Konflikt, in den solche Gesetze miteinander geraten können; (3) die Verantwortung eines Individuums oder eines Kollektivs, das mit einem solchen Konflikt konfrontiert wird, ob der Konflikt nun ganz oder zum Teil als die logische Folge einer Handlung wahrgenommen wird oder als Aspekt des Irrationalen/Übernatürlichen (*Henn* 1956, 283).

Viel vager faßt Bohrer das Tragische, wenn er feststellt, Trauriges werde tragisch „durch … ein unwiderrufbares Unglück, dessen Zufall ein Element der Notwendigkeit enthält, so daß es übertragbar und wiederholbar erscheint" (*Bohrer* 2009, 387).

[14] Das ist eine Aristotelische Forderung; er nennt den Umschlag vom Glück ins Unglück, den ein Schuft erfährt, zwar menschenfreundlich, so erziele man aber nicht die Schlüsselemotionen der Tragödie (Poet. 1453a2–4); gänzlich untragisch hingegen sei der Fall, in dem ein Schuft vom Unglück ins Glück falle (Poet. 1452b37). Schurken sind für Aristoteles mithin nicht tragödienfähig.

die in ihm aufeinanderprallenden Werte in Opposition stehen. Das Adjektiv ‚böse' bezeichnet mithin den Unwert schlechthin.

Der tragische Held versucht, einen Wert zu verwirklichen, und scheitert dabei so, daß die aus intersubjektiv gültigen Werten resultierende Sinnstiftung wanken gemacht wird oder gar verlorengeht[15]. Es vollzieht sich ein tragisch-ironisches Schicksal[16]. Aber damit nicht genug, denn eine wirklich gräßliche Vernichtung ist dazu in der Lage, der Welt des Kultürlichen den Anschein völliger Sinnlosigkeit zu verleihen, eben der Sinnlosigkeit, welche der Welt des Natürlichen innewohnt. Das Tragische ist mithin mehr als ein individuelles Schicksal, es ist die im Rahmen des Kultürlichen auftretende Negation der Kultur, die im Namen der Wertverwirklichung vollzogene Wertvernichtung[17].

Diese Bestimmungen implizieren natürlich, daß die jeweils zur Geltung gebrachten Werte mehr als nur subjektive Bedeutung haben, i. e. sie dürfen nicht lediglich Schätzungen sein, sondern müssen eine über die Wertenden hinausreiche Gültigkeit besitzen. Wenn also mit dem Tragischen gerechnet werden muß, dann auch mit der Existenz zumindest intersubjektiv gültiger Werte. Ob diese auch trans-kulturelle Gültigkeit haben, sei zunächst dahingestellt.

Sobald ein Ereignis auftritt, für das wir ein Subjekt verantwortlich machen und das wir alltagssprachlich mit dem Adjektiv ‚böse' kennzeichnen, kann – wie bereits festgestellt – vom Tragischen keine Rede mehr sei. Weder der tragische Pro- noch sein Antagonist dürfen böse sein; denn in diesem Falle wäre eine der Grundbedingungen für das Tragische nicht mehr zu erfüllen, die Vernichtung eines Wertes durch einen anderen Wert. Kreon in Sophokles' ‚Antigone' ist kein Bösewicht, obwohl er fast seine ganze Familie in den Tod treibt; er ist verblendet, es mangelt ihm im Laufe des Stücks in zunehmendem Maße an Urteilskraft, bis er sich soweit verrannt hat, daß er den Nomos der Polis ganz ohne jede Rücksicht über die von Antigone vertretenen Werte setzt und diese damit negiert. Nicht von Ungefähr stimmt der Chor in den letzten Versen des Stücks das hohe Lied der Besonnenheit, der Urteilsfähigkeit an (πολλῷ τὸ φρονεῖν εὐδαιμονίας/πρῶτον ὑπάρχει)[18].

Will man sich dem Begriff des Bösen annähern, dann muß man eine Grundunterscheidung treffen – die zwischen dem nicht-personalen und dem personalen Bösen. Ersteres stellt philosophisch kein wirkliches Problem dar, es sei denn, man hätte die Absicht, Theodizee zu treiben; nur dann wäre nämlich zu erklären, wie

---

[15] Szondi formuliert so: Tragisch sei der Untergang von etwas, das nicht untergehen dürfe, „nach dessen Entfernen die Wunde sich nicht schließt." (*Szondi* 1978, 209). Menke schreibt, der tragische Held verletze Maßstäbe, die zu wollen ihn ausmache (*Menke* 2005, 83), hinzukomme, daß eine solche Verletzung bei tragischen Verstrickungen unvermeidlich sei, daß man also aus dem Erlebten gar nichts für die Zukunft lernen könne, weil sich nichts hätte besser machen lassen (*Menke* 2005, 110).
[16] Vgl. *Menke* 2005, 7, 23.
[17] Vgl. *Simmel* 2008, 217.
[18] Ant 1347/8.

ein benevolenter und den Menschen zugewandter Gott das nicht-personale Böse, z. B. das berühmte Erdbeben zu Lissabon, hat zulassen können. Wem an einem solchen Projekt nichts liegt, der wird das uns zustoßende Übel eines Erdbebens ganz so wie Versicherungsgesellschaften betrachten – als höhere Gewalt, für die sich, trotz der etwas irreführenden Bezeichnung, niemand verantwortlich machen läßt.

Ein philosophisches Problem ist lediglich mit der Rede vom personalen Bösen verbunden. Die Frage lautet: Gibt es so etwas überhaupt? Erfolgt eine positive Antwort, dann ist zu klären, was genau das personale Böse ausmacht. Um diese Fragen beantworten zu können, müssen zunächst die verwendeten Termini genauer erklärt werden.

‚Nicht-personal böse' nennen wir Ereignisse, welche von demjenigen, den sie betreffen, zwar als eine erhebliche Schädigung empfunden werden, ohne daß aber zugleich ein Urheber in den Blick geraten könnte; gemeint ist hier neben dem schon erwähnten Erdbeben zum Beispiel auch eine schwere Erkrankung – man spricht von bösartigen Geschwüren, ohne damit zugleich ein tätiges Subjekt anzusetzen, das den Erkrankten zu schädigen sich vorgenommen hätte. Im Vokabular des rhetorischen Ornatus ausgedrückt: Die Rede von einem bösartigen Geschwür stellt eine *personificatio* dar, die Krankheit wird hier wie ein tätiges Subjekt behandelt, dies aber nur redensartlich und gewiß ohne den Verdacht, hier habe sich irgend jemand dazu entschlossen, Schaden anzurichten. Niemand trägt hier also Verantwortung.

In gewisser Hinsicht eine Ausnahme bildet der Fall, in dem der Geschädigte sich selbst das Auftreten des Bösen zuzuschreiben hat, weil er unachtsam war, nicht hat hören wollen, als man ihm riet, dieses zu tun oder jenes zu unterlassen, z. B. das Rauchen einzustellen oder Vorsorgeuntersuchungen durchführen zu lassen. Zieht er sich dann eine vermeidbare Erkrankung zu, würde man zwar kaum vom nichtpersonal Bösen sprechen, aber eben auch nicht vom personal Bösen; denn es liegt keine böse Absicht vor, sondern eher Leichtsinn auf Seiten des Geschädigten, der zwar in gewissem Sinne als Urheber angesehen werden kann, dennoch aber, wenn das Ereignis eintritt, ein böses Erwachen bewältigen muß, eben weil das Unglück nicht in seinem Kalkül gelegen hat.

‚Personal böse' nennt man entweder Subjekte, ihre Absichten oder ihre Handlungen. Es sind fünf Kombinationen dieser drei Hinsichten auf das Böse denkbar:

(1) Ein bösartiger Mensch hegt böse Absichten und verwirklicht sie. Die Erklärungen, was den Bösartigen ausmache, sind in der philosophischen Tradition recht vielfältig; zwei seien exemplarisch erwähnt: Rousseau und Hegel sehen hier das partikulare Wollen am Werke, das sich dem Gemeinwillen widersetzt[19]. Laut der Kantischen Erklärung haben wir es mit einem Menschen zu tun, der sich des

---

[19] Vgl. *Rousseau* 1995, 217; Enz – HWerke 10, 317.

Sittengesetzes bewußt ist, dennoch aber Abweichungen von seinen Vorschriften zur Maxime erhebt – gelegentliche oder beständig[20].

(2) Ein bösartiger Mensch hegt böse Absichten; zur Verwirklichung kommt es aber nicht. Da wir es mit einem wirklich schlechten Menschen zu tun haben, muß irgendeine Art von Intervention bzw. ein Hindernis aufgetreten sein und die Realisation des Geplanten gestört haben; dies könnte ein unvorhersehbares Ereignis gewesen sein oder der sprichwörtliche weiße Ritter, der dem Bedrohten beispringt.

(3) Ein Mensch, der sonst nicht bösartig ist, verwirklicht eine böse Absicht. Hier könnte man an eine sehr emotionale Person denken, in der, wenn ihr jemand Unrecht zu tun scheint, heftige Rachegefühle entstehen, denen sie mit einer jähzornigen Tat Luft verschafft.

(4) Eine böse Absicht eines nicht bösartigen Menschen kommt nicht zur Verwirklichung; hier kann – wie im zweiten Falle – ein äußeres Hindernis oder ein Beschützer des oder der Bedrohten auftreten, es kann aber auch ein Sich-Besinnen oder plötzliches Mitleid der Grund sein, denn der Akteur soll ja nicht bösartig sein, ihm könnte also das Gewissen schlagen.

(5) Eine böse Tat erfolgt ohne böse Absicht. Hier kann der Akteur kein bösartiger Mensch sein; denn dann wäre ja die böse Absicht gegeben. Susan Neiman führt als Beispiel Eichmann an und beruft sich dabei auf Hannah Arendts Prozeß-Reportage[21]. Arendt spricht in ihrem Spätwerk von der Gedankenlosigkeit des SS-Mannes, von der Seichtigkeit seines Charakters, welche zeige, daß man es nicht mit einem wirklich bösartigen Menschen zu tun gehabt habe[22].

Das Feld der Kombinationsmöglichkeiten umfaßt insgesamt sieben Varianten; die beiden letzten Fälle sind allerdings nicht denkbar:

(6) Ein bösartiger Mensch verübt eine böse Tat ohne böse Absichten. Daß diese Variante nicht möglich ist, zeigt eine einfache Überlegung; denn ‚bösartig' wird ein Mensch genannt, weil seine Denkweise ihn dazu macht. Das heißt aber, daß ihm gute Absichten nicht unterstellt werden können. Fall (6) negiert mithin seine Bösartigkeit.

(7) Ein bösartiger Mensch hegt keine bösen Absichten und verübt auch keine bösen Taten. Damit hat er allerdings aufgehört, bösartig zu sein, er ist nun nur noch ein ehemals bösartiger Mensch.

Die Rede vom Bösen ist in allen hier angeführten Fällen nur dann sinnvoll, wenn man den fiktiven – vollständig kausal determinierten – Kosmos, den der szientifische Standpunkt erzeugt, negiert, also nicht annimmt, die Ereignisse in der Welt seien so arrangiert, daß eines stets das andere verursache, so daß keines

---

[20] Rel – Akad IV, 32.
[21] Vgl. *Arendt* 1963; *Neiman* 2006, 396 ff.
[22] Vgl. *Arendt* 1978, 3 ff.

III. Das Tragische, die Werte und das Böse

spontan aufzutreten vermöchte. Wenn man vom Bösen spricht, sind nämlich wertende Subjekte nötig, die Absichten hegen und sich handelnd auf andere Subjekte ausrichten können, aber genauso gut dazu in der Lage sind, gewisse Handlungen zu unterlassen; obendrein benötigt das Böse eine Gruppe von Beobachtern, welche die wertenden, Absichten hegenden und handelnden Subjekte beurteilt.

Die erste Bedingung für das personale Böse ist also die Annahme, daß menschliche Subjekte über einen freien Willen verfügen. Hielte man sie für vollständig determiniert, wie die szientifische Fiktion es will, dann ließe sich weder von bösen Menschen noch von bösen Absichten oder Taten sprechen; denn derlei Wertungen wären ganz unmöglich, weil ja in der wissenschaftlich betrachteten Natur nichts schön oder häßlich, nichts moralisch oder unmoralisch sein kann[23].

Die zweite Bedingung besteht darin, daß ein böser Mensch bzw. einer, der böse Absichten hegt und sie dann in die Tat umsetzt, einem anderen einen Schaden zufügt, der im Verlust von Besitz, in körperlicher bzw. psychischer Schädigung oder gar im Verlust des Lebens besteht. Dies muß sich nicht unbedingt an der zu schädigenden Person vollziehen, der Angriff kann sich auch auf einen ihm nahestehenden Menschen richten; in diesem Falle ist allerdings sicherzustellen, daß der zu Schädigende Zeuge des Geschehens ist, auf daß er gehörig leide.

Die dritte Bedingung dafür, daß wir das Adjektiv ‚böse' verwenden, besteht darin, daß die so gekennzeichnete Tat – lediglich geplant oder obendrein auch ausgeführt – einem ausschließlich auf seinen Vorteil ausgerichteten Menschen nutzlos erschiene. Das Böse ist für den *homo oeconomicus* schlechterdings sinnlos, es kommt in seinem Menschenbild nicht vor, weil es nicht-egoistisch vollzogen wird[24]. Aus ökonomischer Perspektive ist die böse Tat nichts anderes als eine Fehlallokation von Ressourcen, die sich weitaus profitabler hätten einsetzen lassen. Der oft als böse dargestellte Kapitalist ist alles andere als böse, es geht ihm nicht um den Schaden eines anderen Menschen, ihm steht lediglich der Gewinn, vor Augen, den er sich als Resultat seines Handelns erhofft. Sollte dabei ein anderer zu Schaden kommen, so handelt es sich um das, was Militärs einen Kollateralschaden nennen. Selbst die planmäßige Vernichtung von Konkurrenten hat nicht primär deren Untergang im Sinn, sondern lediglich die wirtschaftlichen Möglichkeiten, die aus einer Monopolstellung resultieren.

Man könnte daher angesichts der ökonomischen Widersinnigkeit des Bösen von einer irrationalen Selbstlosigkeit des Boshaften sprechen, wenn man einmal die

---

[23] Aus einer philosophischen Perspektive erscheint es mithin ganz sinnlos, das Böse mit einem Hang zur Aggression gleichzusetzen und es damit zu einem Phänomen zu erklären, das an allem Lebendigen entdeckt werden kann – vgl. *Lorenz* 1998.

[24] Kronzeuge für diese Auffassung ist Schopenhauer – vgl. *Schopenhauer* 1977, 416. Hartmann bestreitet zunächst, daß es Menschen gebe, die anderen einen Schaden zufügten, ohne eine Vorstellung vom eigenen Nutzen zu verfolgen, läßt dann aber doch eine Konzeption des Bösen zu, das der Schopenhauerschen Bestimmung konveniert, wenn er die Idee des Satans einführt, der das Böse um seiner selbst willen verfolge – vgl. *Hartmann* 1949, 378 f.

Genugtuung außer acht lassen darf, die er vielleicht aus seinem Handeln zu gewinnen vermag. Eben dieses Faktum macht es dem aufgeklärten Bürger der westlichen Welt so schwer, die Existenz des Bösen zuzugestehen: Wir rechnen nicht mit irrationaler Selbstlosigkeit, die absichtsvoll Schaden anrichtet; begegnen wir ihr, dann rufen wir schnell nach dem Psychiater.

Eine den bisherigen Darlegungen entgegengesetzte Auffassung des Bösen vertritt – wie bereits erwähnt – Hegel, indem er die eingangs benannte Rousseausche Position fortspinnt. Für ihn ist das Böse die von einem einzelnen Bewußtsein getroffene Entscheidung zur absoluten Partikularität des Wollens, welche sich dadurch manifestiert, daß das Objektiv-Allgemeine an der jeweiligen Interessiertheit des Subjektes zerschellt[25]. Hegels böses Subjekt ist weder irrational noch selbstlos, will im Gegenteil nur sich selbst gehorchen und dabei seiner jeweiligen Interessiertheit dienen; es ist daher niemand anderer als der Mensch des Hobbesschen Naturzustandes. Das Auftreten des Bösen ist für Hegel daher kalkulierbar, denn die Interessenlage eines schrankenlos selbstsüchtigen Menschen läßt sich berechnen und sein Handeln daher vorherbestimmen. Man kann also sagen, daß die Hegelsche Theorie des Bösen, dem Phänomen seinen Schrecken nimmt; es verliert die Züge einer irrationalen Urgewalt, die über das Opfer hereinbricht. Das Böse hat bei Hegel plötzlich Werte – zumindest einen, nämlich den, der fordert: Diene ausschließlich dir selbst[26].

Die Schwäche diese Hegelschen Bestimmung des Bösen liegt darin, daß sie nur einen Aspekt des Handelns ins Auge faßt, nämlich, um mit Oakeshott zu formulieren, ihre Intention, nicht aber ihr Motiv[27]. Unter letzterem versteht Oakeshott die emotionalen Bedingungen, welche eine Handlung hervorrufen: Liebe, Haß, Wohlwollen, Boshaftigkeit. Es ist nun leicht zu sehen, daß Motiv und Intention in Konflikt geraten können, so daß sie einander – im extremen Falle – ausschalten. Dann mag eine Handlung zustande kommen, die den Interessen des Subjektes nicht dient oder ihnen sogar zuwiderläuft.

Die höchste Steigerung, welche das Böse zu finden vermag, tritt ein, wenn es nicht nur keinen persönlichen Nutzen erwirkt, sondern obendrein noch die Person negiert, welche es in die Welt setzt. Dies geschieht dann, wenn die Bedingung der Möglichkeit einer Tat die Aufhebung, i. e. der Tod, des Täters ist. Man denke an Selbstmordanschläge wie die, welche am 11. September 2001 durchgeführt worden sind. Sie waren nur deshalb möglich, weil die Täter keinen Rückweg zu planen sich entschlossen hatten. Damit war die Auto-Negation *conditio qua non* für die Aktionen. Hinzu kommt: Der Staat, gegen den man sich richtete, war auf

---

[25] Rphil – HWerke 7, 267; vgl. auch Enz – HWerke 10, 317.
[26] Neuerdings vertritt Martha Nußbaum diese Auffassung, wenn sie feststellt, das Böse resultiere aus den Knappheitsbedingungen, unter denen wir leben, aus den vielfältigen Abhängigkeiten, die man uns aufzwinge (2013, 167). Das radikal Böse beginne dort, wo wir andere Menschen den eigenen Bedürfnissen unterordneten (2013, 173).
[27] Vgl. *Oakeshott* 2003, 71 f.

III. Das Tragische, die Werte und das Böse 39

diese Weise zwar zu schockieren, aber in seinem politischen Handeln kaum zu beeinflussen, geschweige denn, daß von einem militärischen Sieg der Angreifer hätte gesprochen werden können. Der Jubel in einigen muslimischen Ländern war nichts anderes als Resultat der Selbsttäuschung eines aufgeputschten Mobs. Und auch die Religion, in deren Namen das Gemetzel begangen wurde, hat überaus großen Schaden genommen. Viele Menschen, die zuvor respektvoll auf alles irgendwie Religiöse – ob christlich, jüdisch oder muslimisch – geblickt hatten, dachten nach den Anschlägen ausschließlich an Tod und Verletzung, wenn die Rede auf den Islam kam. Man kann also sagen, daß die Anschläge vom 11. September die Bedingungen, die erfüllt sein müssen, wenn vom Bösen die Rede sein soll, in besonders augenfälliger Weise illustrieren. Sie zeigen nicht nur die irrationale Selbstlosigkeit des Bösen, sie weisen auch auf die auto-destruktiven Kapazitäten, die es in seiner höchsten Form gewinnt.

Gegen diese Bestimmung kann man einwenden, daß uns sehr wohl auch die egoistische Schädigung eines anderen böse erscheint – der Raub, der Diebstahl, der Betrug. Daß solche Taten sittlich verwerflich und rechtlich zu ahnden sind, steht außer Frage; ob man sie aber im engeren Sinne ‚böse' nennen sollte, scheint mir fragwürdig; denn sie resultieren ja stets entweder aus wirklichem Elend oder aus einer Habsucht, die man nicht kontrollieren kann oder will. Das sozial evozierte Eigentumsdelikt dürfte am wenigsten ‚böse' heißen, aber auch die kriminelle Raffgier ist uns in ihren Antrieben noch in einem solchen Grade verständlich, daß wir selten geneigt sind, sie in die Klasse der wirklich bösen Handlungen zu stellen. Daraus resultiert, daß ‚böse' vorzüglich solche Menschen, Absichten, Taten genannt werden, die sich einer restlosen Erklärung entziehen, also letztlich irrational sind.

Das Böse ist ein *explanandum*, für das wir kein vollständiges *explanans* herbeischaffen können. Das erklärt gewiß einen Teil der Faszination, die von ihm ausgeht. Das Böse sprengt die Grenzen vernunftgesteuerter Handlungen – sowohl der sittlichen als auch der unsittlichen. Es ist die irrationale Unsittlichkeit.

Damit kann gesagt werden, aus welchen Perspektiven das personale Böse geleugnet werden muß – vom szientifischen Standort aus, der nur kausal determinierte Ereignisketten sichtbar werden läßt, und aus dem Blickwinkel der Ökonomie, die nur nutzenmaximierende und daher egoistische Subjekte kennt. Das nicht-personale Böse hingegen wird wohl kaum jemand abstreiten, auch wenn man vielleicht nicht bereit ist, es so zu nennen, und daher lieber von einem Unglück, einem Unfall oder – in schweren Fällen – von einer Katastrophe spricht.

Eine letzte Eingrenzung ist noch nötig: Böse Absichten scheinen uns im Vergleich zu bösen Taten weniger verwerflich, da ja noch nicht zur Ausführung gekommen ist, was da geplant wird. Ein böser Mensch hingegen dürfte die höchste Steigerung des Bösen sein; denn wenn wir jemanden so nennen, dann haben wir ein Subjekt vor Augen, welches das Böse gleichsam habitualisiert hat, sei es, daß hier etwas Angeborenes zum Ausdruck kommt, sei es, daß die Bösartigkeit erst erworben und dann ins Verhaltensrepertoire aufgenommen wird.

Damit sind die begrifflichen Klärungen abgeschlossen. Unter dem personalen Bösen, sind Absichten und Handlungen zu verstehen; sie richten sich auf den Schaden eines anderen Subjektes, ohne daß der Täter daraus einen Nutzen zöge oder ziehen könnte. Hat eine Person solche Absichten zu hegen und sie auch in die Tat umzusetzen in ihr Verhaltensrepertoire aufgenommen, spricht man von Bösartigkeit. Abgestritten wird das personale Böse von Deterministen und von solchen Menschen, die nicht mit der Möglichkeit nicht-egoistischen Handelns rechnen.

Zu erörtern bleibt noch eine Position, die zwar die Existenz böser Taten, nicht aber die böser Absichten und schon gar nicht die böser Menschen zulassen will. Protagonistin ist Susan Neiman. Sie stellt fest, wirklich böse Menschen seien ausgesprochen selten; wenn wir nach Beispielen suchten, dann fielen uns am ehesten literarische Gestalten ein, und auch deren Boshaftigkeit sei eher schillernd. Auch irre man sich, wenn man annehmen, bösen Taten gingen immer böse Absichten voraus; es sei geradezu umgekehrt: Weil es den Propagandisten des deutschen Totalitarismus gelungen sei, ihren Handlangern zu verdeutlichen, daß sie keine bösen, sondern nur gute Absichten hegten, sei es ihnen möglich geworden, sie zur fabrikmäßigen Tötung anderer Menschen zu motivieren[28].

Die Vorstellung, Absicht und Tat lägen so beieinander, daß die moralische Qualität einer Handlung aus der Bedenklich- bzw. Unbedenklichkeit einer ihr zugrundeliegenden Absicht resultiere, wäre damit die Bedingung der Möglichkeit des Eichmannschen Mordens. Mir scheint dieses Argument ungerechtfertigterweise das wahre und das prätendierte Motiv einer Tat zu identifizieren. Daß wir dazu in der Lage sind, uns ‚vernünftelnd'[29] über unsere wahre Motivlage hinwegzutäuschen, dürfte außer Frage stehen; daß wir uns dabei dauerhaft und restlos hinter's Licht führen könnten, ist kaum glaubwürdig. Auch einem Eichmann, so unbedarft er intellektuell gewesen sein mag, dürfte klar gewesen sein, daß ihm zu keinem Zeitpunkt seiner Tätigkeit das Recht zugestanden hat, andere Menschen vom Leben zum Tode befördern zu lassen.

Mit der Klärung des Begriff ‚böse' wird es möglich, sich die Bedingungen zu verdeutlichen, welche erfüllt sein müssen, auf daß man von Werten sprechen kann. Werte teilen mit ihrer Negation, mit dem Bösen also, die Voraussetzung einer nicht-determinierten Welt. Im fiktiven Kosmos, den der szientifische Standort generiert, gibt es genauso wenig Werte, wie sich das Böse hier antreffen läßt.

Auch dem Ökonomen sind Werte unzugänglich, wenn man einmal davon absieht, daß sich der Terminus in seiner Welt auf materielle Güter bezieht. Wirtschaftssubjekte sind so konstituiert, daß sie als rationale Nutzenmaximierer agieren. Werte, die dem im Wege stehen, kommen in ihren Kalkülen nicht vor. Hier liegt die zweite Gemeinsamkeit zwischen Werten und ihrer Negation – wie das

---

[28] Vgl. *Neiman* 2006, 402.
[29] Vgl. GzMdS – Akad IV, 405.

III. Das Tragische, die Werte und das Böse   41

Böse sind sie nicht Ausdruck der Selbstbezüglichkeit derjenigen, die sich an ihnen orientieren.

Treffen diese Überlegungen zu, dann läßt sich sagen, warum wir Menschen des einundzwanzigsten Jahrhunderts so große Schwierigkeiten haben, die Existenz des Bösen zuzugestehen und zugleich ständig nach neuen Werten rufen. Einerseits sind wir daran gewöhnt, die Welt ökonomistisch-szientifisch zu betrachten, was dem Bösen keinen Raum läßt; andererseits ist uns die Beschränktheit dieser Perspektive schmerzlich bewußt; daher rufen wir nach einem Wertwandel. Die in der Einleitung beschriebenen widersprüchlichen Reaktionen der britischen Öffentlichkeit auf die Unruhen im Sommer 2011 machen dies besonders augenfällig.

Es hat sich gezeigt: Was Werte radikal vom Bösen trennt, ist die mit allem Bösen verbundene Absicht zu schädigen. Kulturen entwickeln, wie noch zu zeigen sein wird, einen Wertekanon in der Absicht, dem Bösen gleichsam in den Arm zu fallen oder es zumindest einzuhegen.

Die bisherigen Überlegungen haben zudem erwiesen, daß man mit einem freien Willen rechnen muß, wenn von Werten die Rede sein soll. Was hier genau gemeint ist, soll im nächsten Kapitel durch eine Untersuchung unserer Sprechweise gezeigt werden. Die zu beantwortende Frage lautet deshalb: Was meinen wir, wenn wir von Freiheit sprechen und eine solche Freiheit dem Willen zuschreiben?

IV. Die Freiheit und der Wille

> „Wäre nicht jedem nachhaltig klargeworden: man müsse in Wahrheit gar nicht sein, wie man glaubte, sein zu müssen? Alles sei vielleicht gar nicht so festgeschrieben in jenem großen Buch dort oben, von dem die Fatalisten reden: Hatte dies Buch nicht vielmehr viele leere Seiten, die sich erst nachträglich, nach den Ereignissen unseres Lebens langsam mit Schrift zu bedecken begännen?"[1]

Um die Bedeutung unserer Rede von Willensfreiheit aufzuklären, ist es zunächst nötig, den Freiheitsbegriff zu analysieren. Eine solche Untersuchung führt erst einmal zu einer negativen Konzeption, wie die Kompatibilisten sie gerne innerhalb der Debatten zur Willensfreiheit vertreten[2]: Man ist frei von etwas – einer Krankheit etwa, einer Verpflichtung. Damit ergibt sich eine dyadische Relation:

X *ist frei von* Y.

Mit ihr bringt man zum Ausdruck, daß etwas, das X behinderte, das im Wege stünde, nicht vorliegt. Die Krankheit wird zu Einschränkungen führen – bei der Nahrungsaufnahme, bei der Bewegung von einem Ort zum anderen, bei der Sinneswahrnehmung. Liegen diese Einschränkungen nicht vor, dann ist X frei, nach Belieben zu essen, den Ort zu wechseln, zu sehen, zu hören, zu schmecken etc. Freiheit *von* als dyadische Relation meint die Abwesenheit von Hindernissen.

Diese Bestimmung erlaubt es anzugeben, was die Stellen X und Y besetzen kann. X mag eine unbelebte Entität sein, denn man kann ja davon sprechen, daß ein Fluß ungehindert seinen Lauf nimmt. Auch ein nicht-menschliches Lebewesen kann auf die X-Stelle rücken – ein Pferd etwa, das durch keine Hürde zum Sprung gezwungen wird. Schließlich vermögen Menschen im negativen Sinne frei zu sein – wenn sie in einem Land leben, das keine Pressezensur kennt, das ihrem Bewegungsdrang keine Hindernisse in den Weg legt, das sie ihren Beruf wählen, die Erziehung ihrer Kinder selber gestalten läßt, das ihnen nicht vorschreibt, ob und wie sie einem Gott zu dienen haben.

Die Y-Stelle werden Barrieren besetzen. Diese lassen sich noch einmal in absichtsvoll errichtete und in solche differenzieren, die nicht eigens aufgestellt worden sind, um etwas zu verhindern. Der freie Lauf eines Flusses kann wie die Bewegungsfreiheit eines Tieres oder eines Menschen durch natürliche Gegeben-

---

[1] *Mosebach* 2010, 204.
[2] Vgl. Exkurs (a).

heiten beschränkt werden, aber auch durch Dämme, Zäune, Mauern. Schließlich vermögen Tiere und Menschen sich selbst zu Hindernissen zu machen – einfach dadurch, daß sie sich in den Weg stellen, daß sie etwas nicht zulassen.

Die Freiheit *zu* etwas scheint zunächst auch eine dyadische Relation zu sein: Man ist frei zu gehen oder zu bleiben, man kann zum Frühstück Kaffee oder Tee trinken, die Zeitung lesen oder sie unbeachtet lassen. Formalisiert ergibt sich:

X *ist frei zu* Z.

Die Z-Stelle in dieser Formel wird mit Gedanken und Gefühlen bzw. mit Handlungen zu besetzen sein. Nichts hindert mich, an morgen zu denken, bei einer gewissen Sinneswahrnehmung bestimmte Empfindungen zu hegen. Wenn mir niemand in den Weg tritt, dann vermag ich von A zu B zu gelangen, eine Aufgabe zu erfüllen, einen Plan durchzuführen. Mit Gefühlen/Gedanken und Handlungen ist das Feld dessen, was Z zu besetzen vermag, aber noch nicht erschöpft. Denn der Begriff der Handlung kann auch so verstanden werden, daß Interaktionen gemeint sind, also mehr als ein Akteur involviert ist. Dies setzt voraus, daß verschiedene Akteure sich zusammenfinden, sich vereinigen können – sei es auf Dauer oder nur für eine gewisse Zeit.

Frei *zu* etwas ist man also immer nur dann, wenn man zugleich frei *von* etwas ist. Ich kann nur an morgen denken, wenn die Gegenwart nicht all' meine Aufmerksamkeit in Anspruch nimmt. Gewisse Sinneswahrnehmungen können nur unter der Bedingung bestimmte Vorstellungen in mir auslösen, daß mein Körper es mir erlaubt, mich sinnlich affizieren zu lassen, daß also keine Krankheit meine Wahrnehmungsfähigkeit beeinträchtigt. Gleiches gilt für das Handeln von Individuen bzw. Gruppen – die Umstände müssen es zulassen.

Die Überlegungen zur Besetzung der Z-Stelle verdeutlichen also, daß es vorschnell wäre, die Freiheit *zu* als eine dyadische Relation aufzufassen, sie ist vielmehr triadisch. Sie läßt sich mit einem Kausalsatz formulieren:

Weil *X* frei von *Y* ist, ist *X* frei zu *Z*.

Die Formel bringt zum Ausdruck, daß *X* erst durch die Abwesenheit gewisser Hindernisse freigesetzt wird, Z auszuführen. Die Freiheit *von* eröffnet mithin gewisse unbestimmt gelassene Möglichkeiten, die erst mit der Freiheit *zu* konkretisiert werden. Deutlich wird dies an einer heute etwas atavistisch anmutenden Redeweise: Eine Person bietet einer anderen eine Zigarre an, indem sie ihr ein gefülltes Etui hinhält. Die zweite Person, der die Offerte gemacht wird, sagt daraufhin: ‚Ich bin so frei'. Was sie damit zum Ausdruck bringt, ist folgendes: Die Regeln der Höflichkeit, aber auch gewisse Rechtsvorschriften verbieten es, sich ungefragt oder unaufgefordert zu bedienen. Damit errichten sie ein Hindernis zwischen dem Zigarrenetui und mir, welches nur sein Besitzer abzubauen vermag. Dies tut er, indem er seine Zigarren anbietet. Er stiftet damit zwischen mir und den Höflichkeitsgeboten bzw. Rechtsvorschriften die Relation frei *von* und ermöglicht es damit, daß ich zu der Zigarre (Z) in die Relation frei *zu* trete.

Wenn diese Überlegungen zutreffen, dann meinen wir, wenn wir von Freiheit reden, entweder eine dyadische oder eine triadische Relation. Freiheit *von* ist dyadisch, Freiheit *zu* triadisch aufzufassen. Zudem setzt Freiheit *zu* immer Freiheit *von* voraus.

Unbeantwortet ist noch die Frage, wie die Stellen der triadischen Relation sinnvoll besetzt werden können. Einschränkungen für die *X*-Stelle ergeben sich aus den Möglichkeiten für die Besetzung von Z. Da es hier entweder um Gedanken, Gefühle oder um Handlungen eines oder mehrerer Akteure geht, fallen nicht-menschliche Entitäten für die Besetzung der *X*-Stelle aus, da wir ihnen nicht zubilligen, Gedanken bzw. unseren Emotionen wirklich ähnliche Gefühle zu haben oder handeln zu können. Nicht-menschliche Entitäten sind also niemals *zu* etwas frei, sondern immer nur *von* etwas. Das Meer kann frei ins Land vordringen, weil die Deiche beschädigt sind, Wildtiere leben frei, weil sie niemand in Ställen einsperrt. Freiheit *von* kann mithin attestiert werden, ohne daß von Vorsatz oder Wille die Rede ist; denn für die Feststellung, daß Tiere nicht in Ställen leben, ist es ganz unerheblich, die Frage zu stellen, ob sie dies auch wollen – es wäre vielmehr nur Zeichen einer ungerechtfertigt anthropomorphen Betrachtungsweise.

Es ergibt sich also für die triadische Form der Freiheit: Menschen müssen frei von gewissen absichtsvoll oder nicht-absichtsvoll errichteten Hindernissen sein, damit sie gewisse Gedanken/Gefühle hegen, gewisse Handlungen ausführen können.

Damit ist geklärt, was wir meinen, wenn wir von Freiheit sprechen. Eine zweite Untersuchung muß sich nun auf den Begriff des Willens richten. Daß wir es bei dem Wort ‚Wille' mit einem Homonym zu tun haben, zeigt eine Untersuchung seiner Verwendungsmöglichkeiten. Folgende Redeweisen (P) sollen als Material zur Klärung der unter dem Wort ‚Wille' verborgenen Bedeutungen dienen. An ihnen läßt sich erschöpfend ablesen, wie wir ‚Wille' alltagssprachlich verwenden. Es finden sich zunächst Redeweisen, in denen ‚Wille' das meint, was dem Vorsatz bzw. der Absicht einer Person entspricht:

(P_1) Niemand darf gegen seinen *Willen* zur Eheschließung gezwungen werden.

Wir sprechen aber auch so vom Willen, daß wir Handlungen, Willensakte vor Augen haben. Dies kann positiv oder negativ geschehen:

(P_2) Plötzlich *wollte* er nicht mehr.

Daneben kann ‚Wille' ein Vermögen, eine Fähigkeit bezeichnen:

(P_3) Hypnose machte ihn zum *willen*losen Wesen.

Schließlich kann man von einer energischen Person sagen:

(P_4) Sie verfolgte ihre Pläne mit eisernem *Willen*.

Die Semantik der einzelnen Verwendungsweisen von ‚Wille' wird sichtbar, wenn man die entsprechenden Synonyme in die einzelnen Redeweisen einsetzt.

($P_{1'}$) Niemand darf gegen seinen *Vorsatz* zur Eheschließung gezwungen werden.

($P_{2'}$) Plötzlich änderte er seine *Absichten*.

($P_{3'}$) Hypnose machte ihn zu einem ohne *die Möglichkeit zur Selbstbestimmung* agierenden Wesen.

($P_{4'}$) Sie verfolgte ihre Pläne mit eiserner *Entschlossenheit*.

Den transformierten Sätzen lassen sich vier Verwendungsweisen entnehmen, die im folgenden als ‚Wille$_V$' ($P_{1'}$), ‚Wille$_A$' ($P_{2'}$), ‚Wille$_F$' ($P_{3'}$) und ‚Wille$_E$' ($P_{4'}$) bezeichnet werden[3]. ‚Wille$_F$', ‚Wille$_A$' und ‚Wille$_V$' benennen etwas, womit ein Ausgriff auf künftige Sachverhalte vorbereitet wird. Dies unterscheidet sie von Wille$_E$. Der Wille als Tatkraft ist bereits in der Zukunft angekommen; denn er zeichnet nicht nur die Aktion aus, in der das Konzeptualisierte realisiert wird, er ist selbst diese Aktion. Wille$_E$ ist mithin der Name für eine gewisse Gruppe von Handlungen. Wille$_F$, Wille$_A$ und Wille$_V$ hingegen benennen die Eigenschaft eines sich als Täter entwerfenden Subjektes, das niemals zu wirklichem Handeln finden mag, sei es, daß unüberwindliche Hindernisse auftreten, sei es, daß das Vorgesetzte von vornherein nicht zu verwirklichen ist oder daß man einfach seinen Willen ändert.

Diese Überlegungen erlauben es, das Feld, in dem nach der Bedeutung des Begriffs ‚Wille' zu suchen ist, auf Wille$_F$, Wille$_A$ und Wille$_V$ zu beschränken; denn Wille$_E$ stellt offensichtlich einen Sonderfall des Wortgebrauchs dar. Von energischem Auftreten, von Durchsetzungskraft kann ja auch dann gesprochen werden, wenn man nicht mehr annehmen mag, es komme beim Wollen darauf an, daß jemand/etwas seine Vorsätze verwirkliche. So wird der Raubvogel seine Beute energisch oder weniger energisch bedrängen, je nach dem Grad des Hungers, der ihn quält. Einen Willen zum Töten darf man ihm dabei aber gewiß nicht unterstellen, ja schon die Bezeichnung ‚Raubvogel' ist strenggenommen ein unzulässiger Anthropomorphismus. In einem Bereich, wo der Wille auf Wille$_E$ beschränkt ist, von Willensfreiheit zu sprechen, ist mithin sinnlos.

In den verbleibenden Verwendungen hat es der Wille immer mit einem Vorsatz zu tun. Wille$_F$ benennt die Bedingung der Möglichkeit des Fassens von Vorsätzen, Wille$_A$ den Akt des Fassens, Wille$_V$ schließlich den Vorsatz selbst. Es muß also geklärt werden, was ein Vorsatz ist.

Unter ‚Vorsatz' hat man das Postulat des *Daß* bzw. *Daß-Nicht* eines Sachverhaltes zu verstehen. ‚Sachverhalt' kann die Korrelation von Entitäten an bestimmten Raum-/Zeitstellen genannt werden. Das Daß eines Sachverhaltes soll ‚positiver',

---

[3] Alle vier Varianten finden sich in der philosophischen Tradition. Ich nenne jeweils einen Kronzeugen: Wille$_V$ findet sich bei *Hobbes* (1972, 127), Wille$_A$ bei Wittgenstein (1989a, 459), Wille$_F$ bei Kant (GzMdS – Akad IV, 427), Wille$_E$ schließlich bei *Nietzsche* (GM – KSA 5, 279).

das Daß-Nicht ‚negativer Sachverhalt' heißen. Vorsätze betreffen positive bzw. negative Sachverhalte, die an einer noch nicht erreichten Zeitstelle bzw. in einer noch nicht aufgetretenen Zeitspanne angesiedelt sind, i. e. künftige Sachverhalte.

Nach diesen begrifflichen Vorarbeiten lassen sich vier verschiedene Vorsätze differenzieren: Man will,

(1) daß ein positiver Sachverhalt zu einem künftigen Zeitpunkt auftritt;

(2) daß ein negativer Sachverhalt zu einem künftigen Zeitpunkt auftritt;

(3) daß ein positiver Sachverhalt in einer künftigen Zeitspanne besteht;

(4) daß ein negativer Sachverhalt in einer künftigen Zeitspanne besteht;

Diese Formeln lassen sich durch folgendes Beispiel konkretisieren: Handelt es sich um den Sachverhalt des Reich-Seins – ein Zustand, der durch ein Vermögen definiert sein mag, welches sich in 1000 oder mehr Einheiten einer gewissen Währung ausdrückt – und bei dem ins Auge gefaßten Datum um einen Zeitpunkt, der genau zehn Jahre später liegt als die Gegenwart, dann lassen sich (1) und (2) so konkretisieren:

(1') Ich will, daß ich in zehn Jahren mindestens 1000 Einheiten dieser Währung besitze.

(2') Ich will, daß ich in zehn Jahren über weniger als 1000 Einheiten dieser Währung verfüge.

Bezieht sich der Vorsatz nicht auf einen Zeitpunkt, sondern auf eine Zeitspanne, die am darauffolgenden Tag beginnen und bis zum Lebensende anhalten soll, dann lauten die Konkretisierungen:

(3') Ich will, daß ich von morgen bis zu meinem Lebensende mindestens 1000 Einheiten dieser Währung besitze.

(4') Ich will, daß ich von morgen bis zu meinem Lebensende über weniger als 1000 Einheiten dieser Währung verfüge.

Daraus ergibt sich, daß Wille$_V$ auf folgende Weise bestimmt werden kann:

‚Wille$_V$' ist der Name für das Postulat des Auftretens eines negativen bzw. positiven Sachverhalts an einem bestimmten Zeitpunkt bzw. innerhalb einer bestimmten Zeitspanne.

Aus dieser Definition ergibt sich, daß es nicht nötig sein wird, Wille$_A$ in *velle* und *nolle* zu differenzieren. Denn es liegt kein positiver oder negativer Akt vor, sondern es wird lediglich ein positiver bzw. negativer Sachverhalt postuliert. Damit ist zugleich erklärt, in welcher Richtung gesucht werden muß, wenn Wille$_A$ näher bestimmt werden soll. Es gilt die Bedeutung der Rede von postulieren aufzuklären.

IV. Die Freiheit und der Wille

Man postuliert etwas immer dann, wenn man Sollens-Sätze aufstellt, i. e. proskriptive Sätze, welche die Eigentümlichkeit haben, im Sinne der Korrespondenztheorie nicht wahrheitsfähig zu sein, da der Sachverhalt, dem sie entsprechen könnten, in der Welt noch nicht angetroffen wird. Sollens-Sätze sind also nicht wahr oder falsch, sie sind gültig oder nicht-gültig. Ihre Gültigkeit beziehen sie aus dem Konsens anderer Subjekte oder aus der Tatsache, daß sie einem wie auch immer gearteten Regelwerk konvenieren. Dies heißt aber nicht, daß Postulate nur Postulate sind, wenn andere Subjekte ihnen zustimmen oder wenn eine Regel ihre Berechtigung bestätigt. Vielmehr ist ein Sollens-Satz immer dann schon ein Postulat, wenn er formuliert wird – ganz gleichgültig, ob man ihn akzeptiert oder ihn überhaupt akzeptieren kann. Ihn zu formulieren, heißt darüber hinaus auch nicht unbedingt, eine Phonem- oder Graphem-Kette zu produzieren; Sätze können ja auch nur gedacht werden.

‚Ich will, daß es morgen regnet' ist ebensogut ein Postulat wie der Satz ‚Ich will, daß du morgen kochst', trotz der Unsinnigkeit des ersten Beispiels und ganz gleichgültig, ob die in der zweiten Formulierung angesprochene Person sich auf die Nahrungsmittelzubereitung versteht oder nicht. Im Gegensatz zu deskriptiven Sätzen können Postulate also auf zweifache Weise scheitern: Eine Aussage über die Welt mißlingt dann, wenn sich das Ausgesagte als bestehender oder nicht bestehender Sachverhalt nicht auffinden läßt; ein Sollenssatz hingegen, wenn sich niemand findet, der den postulierten Sachverhalt herbeiführt – sei es, daß er der Forderung nicht zu entsprechen geneigt ist, sei es, daß er ihr gar nicht nachkommen kann. Nichtsdestoweniger bleibt das Postulat ein proskriptiver Satz.

Indem Wille$_A$ der Klasse der Postulate zugewiesen wird, läßt sich auch ausschließen, daß man Bedürfnisse, Begierden, ein mehr oder weniger dumpfes Verlangen als ‚Wille' bezeichnet. Denn wenn man etwas postuliert, dann hat das, was sich als Handlungsantrieb bemerkbar macht, seine Approbation durch denjenigen gefunden, dem sich das Motiv aufdrängt. Postulieren heißt ja immer, mit der Möglichkeit eines abschlägigen Bescheides rechnen zu müssen, sei es daß man selbst es ist, der nein sagen könnte, sei es, daß es eine Person oder mehrere andere ist/sind, die das Postulat für ungültig erklären mag/mögen. Also legt sich, wer postuliert, eine Rechtfertigung zurecht, die er vorbringen könnte, wenn nach dem Warum gefragt wird oder wenn er sich selber danach fragen sollte.

Wille$_A$ kann nach diesen Überlegungen wie folgt definiert werden:

‚Wille$_A$' ist der Name für das Formulieren eines unter gewissen Umständen legitimationsbedürftigen Sollens-Satzes.

Nun ist es nicht mehr schwierig, Wille$_F$ näher zu bestimmen. Denn hier kann ja nichts anderes gemeint sein, als das Vermögen, Postulate, i. e. Sollens-Sätze, zu formulieren. Ein Wesen verfügt also genau dann und nur dann über Wille$_F$, wenn es proskriptive Sätze zustande bringt, mit deren Legitimationsbedürftigkeit es zugleich rechnet.

Faßt man nun alle Bestimmungen zusammen, dann ergibt sich folgende – freilich noch vorläufige – Definition (D) des Begriffs ‚Wille':

(D) ‚Wille' ist der Name:

(i) für das potentialiter legitimationsbedürftige Postulat des Auftretens eines negativen bzw. positiven Sachverhaltes zu einem bestimmten Zeitpunkt bzw. innerhalb einer bestimmten Zeitspanne,

(ii) für das Formulieren eines solchen Postulats sowie

(iii) für die Fähigkeit zu solchen Formulierungen.

Wille$_F$ ist eine Kraft, welche im Vollzug von Wille$_A$ Wille$_V$ erzeugt. Abzuweisen ist die Annahme, der Wille verwirkliche den in Wille$_V$ konzeptualisierten Zweck dadurch, daß er Handlungen hervorbringe, welche als Mittel dazu dienen, den Vorsatz zu realisieren. Denn bei der Untersuchung des Ausdrucks ‚postulieren' hat sich ja gezeigt, daß man alles Mögliche und Unmögliche fordern kann, ohne damit den Sollens-Satz als solchen zu gefährden.

Was unter ‚Willensfreiheit' zu verstehen ist, wird dann sichtbar, wenn man das Verhältnis von Wille$_F$, Wille$_A$ und Wille$_V$ in näheren Augenschein nimmt.

Wille$_F$, Wille$_A$ und Wille$_V$ stehen zueinander in folgender Beziehung: Das Auftreten von Wille$_A$ impliziert das Vorhandensein von Wille$_F$; Wille$_A$ und Wille$_V$ stehen hingegen im logischen Verhältnis der Äquivalenz. Es wird sich zeigen, daß – aufgrund dieser Beziehungen der Begriffe untereinander – Wille$_F$ und Wille$_A$ als obsolet gelten können.

Wille$_F$ meint eine Fähigkeit. ‚Fähigkeit' heißt diejenige empirisch nicht direkt zugängliche Qualität eines Subjektes, auf welche man verweist, wenn man aus der Menge aller denkbaren Handlungen die einem Subjekt möglichen Aktivitäten bestimmen will. Dies geschieht so, daß man einen empirischen Indikator verwendet, welcher anzeigt, daß eine gewisse Person über genau die Qualität verfügt, welche sie befähigt, Täter einer bestimmten Tat zu werden, i. e. einen negativen oder positiven Sachverhalt auftreten zu lassen. Eine Person verfügt also über die Fähigkeit, in französischer Sprache ein Menu zu bestellen, wenn die Tatsache, daß sie die Speisekarte laut vorliest und sich mit ihrem Tischnachbarn über sie unterhält, anzeigt, daß sie die französische Sprache beherrscht, wodurch sie zum Täter einer Handlung werden kann, die darin besteht, ein Menü in französischer Sprache zu bestellen. Die Fähigkeit manifestiert sich im Indikator schon vor der Handlung selbst, also bevor der Kellner an den Tisch getreten ist, nach der Bestellung gefragt hat und die entsprechenden Wünsche geäußert worden sind. Anders gewendet: Hat man das Auftreten des entsprechenden Indikators beobachtet, dann kann man Fähigkeiten attestieren, ohne daß die Person, um die es geht, bereits tätig geworden wäre: X kann die Speisekarte vorlesen und sich über sie unterhalten, X wird auch bestellen können.

IV. Die Freiheit und der Wille 49

Beim Willen liegen die Verhältnisse freilich anders: Auf das Vorhandensein von Wille$_F$ kann nur dann geschlossen werden, wenn Wille$_A$ auftritt. Die Fähigkeit zu wollen manifestiert sich nämlich nur dadurch, daß man etwas will. „Er wollte gestern, daß im nächsten Sommer ein gewisser positiver Sachverhalt aufritt" sagt genauso viel wie „Er war gestern zu wollen fähig, daß im nächsten Sommer ein gewisser positiver Sachverhalt aufritt".

Futurisch gefaßt ist der Satz hingegen eine sinnlose Äußerung, denn nichts erlaubt es heute, ein künftiges Wollen-Können zu konstatieren, da wir eben nicht über einen Indikator des Wollen-Könnens verfügen. Mithin ist beim Willen das Faktum des Wollens Indikator des Wollen-Könnens. Daß X wollen kann, sieht man daran, daß X will. Da dies so ist, kann eine Differenzierung von Wille$_F$ von Wille$_A$ als obsolet betrachtet werden. Man verdoppelt durch sie den Willensbegriff unnötigerweise. Bereinigt man die vorläufige Definition des Willens entsprechend, dann lautet sie:

(D') ‚Wille' ist der Name:

(i) für das potentialiter legitimationsbedürftige Postulat des Auftretens eines negativen bzw. positiven Sachverhalten an einem bestimmten Zeitpunkt bzw. innerhalb einer bestimmten Zeitspanne und

(ii) für das Formulieren eines solchen Postulats.

Auch diese Bestimmung ist noch zu umfangreich. Denn (D') kann so verkürzt werden, daß auch das Element Wille$_A$ verschwindet.

Wille$_A$ und Wille$_V$ verhalten sich zueinander wie das praktische Tätigsein und sein Produkt. Wenn wir etwas herstellen, dann hat es erst dann als das, was es ist, Bestand, wenn der Produktionsprozeß abgeschlossen ist. Während der Arbeit ist es unvollkommen – eben noch nicht fertig. Beim praktischen Tätigsein hingegen besteht das Resultat nur so lange, wie die Tätigkeit stattfindet[4]. Folgendes Beispiel kann diesen Sachverhalt verdeutlichen: Betrachtet man die psychischen Zustände, welche sich bei den Spielern einer Schachpartie einstellen, als das Resultat ihrer Tätigkeit, nicht aber das Faktum, daß sich einer der beiden nach gewonnener Partie vielleicht ‚Schachmeister' nennen darf, dann ist das Schachspielen keine herstellende, sondern eine praktische Tätigkeit. Hier sind Vollzug und Resultat äquivalent: Immer, wenn man Schach spielt, stellen sich gewisse psychische Zustände ein, und immer wenn sich eben diese Zustände vorfinden, dann spielt man gerade Schach. Beides läßt sich so zusammenziehen, daß man von einem Schachgefühl sprechen kann.

Genauso verhält es sich hinsichtlich des Verhältnisses von Wille$_A$ und Wille$_V$. Es gilt: Immer, wenn wir es mit einem Postulat zu tun haben sollen, dann muß es

---

[4] Hinter dieser Überlegung steckt natürlich die Aristotelische ποίησις-πρᾶξις-Unterscheidung – vgl. EN 1091a1 ff.

formuliert werden; und immer, wenn ein Postulat formuliert wird, dann haben wir es mit einem Postulat zu tun. Es hat demnach gar keinen Sinn, den Akt des Formulierens von dem Formulierten zu unterscheiden, denn wenn man zu postulieren aufhört, dann liegt auch kein Postulat mehr vor – ganz so, wie das Schachgefühl schwindet, wenn die Partie zu Ende ist.

Im Wollen als Akt kommt das Gewollte zum Vorschein, und das Gewollte ist nichts anderes als das, was der Wille wollend setzt. Der Wille ist sein Postulat, und das Postulat ist der Wille. Daher kann als abschließende Definition folgende Bestimmung gegeben werden:

(D") ‚Wille' ist der Name für das potentialiter legitimationsbedürftige Postulat des Auftretens eines negativen bzw. positiven Sachverhaltes an einem bestimmten Zeitpunkt bzw. innerhalb einer bestimmten Zeitspanne.

Mit Hilfe dieses Ergebnisses kann nun angegeben werden, wo die Grenzen des Willens zu suchen sind. Sie treten immer dann auf, wenn etwas postuliert wird, was nicht postuliert werden kann. Dies ist nur dann der Fall, wenn der Wille reflexiv wird. Berücksichtigt man diese Überlegungen in den vier Formulierungen, dann ergibt sich:

(1) Ich will, daß ich zu einem künftigen Zeitpunkt will.

(2) Ich will, daß ich zu einem künftigen Zeitpunkt nicht will.

(3) Ich will, daß ich in einer künftigen Zeitspanne will.

(4) Ich will, daß ich in einer künftigen Zeitspanne nicht will.

Da Wille$_A$ und Wille$_V$ in einem äquivalenten Verhältnis zueinander stehen, sind die Wendungen (2) und (4) unsinnig, denn hier treten beide ja in Widerspruch: wollend will man nicht wollen, postulierend soll nicht postuliert werden. Wir haben es hier also mit einer Willenskontradiktion zu tun. Die Wendungen (1) und (3) hingegen stellen eine Willenstautologie dar: Wollend will man, daß sei, was schon ist, nämlich ein Wollen; man postuliert das Postulieren. Auch dies ist unsinnig. Daher kann man sagen, das Wollen findet genau da seine Grenze, wo der Wille reflexiv wird. Alles läßt sich postulieren – bis auf das Postulieren bzw. das Nicht-Postulieren. Die Grenze des Willens ist das *volo me velle* wie das *volo me nolle*.

Versteht man ‚Wille' als den Namen für das Postulat des Auftretens eines negativen bzw. positiven Sachverhaltes an einem bestimmten Zeitpunkt bzw. innerhalb einer bestimmten Zeitspanne, dann kann die Annahme, der Wille sei frei, nur bedeuten, daß innerhalb der Grenzen des Wollens triadische Freiheit des Postulierens besteht. Sowohl für die Forderungen, welche man ganz privat an sich selbst richtet, als auch für die laut vor einem Publikum verkündeten Postulate müssen Verhältnisse herrschen, unter denen der Formulierung des Postulats nichts im Wege steht.

Der unvollkommene Wille ist ein nicht zu Ende gebrachtes Postulat, eines, das – metaphorisch gesprochen – im Halse steckenbleibt, weil irgend etwas in der Psyche

IV. Die Freiheit und der Wille

seine klare Formulierung im Sinne einer Negation des dyadischen Freiheitsbegriffes verhindert. In Bezug auf äußere Verhältnisse läßt sich dieses Phänomen weitaus klarer kennzeichnet. Hier tritt jemand – eine Person, eine Personengruppe – auf, um dem postulierenden Subjekt den Mund zu verbieten, weil die öffentliche Formulierung von Forderungen überhaupt oder von eben diesen Forderungen dieser Person oder Personengruppe nicht erwünscht ist. Was die äußere Freiheit des Postulierens bedroht, ist mithin eine Einschränkung oder die völlige Aufhebung der Meinungsfreiheit. Verwendet man das Auftreten eines solchen äußeren Hindernisses auch zur Kennzeichnung der innerpsychischen Verhältnisse, dann ist die Willensfreiheit ganz grundsätzlich als ein Analogon zur Meinungsfreiheit zu verstehen, wobei der Begriff ‚Meinung' die Äußerung eines Sollens-Satzes bezeichnet, ‚Freiheit' hingegen einen hohen Grad an Wahrscheinlichkeit, daß es gelingt, das Postulat (Freiheit *zu*) ohne Intervention (Freiheit *von*) durch wen oder was auch immer zu formulieren.

Damit ist der Sinn der Rede von Willensfreiheit aufgeklärt, nicht aber ihre ontologische Voraussetzung. Diese wird genau dann erörtert, wenn kosmologische Thesen bezüglich des Zusammenhanges von Sachverhalten in der Welt debattiert werden. Das nächste Kapitel, welches als Exkurs (a) in den Darstellungsgang eingeschoben wird, thematisiert diese Erörterungen. Der Zusammenhang mit der Rede von Werten liegt auf der Hand: Sie ist nur sinnvoll, wenn Werte handlungsleitend sein können, was man wiederum nur dann behaupten kann, wenn das Handeln nicht-determiniert erfolgt, so daß es möglich ist, sich an Werten orientierend selbst zum Handeln zu bestimmen. Das setzt aber eine bestimmte Beschaffenheit der Welt voraus – sie darf kein Laplacescher Kosmos sein, wie er in der Einleitung skizziert worden ist – allerdings auch keiner, in dem völlige Kontingenz herrscht. Sie muß vielmehr ein lediglich partiell determinierter und deshalb partiell kontingenter Kosmos sein. Der folgende Exkurs wird diese Bestimmungen näher erläutern.

Exkurs (a): Deterministen und Indeterministen

> „Die Freiheit existiert, und auch der Wille existiert; aber die Willensfreiheit existiert nicht, denn ein Wille, der sich auf seine Freiheit richtet, stößt ins Leere."[1]

Thomas Manns Satz, der Exkurs (a) als Motto voransteht, bedarf einer näheren Erklärung: Gemeint ist nicht, daß es keinen freien Willen geben könne, etwa weil jedes Ereignis in der Welt durch ein vor ihm liegendes Geschehen determiniert wäre; was der Schriftsteller vielmehr im Sinn hat, ist die Schwierigkeit, sich einen Willen denken zu sollen, der seine eigene Freiheit will. Ein solcher Wille lief in der Tat ins Leere, weil er das, was er will, entweder schon besäße oder aber etwas herbeiwollen müßte, was sich durch pures Wollen nicht kreieren läßt.

Das Kompositum ‚Willensfreiheit' bezeichnet also bei Thomas Mann mit seinem Grundwort ‚Freiheit' das Objekt des Willens; während wir in unseren Alltagsgesprächen und in unseren philosophischen Debatten das Grundwort so auffassen, daß mit ihm eine Qualität des Wollens bezeichnet wird. Daß eine solche Qualität vorliegt, bestreiten die harten Deterministen[2], die zugleich Inkompatibilisten sind, also behaupten, daß in unserer Welt kein Ereignis auftrete, das nicht Wirkung einer zeitlich vor ihm auftretenden Ursache sei, die wiederum als Wirkung einer noch weiter zurückliegenden Ursache begriffen werden müsse. Da dem so sei, könne nicht sinnvoll von einem freien Willen gesprochen werden, man müsse vielmehr davon ausgehen, es hier mit einer Illusion zu tun zu haben[3]. Gleichfalls zu den Inkompatibilisten gehören die Libertarianer, welche in einer gemilderten Variante lediglich den universellen Kausaldeterminismus, in einer radikaleren Form jede Art von Nicht-Kontingenz leugnen. Beiden, den harten Deterministen und den Libertarianern, stehen die Kompatibilisten[4] gegenüber, die zeigen wollen, daß man durchaus von einem freien Willen reden könne, wenn man den universellen Determinismus vertrete; man müsse lediglich den Begriff Freiheit so auffassen, daß

---

[1] *Mann* 2005, 721.

[2] Dieser Terminus findet sich bei *James* (1956a, 149).

[3] G.E.M. Anscombe teilt in ihrem Buch ‚Absicht' mit, sie habe in Wittgensteins Vorlesungsunterlagen Überlegungen zum Begriff der Kausalität gefunden: Vom Wind hin und her gewehte Blätter sagen sich dabei: ‚Jetzt fliege ich in diese Richtung ..., jetzt in jene' (*Anscombe* 2011, 19). Pereboom führt die Annahme der Existenz eines freien Willens auf unser Bedürfnis zurück, das Phänomen moralischer Entrüstung zu legitimieren – *Pereboom* 2011, 424; ähnlich äußert sich Prinz, der feststellt, für die wissenschaftliche Psychologie gebe es keinen freien Willen, lediglich eine Freiheitsintuition, die der kollektiven Regulierung individuellen Handelns diene (*Prinz* 2004). Der Leser fragt dabei allerdings, wie denn ein Handeln, das unfrei erfolgt, regulierbar sein soll.

[4] James spricht von ‚soft determinism' (*James* 1956a, 149).

mit ihm die Abwesenheit von Hindernissen markiert werde[5], i. e. der dyadische negative Freiheitsbegriff, von dem im letzten Kapitel die Rede war.

Ich will einen gemäßigten Libertarianismus verfechten, i. e. eine Position, die sich dann ergibt, wenn man einsieht, daß die ontologische Alternative nicht so steht, daß entweder ein harter Determinismus oder eine universelle Kontingenz anzusetzen wäre, daß mithin durchaus gilt: *tertium datur*[6]. Zur Begründung dieser Auffassung ist es zunächst nötig, den radikalen Libertarianismus, die kompatibilistische Position und die Haltung des harten Determinismus einem vernünftigen Zweifel auszusetzen, so daß eine philosophische Jury von der absoluten Richtigkeit beider Auffassungen nicht mehr *beyond a reasonable doubt* überzeugt ist.

Alle benannten Position lassen sich auf einer mit fünf Markierungen versehenen Strecke anordnen, deren Anfangs- und Endpunkt (P_{-1} und P_{+1}) jeweils die extremen Auffassungen bezeichnen, wobei P_{-1} den harten inkompatibilistischen Determinismus darstellt und P_{+1} eine ebenfalls inkompatibilistische Auffassung, welche besagt, es herrsche in unserer Welt universelle Kontingenz in dem Sinne, daß jedes Ereignis zufällig auftrete. Dazwischen liegen die Punkte $P_{-0,5}$, P_0 und $P_{+0,5}$. $P_{-0,5}$ bezeichnet eine kompatibilistische deterministische Auffassung, $P_{+0,5}$ hingegen einen inkompatibilistischen partiellen Libertarianismus. Die Marke P_0 ist nötig, um die benannten Auffassungen ontologisch zu klassifizieren.

Drei ontologischen Prämissen der einzelnen Positionen lassen sich auf der Strecke ebenfalls markieren:

(1) Die Strecke von P_{-1} bis P_0 nimmt eine vollständige Determination der Ereignisse an und folgt dabei der Laplaceschen Bestimmung, die in der Einleitung zitiert worden ist – ein unbegrenzter Intellekt, der alle Gesetzmäßigkeiten und alle Ereignisse überschaut, kennt Vergangenheit und Zukunft bis ins Detail[7]. Gesetzmäßigkeiten werden hier als Abläufe verstanden, die durch einen durchgängigen Kausalnexus gekennzeichnet sind. Unter einem Kausalnexus ist folgendes zu verstehen: Das Ereignis e_1 ist Element der Ereignisklasse E_1. Gleiches gilt für e_2, es ist Element von E_2. Beide Ereignisse, e_1 und e_2, sind genau dann kausal miteinander verbunden, wenn e_1 zum Zeitpunkt t und e_2 an $t+x$ gemäß

---

[5] Exemplarisch vertritt Hobbes einen solchen Freiheitsbegriff – 1972, 261/262. Für die neueren Diskussionen kennzeichnend ist die von Frankfurt vertretene Konzeption – *Frankfurt* 2004, 1971.

[6] Just diese Annahme wird von den Deterministen bestritten – vgl. exemplarisch *Smart* 2004, 58 ff.; eine Stütze findet sie bei den Vertretern einer ‚agent-causal theory of freedom' – vgl. exemplarisch *O'Connor* 2011, *Kane* 2011. Jaegwon Kim hat in einem lesenswerten Aufsatz ein Beispiel für zwei miteinander verbundene Ereignisse gegeben, die nicht Teil eines Kausalnexus sind: Mit der Hinrichtung des Sokrates werde seine Ehefrau Witwe. Von einem Kausalzusammenhang könne man hier aber nicht sprechen, da die beiden Humeschen Kriterien nicht erfüllt seien; denn beide Ereignisse träten nicht nacheinander, sondern gleichzeitig und zudem in erheblicher räumlicher Entfernung auf (vgl. *Kim* 1981). Trifft diese Überlegung zu, dann ist die Annahme eines lediglich partiell kausal determinierten Kosmos exemplifiziert.

[7] *Laplace* 1902, 4.

einer Regel auftreten, welche besagt, daß Elemente von E_2 immer, i. e. mit Notwendigkeit und damit ohne Ausnahme, auf räumlich benachbarte Elemente von E_1 folgen. Diese Beziehung ist nicht konvertierbar, es liegt also kein Äquivalenzmechanismus vor.

Die Erklärung dessen, was man unter einem Kausalnexus zu verstehen hat, birgt folgende Implikationen:

(i) Alle jemals denkbaren Ereignisse müssen Elemente einer Klasse sein, es kann also nichts Singulär-Individuelles geben.

(ii) Sollten zwei Ereignisse gleichzeitig auftreten, dann können sie einander nicht kausal bedingen, sie müssen vielmehr verschiedenen Kausalketten angehören. Sollte sich zeigen lassen, daß letzteres nicht der Fall ist, dann wäre die Leplacesche Ontologie gescheitert.

(iii) Da jedes Ereignis mit Notwendigkeit aus einem ihm vorangehenden Ereignis resultiert, ist die Rede von unrealisierten Möglichkeiten sinnlos[8], ja nichts ist hier mehr möglich, sondern alles ist *in nuce* immer schon wirklich.

(2) Die Strecke P_0 bis $P_{+0,5}$ kennzeichnet eine lediglich partiellen Determination, man rechnet hier damit, daß in gewissen Sinnbereichen probabilistische Verhältnisse herrschen. Musterhaft ist die durch die Quantenphysik bewirkte Änderung des Weltbildes: In der klassischen Physik eines Newton und Galilei herrscht uneingeschränkt die Laplacesche Ontologie. Heisenbergs Entdeckungen, i. e. die Unschärfe als Einschränkung der Gültigkeit eines zuvor für universell gehaltenen Kausalitätsprinzips, zwingen dazu, für gewisse Seinsbereiche kausale Erklärungen dergestalt zu suspendieren, daß lediglich von Wahrscheinlichkeiten gesprochen werden kann[9]. Die Ontologie vollständiger Determination ist damit auf den Status einer Regionalontologie reduziert[10]. Dies gilt auch dann, wenn man annimmt, daß menschliches Leben sich ausschließlich in der makroskopischen Region abspiele[11].

---

[8] Vgl. *James* 1956a, 151.

[9] Vgl. *Carnap* 1966, 217 ff.; Reichenbach konstatiert, im Makroskopischen gelte die Annahme eines durchgehenden Kausalnexus, auf atomarer Ebene hingegen nicht; vgl. *Reichenbach* 1968, 186. Aber auch schon vor den Entdeckungen der modernen Physik gab es Kritiker an der Laplaceschen Ontologie; so stellt Peirce fest, nur wer die Logik der Naturwissenschaften nicht kenne, behaupte, es sei erwiesen, daß alle Tatsache immer und überall Fälle von Regeln seien – DNE 305.

[10] Popper und Eccels konstatieren den Zusammenbruch der tradierten Kosmologie des Determinismus mit dem Auftreten der Quantenmechanik (1977, 33 f.). Bishop spricht nur noch von ‚pockets of determinism'; vgl. *Bishop* 2011, 96. Zuvor wollte schon Russell dem materialistischen Dogmatismus ein Veto aussprechen; vgl. *Russell* 2009, 596. Läßt sich diese Auffassung halten, dann hat James unrecht, wenn er meint De- und Indeterminismus bildeten eine vollständige Disjunktion; vgl. *James* 1956a 151.

[11] Vgl. *Titze* 1981, 46; ein gleicher Hinweis findet sich bei *Hondrich* 2011, 448 und *Hodgson* 2011, 62 f.

(3) Die Strecke von $P_{+0,5}$ bis P_{+1} markiert eine Ontologie, welche dekretiert, es herrsche universelle Kontingenz, i. e. alles, was sich ereignet ist dergestalt Ereignis *sui generis*, daß es nichts gibt, worauf es zurückgeführt werden könnte.

Argumentationsstrategisch wird es genau dann nicht mehr nötig sein, den Kompatibilismus einer Kritik zu unterziehen, wenn es gelungen ist, die These von einer universellen Determination fragwürdig zu machen. Ich werde mich also zunächst dem Determinismus überhaupt zuwenden. Sollten sich hier ausreichende Argumente finden, diese Position zurückzuweisen, dann ist die Frage, ob man hier einen harten oder einen kompatibilistischen Determinismus vertreten muß, obsolet geworden. Beginnen will ich freilich mit Ontologie (3); denn diese läßt sich am einfachsten abweisen. Das Beweisverfahren ist mithin apagogisch angelegt: Ich versuche den radikalen Libertarianismus und den Determinismus ausschließen, auf daß sich sodann ein gemäßigter Libertarianismus als einzig verbleibenden Position ergibt.

Zunächst wäre – zur Erörterung von Ontologie (3) – der Begriff des Zufalls zu klären: Zufällig tritt ein Ereignis dann auf, wenn sich für sein Erscheinen keine Erklärung geben läßt, so daß niemand dazu in der Lage gewesen wäre, mit diesem Ereignis zu rechnen – auch der Laplacesche unbeschränkte Intellekt versagte in einem kontingenten Kosmos natürlich kläglich. Denn es herrschte dort nicht einmal Unschärfe, sondern absolute Unbestimmtheit, die zur Folge hätte, daß niemand etwas prospektiv ankündigen oder retrospektiv erklären könnte. Dadurch lebte man in einer Welt der stetigen Überraschungen – ein Kosmos, den wir offensichtlich nicht zu besiedeln meinen und wohl auch nicht besiedeln könnten. Willensfreiheit herrschte hier insofern nicht, als sie nach dem Muster des unbewegten Bewegers[12] konzeptualisier ist: Der Wille soll ein Erstes sein, das *sua sponte* dazu in der Lage ist, ein Zweites zu veranlassen, ohne selbst veranlaßt zu sein. Läge universelle Kontingenz vor, dann könnte von Veranlassung nicht die Rede sein, also auch nicht von einem freien Willen[13]. Ein universeller Libertarianismus kann mithin von Willensfreiheit nicht sprechen, da er nicht zu konzeptualisieren vermag, daß und wie etwas veranlaßt werden kann[14]. Er befindet sich vielmehr in der Lage eines Varieté-Besuchers, dem sich eine unzusammenhängende Folge von Revue-Nummern bietet, innerhalb derer erratische Einzelaktionen zu beobachten sind, ohne daß die Akteure als Urheber dessen, was sie tun, auszumachen wären.

Damit scheint der Libertarianismus in seiner radikalen Form unhaltbar zu sein, es verbleiben nur noch seine gemäßigte Variante und die deterministischen Positionen.

---

[12] τὸ ὃ οὐ κινούμενον κινεῖ – Met. 1072a25. Im Zusammenhang mit der Willenskonzeption findet sich bei Chisholm ein Hinweis auf das Aristotelische Theorem; vgl. *Chisholm* 2004, 34.
[13] Dieses Argument findet sich in der Literatur häufig – vgl. exemplarisch van *Inwagen* 2000, 10.
[14] Vgl. *Clarke* 2011, 347; Clarke will mit diesem Hinweis die Libertarianer zum Kompatibilismus bekehren.

Ich will nun zu zeigen versuchen, daß sich auch eine Ontologie des vollständigen Determinismus nicht halten läßt, wodurch sowohl seine inkompatibilistische als auch seine kompatibilistische Variante hinfällig werden. Für diese These lassen sich – wie ich meine – zwei Argumente finden. Das erste verweist auf die Unausweichlichkeit eines *regressus ad infinitum*, die mit der Annahme einer vollständigen Determination verbunden ist. Dieser Ansatz läßt die Annahmen bezüglich des Kausalitätsprinzips, welche der Determinismus in Kraft setzt, noch unkritisiert, i. e. man gesteht einstweilen zu, daß sinnvollerweise von einem Kausalnexus gesprochen werden könne. Ein zweiter Zugang hingegen versucht – wie sich zeigen wird mit und gegen David Hume – zu erweisen, daß die Rede von einem Kausalnexus eine Subreption darstellt. Ich stelle zunächst das weniger weitreichende Argument vor, i. e. die Explikationsschwäche des Determinismus.

Das Argument der Deterministen gegen die Libertarianer lautet, man können – unter der Prämisse absoluter Kontingenz – die Welt nicht verstehen, weil sich kein Ereignis mehr erklären lasse. Der Determinismus hingegen sei in der Lage, einem *explanandum* dergestalt ein *explanans* zuzugesellen, daß man das zu erklärende Ereignis als Wirkung einer Ursache beschreibe. Dies scheint ein unmittelbar evidenter Vorzug zu sein – wäre da nicht das berühmte *regressus*-Problem. Man kommt mit den Erklärungen nämlich nicht zu Ende, da bei einem durchgehenden Kausalnexus aller Ereignisse in der Welt davon auszugehen ist, daß jedes *explanans* seinerseits wieder zum *explanadum* wird – ganz in dem Stile, in welchem neugierige Kinder stets weiterfragen und ihre erwachsenen Auskunftgeber damit nicht selten dazu bringen, den Erklärungen mit einem – gewiß nicht sehr pädagogischen – Machtwort ein Ende zu setzen. Wenn aber kein Letztes aufgefunden werden kann, das weiterer Erklärungen nicht mehr bedarf – ein solche wäre eine nicht verursachte Ursache –, dann kann der Determinist genauso wenig die Welt erklären wie der radikale Libertarianer. Für letzteren ist alles singulär, für den ersten hingegen reißt die Kette der Fragen niemals ab, Machtworte dürften nämlich außerhalb der Kinderstube kaum akzeptiert werden – oft genug nicht einmal dort.

Das zweite Argument gegen den Determinismus stammt – wie ich meine – von einem Philosophen, der mit Fug und Recht ein Kompatibilist genannt werden kann, von David Hume. Es findet sich in seiner Analyse kausalen und induktiven Schließens. Ich referiere die Grundzüge der Argumentation.

In der Grundlegung einer Wissenschaft vom Menschen[15], welche die Prinzipien der menschlichen Natur erklären soll, will Hume zu einem völlig neuen System der Wissenschaften gelangen[16], welches auf der Einsicht beruht, daß es unmöglich sei, die Erfahrung zu überschreiten[17]. Was den Namen ‚Erfahrung' bekommt,

---

[15] Tr xvii.
[16] Tr xvi.
[17] Tr xvii.

sind „the perceptions of the mind"[18]. Diese differenziert Hume in *impressions* und *ideas*. Als Distinktionsbasis (= D) dient ihm hier die Lebendigkeit der Bewußtseinsinhalte (D_1), ihre Originalität (D_2) und der Zeitpunkt ihres Auftretens (D_3). Schaut man genauer hin, dann erweist sich D_1 als unbrauchbar, da Hume von „a pitch of vivacity"[19] spricht und so Gradabstufungen zuläßt, was darauf hinweist, daß man es bei der Rede von stärkerer und weniger starker Lebendigkeit mit einem konträren Gegensatz zu tun hat, welcher es eben nicht erlaubt, für jeden Bewußtseinsinhalt klar zu sagen, ob es sich um *impression* oder *idea* handelt. D_2 und D_3 jedoch lassen sich in der von Hume beabsichtigten Weise verwenden. Allerdings ist auch hier insofern eine Korrektur anzubringen, als D_3 und D_2 zu einer einzigen Distinktionsbasis zusammenzufassen sind; denn alles, was sich dem Bewußtsein originär bietet, muß erstmalig auftreten, alles, was diesem Kriterium nicht genügt, ist ein wiederbelebter Bewußtseinsinhalt.

Nach Anwendung der so reformulierten Distinktionsbasis läßt sich sagen: *impression* ist der Name für einen Bewußtseinsinhalt, der neu ist, *idea* heißt, was die Einbildungskraft oder das Gedächtnis erzeugt. Es ist diese Bestimmung der *perceptions*, mit welcher Hume festlegt, was überhaupt den Status eines Objekts der Erkenntnis haben kann. Denn zwischen dem Wahrgenommenen und der Wahrnehmung wird gar nicht unterschieden, so daß schließlich gilt, extramentaler Gegenstand und intramentale Repräsentation desselben fallen zusammen – oder, mit einem modernen Ausdruck zu sprechen: Wir verfügen über nichts als Sinnesdaten.

Dieser Ansatz zwingt Hume nun dazu, *simple* und *complex ideas* und *impressions* zu unterscheiden, ansonsten wäre er in der Tat nicht in der Lage, den Phantasievorstellungen[20] eine ontische Entsprechung zu verweigern. Was wir zunächst haben, sind *complex impressions*, welche als *complex ideas*, bzw. *simple impressions*, die als *simple ideas* wiederbelebt werden können. *Simple impressions* lassen sich aber auch zusammensetzen, so daß wir einerseits über *complex ideas* verfügen, i.e. lediglich schon perzipierte *complex impressions* beinhalten, andererseits aber auch über solche, die wir durch ein Arrangement von *simple impressions* selbst hergestellt haben.

Es gilt nun, die Regeln zu untersuchen, nach welchen diese Kompositionen erfolgen, um sodann sagen zu können, welchen man Realität, welchen hingegen den Status des Phantastischen zusprechen muß.

Hume nennt drei Prinzipien, nach denen die Ideenkomposition erfolgt: „Resemblance, Contiguity in time or place, and Cause or Effect"[21]. Seine weiteren Überlegungen gehen dahin, die Kausalität aus den ersten beiden Prinzipien zu

---

[18] EnHU 17.
[19] EnHU 17.
[20] Humes Beispiel ist die Vorstellung eines Goldberges, vgl. EnHU 19.
[21] EnHU 24.

erklären und die Anzahl der Erklärungsgründe damit zu reduzieren. Bei diesem Vorhaben stößt er auf die Induktionsproblematik.

Die Untersuchung geht von einer Unterscheidung zweier Klassen von Bewußtseinsinhalten aus: *relations of ideas* und *matters of fact*[22]. Auch hier bemüht sich Hume um eine Distinktionsbasis. Sie lautet: Das Gegenteil ist widerspruchsfrei denkbar/nicht denkbar. Für jede Tatsache soll gelten, daß man sich ihr Nichtbestehen vorstellen kann, ohne mit dem *principium contradictionis* in Konflikt zu geraten. Ist dies der Fall, dann soll es sich um einen Bewußtseinsinhalt handeln, welcher nichtapriorischen Charakter hat. Verbietet sich hingegen die Annahme des Gegenteils, weil man damit in Widersprüche geriete, so handelt es sich um eine Beziehung zwischen *ideas*, deren Gültigkeit apriorisch erweisbar ist.

Humes These hinsichtlich der Kausalschlüsse lautet nun: Diese haben nicht den Status der *relations of ideas*, stammen aber auch nicht so aus der Erfahrung, daß wir den UrsacheWirkungMechanismus selbst beobachten könnten. Was wir lediglich als Sinnesdatum haben, ist das Faktum, daß ein Ereignis der Klasse A bisher stets von dem anschließenden Auftreten eines Ereignisses der Klasse B begleitet war[23]. So ist es die Ähnlichkeit (resemblance), welche es erlaubt, a, a' etc., b, b' etc. zu den Klassen A und B zusammenfassen, und die raum/zeitliche Nähe des Auftretens von a' und b', welche in uns die Gewohnheit erweckt, mit dem Auftreten von b' zu rechnen, wenn uns a' begegnet ist.

Mit diesem Ergebnis ist allen Kausalschlüssen die demonstrative Gewißheit, mit der wir sie zu vollziehen meinen, genommen. Sie können nun lediglich als „moral reasoning"[24], i.e. als Wahrscheinlichkeitsschlüsse angesehen werden, da sie eben keinen apriorischen Charakter haben: Das Eintreten des Gegenteils ist ja jederzeit denkbar, ohne daß wir in Widersprüche geraten. Doch damit ist es noch nicht genug. Denn bei dem Versuch, den empirischen Charakter von Kausalschlüssen zu erweisen, i.e. zu zeigen, daß sie nicht apriorisch zustande kommen, stößt Hume auf die Induktionsproblematik.

Hume formuliert folgende Sätze und fragt, wie man vom ersten zum zweiten gelangen könne:

(1) „I have found that such an object has always been attended with such an effect".

(2) „I foresee, that other objects, which are, in appearance, similar, will be attended with similar effects"[25].

(1) und (2) sind dadurch miteinander verbunden, daß vom Auftreten eines Ereignisses in der Vergangenheit auf das künftige Auftreten aller Ereignisse, die der-

---

[22] EnHU 25.
[23] EnHU 27.
[24] EnHU 35.
[25] EnHU 34.

selben – aufgrund ihrer Ähnlichkeit gebildeten – Klasse angehören, geschlossen wird. Formuliert man auf diese Weise, dann wird deutlich, daß hier eine größere Zahl von Schlüssen gemeint ist, als dies zuvor der Fall war, wo es nur um Kausalschlüsse ging. Nun steht das ganze induktive Schließen in Frage.

Hume gelangt zunächst, wie im Falle der Kausalschlüsse, zu dem Ergebnis: Argumente, welche die Vergangenheit zum Maßstab der Beurteilung der Zukunft machen wollten, könnten sich nur auf die Wahrscheinlichkeit berufen, i. e. auf die Wahrscheinlichkeit der Konstanz des Weltverlaufs. Aber diese Rückzugsposition ist – so zeigt Hume schnell – nicht haltbar. Denn um die Wahrscheinlichkeit der Induktionsschlüsse zu erweisen, muß man wiederum induktiv schließen, also in Anwendung bringen, was doch zu erweisen ist. Auf die Konstanz des Weltverlaufs kann man mithin nur vertrauen, dieses Vertrauen zur Rechtfertigung von Induktionsschlüssen heranziehen zu wollen, heißt: „going in a circle, and taking that for granted, which is the very point in question"[26].

Mit diesem Resultat ist der Determinismus als eine Illusion erwiesen[27]. Denn die ihm zugrundeliegende Ontologie kann nicht aus der Erfahrung gewonnen sein; es muß sich also um eine Setzung handeln[28].

Man hat ein solches Ergebnis mit einem Hinweis auf die Tatsache bestreiten wollen[29], daß Hume sich als Kompatibilist im Hobbesschen Sinne erweist, der einen Freiheitsbegriff, welcher eine Negation von Notwendigkeit und Ursachen darstellt, ablehnt[30]. In der Tat trifft es zu, daß Hume die Idee eines vollständig determinierten Kosmos nicht aufgibt und deshalb zu einem Freiheitsbegriff nach Hobbesschen Muster gelangt: die Abwesenheit von Hindernissen. Eine solche Haltung ist ihm aber nur dann möglich, wenn er die Resultate seiner Reflexion auf Induktionsschlüsse ignoriert.

Man muß Hume also in einem gewissen Sinne vor sich selbst in Schutz nehmen; denn seine Einsicht, daß die Behauptung eines konstanten Weltverlaufs eine Subreption darstellt, läßt sich ja durch nichts mehr aus der Welt schaffen, wenn sie einmal gewonnen und als gültig erwiesen ist. Sie erlaubt nur einen Schluß: Wir haben es lediglich mit einem partiell determinierten Kosmos zu tun. Nicht der Kompatibilismus ist also das Resultat der Humeschen Analysen, sondern ein gemäßigter Libertarianismus. Damit ist genau der ontologische Spielraum gewonnen, der es ermöglicht, von einem freien Willen zu sprechen.

---

[26] EnHU 36.
[27] Eben diese These formuliert auch *Heisenberg* (2004, 37).
[28] Eine Einsicht, welche dazu Anlaß geben könnte, Strawsons auf den Libertarianismus bezogene Kennzeichnung auf den Determinismus anzuwenden: „... the obscure and panicky metaphysics of [determinism]" müßte es nun heißen – vgl. *Strawson* 2004, 93.
[29] Vgl. *Penelhum* 2004, 160–169.
[30] Die einschlägige Stelle findet sich im ‚Treatise' (vgl. Tr 407); ähnlich die Ausführungen in EnHU 82.

V. Kulturen

> „... I, at least, have no understanding of what ‚culture'
> is, and it is a word I never use. ‚Culture' somehow re-
> fers to the ‚higher' things, to ‚spirituality', and shares
> the vagueness and contentlessness of those terms."[1]

Um von Werten sprechen zu können, muß man annehmen, daß diejenigen, welche sich an ihnen orientieren, über Willensfreiheit verfügen – nach der Analyse des vorletzten Kapitels und des Exkurses (a): in der Lage sind, unter den Bedingungen eines lediglich partiell determinierten Kosmos Postulate zu formulieren. Damit sind zwei der Voraussetzungen des Wertens geklärt. Eine weitere, die im vorliegenden Kapitel Gegenstand werden soll, wird durch den Begriff der Kultur[2] gekennzeichnet. Ohne Kultur gibt es keine Werte – so lautet die These. Was diese Behauptung besagt, wird durch eine nähere Erklärung des benannten Begriffs deutlich.

Jede kulturelle Errungenschaft ist Resultat wenigstens eines Postulates. Man könnte vom durchgehend postulativen Charakter alles Kultürlichen sprechen, um damit herauszustellen, daß nur als willensfrei erachtete und daher lediglich partiell determinierte Kreaturen Kulturen schaffen, bewahren oder modifizieren können[3]. Der Vorwurf der Kulturlosigkeit – erhoben einem zur Freiheit fähigen Wesen gegenüber – ist daher recht unsinnig; denn gemeint sein kann nur, daß die Postulate, welche der als Banause Verunglimpfte realisiert, nicht die sind, welche derjenige

---

[1] *Bloom* 1990, 277.

[2] Insbesondere im deutschsprachigen Raum hat man den Begriff der Kultur von dem der Zivilisation unterschieden und dann beide Termini zuungunsten des zweiten gegeneinander ausgespielt. Spiegel dieser Debatten sind die in breiten Teile auf Kompilationen vorliegender Literatur beruhenden ‚Betrachtungen eines Unpolitischen', in denen Thomas Mann die Begriffe ‚Geist' und ‚Seele' der Kultur, ‚Politik' und ‚Gesellschaft' hingegen der Zivilisation zuordnet (*Mann* 2004, 52). Kultur sei Bindung, Zivilisation demgegenüber Auflösung, deren eigentliche Hauptsache der Pazifismus sei (*Mann* 2004, 187).
Eine der Mannschen Quellen ist gewiß Nietzsche, der mit ‚Civilisation' den Triumph über die Raubtierinstinkte des Menschen bezeichnet (KSA 12, 409). In der frankophonen Welt ist man hingegen geneigt, das Rangverhältnis umzukehren. So nennt Montesquieu freie Nationen zivilisiert, die in Sklaverei lebenden lediglich kultiviert (*Montesquieu* 2001, 134).
Ich werde im folgenden beide Begriffe als Synonyme ansehen; denn sie stimmen in einem grundlegenden Aspekt, dem der Negation einer ursprünglichen Natur, überein. Den Ausdruck ‚Kultur' verwende ich, weil ihm – im Gegensatz zur Tradition des Zivilisationsbegriffes – nicht zwangsläufig eine Konzeption aufklärerischen Fortschrittsdenkens eingeschrieben ist.

[3] So äußert sich Kant: „Die Hervorbringung der Tauglichkeit eines vernünftigen Wesens zu beliebigen Zwecken überhaupt (folglich in seiner Freiheit) ist die Cultur" (KdU – Akad 5, 431).

erhebt, der ihn beschimpft. Kulturlos sind nur Tiere[4] und Pflanzen – Lebewesen also, die sich nicht an Werten orientieren können[5]. Ihnen ihre Kulturlosigkeit vorzuhalten, ist freilich ganz sinnlos; denn sie sind nun einmal so, wie sie sind.

Postulate zu formulieren, setzt voraus, daß ein änderbarer Weltzustand als etwas konzeptualisiert wird, das entweder beibehalten oder beseitigt werden soll. Für derlei Forderungen muß es – wie das vierte Kapitel gezeigt hat – einen Grund geben, auch wenn derjenige, der sie erhebt, sich in barschem Tone weigern sollte, das, was er verlangt, zu begründen. Zufriedenstellend sind die Erklärungen, die ein Postulat stützen sollen, nur für den, der die Gültigkeit der Werte akzeptiert, die hinter den Einlassungen stehen. Also läßt sich sagen, das in allem Kultürlichen zu findende Postulat ist seinerseits durch bestimmte Wertorientierungen fundiert – ohne Werte keine Postulate, ohne Postulate keine Kultur. Die folgenden Überlegungen sollen diese Erklärung näher erläutern.

Kultur ist die Bezeichnung für eine Gruppe von Relationen. Korreliert sind hier entweder:

(i)   Subjekte und Objekte,

(ii) Subjekte untereinander,

(iii) Subjekte und ein Kollektivsubjekt,

(iv) Kollektivsubjekte untereinander.

Was alle vier Relationen auszeichnet, ist das Faktum, daß sie sich einer eigentümlichen Anstrengung verdanken, also nicht etwa naturwüchsig vorliegen. Ihr Erscheinen und ihre fortgesetzte Dauer sind Resultat eines Bemühens, das aus dem Vollzug einer Wertung resultiert, welche eine Negation natürlicher Unmittelbarkeit diktiert.

Es ist diese zentrale These der vorliegenden Ausführungen, welche der Ethnologe Philippe Descola in seinem 2011 auch in deutscher Übersetzung erschienen magistralen Werk ‚Jenseits von Natur und Kultur' bestritten hat. Er versucht zu zeigen, daß die Opposition von Natur und Kultur[6] nicht universell sei, sondern erst recht spät im abendländischen Denken auftrete[7]. In vielen Weltgegenden be-

---

[4] Für Schimpansen ist das bestritten worden; vgl. exemplarisch *McGrew/Tutin* 1978. Tieren kann man freilich nur dann Kultur zuschreiben, wenn man den Begriff sehr weit faßt – so weit etwa, daß auch Formen des Sozialen eingeschlossen sind, die man – bei einer unvoreingenommenen Betrachtungsweise – eher als Ausdruck der Biologie des entsprechenden Lebewesens anzusehen bereit wäre.

[5] Gehlen hat gewiß Recht, wenn er feststellt, Menschen ohne Kultur gebe es nicht (vgl. *Gehlen* 2004, 38).

[6] Descola verkürzt seinen Kulturbegriff ohne Not, wenn er ihn mit dem Terminus ‚Gesellschaft' gleichsetzt; vgl. *Descola* 2011, 118.

[7] *Descola* 2011, 15. Als Beispiel führt er die Griechen an; Aristoteles habe die Menschen noch als Teil der Natur begriffen (*Descola* 2011, 112). Angesichts der antiken Debatten um die Opposition der Begriffe φύσει und θέσει scheint mir diese Behauptung nicht zuzutreffen.

handele man gewisse Umweltelemente als Personen, die menschenähnliche Eigenschaften aufwiesen[8]; man müsse daher die europäische Unterscheidung als einen Sonderfall ansehen[9], den für universell zu erklären, Ausdruck eines verfehlten Ethnozentrismus sei[10], eine naive Übernahme der Vorurteile der Moderne[11]. Im Rahmen dieser Weichenstellung entwickelt Descola dann vier unterschiedliche Ontologien, innerhalb derer der Mensch sich identifiziere:

– eine animistische, die annehme, Menschen und Nicht-Menschen seien zwar durch ihre Physikalität unterschieden, was ihr Inneres betreffe, jedoch gleich;

– eine totemistische, welche Gleichheit in beiden Hinsichten annehme,

– eine analogistische, welche vollständige Unterschiedlichkeit ansetzte und schließlich

– eine naturalistische, welche eine gleiche Physikalität, aber eine differente Innerlichkeit hypostasiere[12].

Dieses Begriffsquadrat wird dann in seiner inhaltlichen Konkretion durch breit entfaltetes anthropologisches Material aufgefüllt.

Mir scheint das beeindruckende Buch Descolas unter zwei Schwächen zu leiden. Die erste besteht darin, daß man die Selbstzuschreibungen der Menschen für bare Münze nimmt, also davon ausgeht, daß animistische Völker mit Recht annehmen, Tiere und Pflanzen verfügten über die gleiche Innerlichkeit wie sie selbst; die Möglichkeit einer irrigen Zuschreibung, die wir Kindern ohne Bedenken unterstellen, wenn sie die Welt animistisch interpretieren, wird nicht in Betracht gezogen. Dies mag dem ethnologischen Selbstverständnis entsprechen, das ja nichts mehr fürchtet, als seinem Forschungsobjekt gegenüber westliche Perspektiven einzunehmen; philosophisch – und Descola weiß sich dieser Herangehensweise ja durchaus verpflichtet – philosophisch dürfte eine solche Auffassung kaum zu halten sein, solange man mit einem Adäquationsbegriff der Wahrheit zu operieren genötigt ist, der verlangt, den Tanz des Regenmachers für Folklore, die Vorhersagen des Meteorologen hingegen für fundiert zu halten. Es gilt also: Ein Mensch, der sich von einem Herzinfarkt keinen Begriff zu machen vermag, ist nicht davor gefeit, an einer solchen Erkrankung aus eben den Gründen zu sterben, welche die medizinische Wissenschaft als Todesursache anführt. Was der Schamane, den man um Hilfe bittet, sagt und unternimmt, dürfte eher von marginaler Bedeutung sein.

Exemplifizieren lassen sich diese Auseinandersetzungen an der Rechtsphilosophie, mit Hilfe der Frage also, ob das Recht von Menschen gemacht und damit ausschließlich kultürlichen oder aber unabhängigen Ursprungs sei (vgl. *Schmitz* 2000). Im übrigen gilt der Satz aus der Aristotelischen Physikvorlesung: τῶν ὄντων τὰ μέν ἐστιν φύσει, τὰ δὲ δι'ἄλλας αἰτίας von dem, was ist, ist das eine aufgrund der Natur, das andere aus anderen Gründen (Phys 192b8/9).

[8] *Descola* 2011, 61.
[9] *Descola* 2011, 142.
[10] Vgl. *Descola* 2011, 581.
[11] *Descola* 2011, 582.
[12] *Descola* 2011, 189 ff.

Ein zweiter Aspekt spielt hier noch eine Rolle. Descola weist darauf hin, daß animistische Gesellschaften unter dem Problem litten, Wesen, denen sie eine innerliche Ähnlichkeit mit sich selbst zuschreiben, am Ende in den Kochtopf stecken zu müssen, um sich ernähren zu können. Er beschreibt dann, welche Anstrengungen man unternimmt, um die negierte Differenz von Natur und Kultur durch die Hintertür wieder einführen, i. e. die Welt anthropozentrisch auf die eigenen Ernährungsbedürfnisse ausrichten zu können.

Daraus kann man nur schließen: Es verhält sich also gerade nicht so, daß erst das moderne Europa eine Opposition von Natur und Kultur aufbringt; vielmehr ist es so, daß die unserer Existenz zugrundeliegenden Negativität des Kulturellen bei gewissen Völkern partiell oder aber vollständig geleugnet wird, um den Bruch zu heilen, der alles Menschliche vom Natürlichen trennt. Man ist aus der Natur herausgefallen, auch wenn man sich dies nicht eingestehen mag und sich deshalb bei Bäumen entschuldigt, bevor man sie fällt. Daß man dies tut, markiert gerade den kulturellen Bruch; denn Bieber bitten nicht um Verzeihung, wenn sie beabsichtigen, sich über Bäume herzumachen.

Der deskriptive Ethnologe muß mithin die Gültigkeit der Opposition einer allem Menschlichen gegenüber gleichgültigen Natur und einer die Welt interpretierenden und auf dieser Grundlage Natürliches negierenden Kultur begrifflich voraussetzen, um dann messen zu können, in welchem Grade die von ihm besuchten Völker sich diesem existentiellen Bruch stellen. Was auch immer man hier unternimmt, um die Kluft zu überbrücken, den Bruch also zu heilen, kann ihn nicht wirklich schließen, sondern beweist lediglich seine Unüberwindbarkeit; denn auch der Animismus, der Totemismus etc. sind ja nichts anderes als gewisse Gestalten des Kultürlichen, die freilich so auftreten, daß sie sich darum bemühen, ihr Erscheinen zu tilgen. Das kann freilich in den Augen des von außen kommenden Betrachters niemals gelingen; denn die Negativität des Kultürlichen schlägt spätestens dann sichtbar und unverhüllt durch, wenn es um Fragen der Selbsterhaltung geht.

Kultur steht also immer in Opposition zur Natur, es gibt sie erst, wenn es gelungen ist, aus dem Kosmos des rein Physischen herauszutreten, sich ihm gegenüberzustellen und damit einen Standort zu beziehen, von dem aus man in der Lage ist, die natürliche Unmittelbarkeit zu negieren. Dies geschieht genau dann, wenn in vitale Bereiche der Existenz Tabus hineingetragen werden, welche zum Beispiel regeln, wie man Nahrung beschafft, sie zubereitet, sie verzehrt, wie man sich kleidet, das Haar beschneidet, wer mit wem unter welchen Umständen sexuellen Kontakt haben darf, wie mit Kindern zu verfahren ist, in welchem Verhältnis die Geschlechter stehen, wie mit der Mortalität umzugehen ist.

Hinzu kommt: Kultur ist immer wertgebundene Kulturleistung. Auch wenn man bereits gestiftete Errungenschaften übernimmt, muß man sie am Leben halten oder ihnen neues Leben einhauchen, sollten alte Formen obsolet oder irgendwie unpassend erscheinen. Man hat in diesem Falle einen zweiten Akt der Wertung zu vollziehen, die sich nun nicht auf natürliche Unmittelbarkeit, sondern auf deren kultürliche Negation bezieht. Jede Kulturkritik ist daher Teil der kultürlichen Vollzüge; denn sie ist letztlich nichts anderes als eine Negation der Werte, auf denen die kritisierte Kultur beruht. Auch wenn sie häufig diesen Anspruch erhebt, ist ihr Gültigkeit nicht schon deshalb garantiert, weil sie kritisch daherkommt; sondern verdienten Respekt genießt sie erst dann, wenn es ihr gelingt, die Werte ihrer Gegner zu desavouieren und die damit verbundenen Tabus entweder aufzuheben oder zu reformulieren, auf daß sich hernach die Kleiderordnung ändert wie auch die Auffassung von Sexualität, Natalität und Mortalität sich wandelt. Auch wenn kulturkritische Parolen sich fast immer tabulos geben, über das Faktum, daß sie das Taburepertoire lediglich neu arrangieren, können sie einen scharfsichtigen Beobachter letztlich nicht hinwegtäuschen.

Eben dieses Faktum sorgt dafür, daß jugendlicher Rebellion niemals der Stein des Anstoßes fehlen wird. Mit nahezu traumwandlerischer Sicherheit finden junge Leute, die das Bedürfnis nach Auflehnung verspüren, genau die Tabus, die zu verletzen die ältere etablierte Generation wirklich auf die Palme bringt, sie empört auf die jugendliche Schamlosigkeit schimpfen und strengere Erziehungsmaßnahmen fordern läßt. Was man dabei übersieht, ist die Tatsache, daß aller Protest seinerseits um nichts anderes bemüht ist als um ein Rearrangement der Tabus.

Auch wenn Kultur es mit Artefakten zu tun hat, stellt sich das, was nach ihren Regeln hervorgebracht wird, nur so lange ein, wie diejenigen, die hier tätig sind, ihre besondere Weise der Befassung mit Dingen und Menschen nicht aufgeben. Sollten sie dies einmal tun, also der Rebellion der Abweichler nachgeben, dann stirbt die spezielle Relation ab, die sie begründet oder fortgeführt haben, so daß ein Rückfall in die Unmittelbarkeit der Natur erfolgte, wenn dies überhaupt möglich wäre. Eben das hat die Kulturkritik – sowohl die feinsinnig in den Feuilletons der Qualitätspresse vorgetragene als auch die im rauhen Straßenprotest artikulierte – nicht im Sinn, ihr geht es nicht um eine Regression, sondern nur um eine andere Weise der kultürlichen Negation. Alles rousseauistische Flügelschlagen, mit dem sie daherkommen mag, kann über dieses Faktum nicht hinwegtäuschen.

An der Relation zwischen einem Subjekt und seinem Objekt läßt sich der Grundmechanismus alles Kultürlichen leicht ablesen. Ich thematisiere deshalb den Bereich, dem die Rede von Kultur ursprünglich entstammt, die Landwirtschaft. Hier wird unmittelbar einsichtig, inwiefern Kultur stets einen wertorientierten Bruch mit naturwüchsiger Unmittelbarkeit darstellt.

Wer den Boden bearbeitet – pflügt und sät, gräbt und pflanzt und schließlich erntet –, entnimmt der Natur nicht mehr direkt, was er zum Leben braucht oder zu brauchen meint, er schafft vielmehr eine zweite, nun kultürliche oder kultivierte Natur, welcher er einen höheren Wert als der ersten zuspricht. Diese erschließt sich dem Subjekt auf eine ihm – seiner Ansicht nach – adäquatere Weise als die erste, ausschließlich physische Natur.

Die Adäquation betrifft dreierlei – einmal die Zeit, zu welcher vorhanden ist, was präsent sein soll, dann aber auch den Ort, an dem man es vorfindet, schließlich die Form und Beschaffenheit, in welcher es sich präsentiert. Augenfällig wird dies etwa an den Veränderungen, welche in den letzten fünfzig Jahren in der Beschaffung von Obst und Gemüse eingetreten sind. Zunächst war man auf das angewiesen, was sich zu einer bestimmten Jahreszeit darbot, so daß man z. B., wenn man in Zentraleuropa heimisch war, im Winter keine Tomaten essen konnte. Heute haben sich die Verhältnisse dahingehend geändert, daß die temporale Schranke weggefallen ist – Tomaten sind für den Mitteleuropäer nun zu jeder Jahreszeit verfügbar.

Der kultürliche Charakter der so geschaffenen zweiten Natur besteht also darin, daß man sich die Möglichkeit einer Entscheidung darüber verschafft, was wo, wann und in welcher Form angetroffen werden soll. Im idealen Falle ist alles zu allen Zeiten an allen Orten in einer vordefinierten Qualität verfügbar. Die hier involvierten Werte sind mithin ubiquitäre und ständige Präsens von etwas, das zudem gewisse als wertvoll empfundene Merkmale aufweisen muß. Die braunen Flecken der in Kindertagen genossenen Äpfel sind damit passé.

Diese Überlegungen zeigen, daß der Vorgang, in welchem eine kultürliche Relation zwischen Menschen und Dingen geschaffen wird, zweischrittig ist. Was oben als Bruch bezeichnet worden ist, erweist sich nämlich bei näherem Hinsehen als Dekontextualisierung: Physische Natur kann alles das genannt werden, was sich in einem prädeterminierten Kontext vorfindet – unter eben den ontischen Bedingungen, die für das, was als ein Seiendes zu bezeichnen ist, in der szientifischen Perspektive der Naturwissenschaft gelten – unter anderem die lokale und temporale Determination seiner Existenz. Diese Bedingungen bewerten und sie bei einem negativen Urteil wenigstens partiell negieren zu können, ist Voraussetzung für den Bruch mit der physischen Natur. Freilich wird dadurch sogleich ein zweiter Prozeß unausweichlich, nämlich die Rekontextualisierung. Dieser neue Kontext wird gleichsam der physischen Natur aufgepfropft. Man macht sich ihre Abläufe dergestalt zunutze, daß Wann, Wo und Qualität eines Objektes modifiziert werden.

Kulturleistungen auf der ersten Ebene, auf der nämlich, wo es um Subjekte und Objekte geht, bestehen also in einem partiellen Kontextwechsel. Dieser wird freilich nie so weit gehen können, daß der kultürliche den physischen Kontext vollständig aufzuheben vermag, daß also wirklich alles – nicht nur Tomaten und fleckenfreie Äpfel – an allen Orten und zu allen Zeiten in einer bestimmten Qualität vorhanden ist; aber man mag sich doch auf diesen Punkt in unendlicher Annäherung zubewegen können.

Die erste Relation bezeichnet also genau das Verhältnis, in welches ein Subjekt zu solchen Objekten tritt, die nicht mehr der ersten physischen Natur entnommen, die vielmehr von der zweiten kultürlichen Natur *ad libitum* präsentiert werden. Selbst der Einbruch der ersten in die zweite Natur – das Unwetter, welches Mißernten verursacht, die Schädlinge, welche es verhindern, daß die gewünschten Resultate erzielt werden, etc. – kann zum Objekt werden, denn auch das Klima vermag man – wenn heute auch erst partiell – ebenso zu rekontextualisieren wie den Schädlingsbefall von Pflanzen und Tieren.

Selbst die ökologisch inspirierte Kritik an einer bestimmten Gestalt der explizierten ersten Relation ist noch ein Teil von ihr. Denn auch sie ist – so schwärmerisch-rousseauistisch sie auch immer daherkommen mag – nicht darum bemüht, ursprüngliche Unmittelbarkeit, i. e. den Kontext der physischen Natur, zurückzugewinnen; was sie im Sinn hat, ist lediglich eine Modifikation, welche eben darin besteht, die Rekontextualisierung auf eine andere, vielleicht weniger weitreichende Art und Weise vorzunehmen. Grundlage ist hier eine veränderte Wertorientierung, die allerdings niemals so weit geht, die grundsätzlich negative Bewertung der ersten Natur aufzuheben. Den Bruch, welcher mit dem ersten Schritt des Kulturprozesses, der Dekontextualisierung der physischen Natur, vollzogen ist, kann und will man nicht rückgängig machen.

Auf eine knappe Formel gebracht bezeichnet der Begriff ‚Kultur' im Sinne der Korrelation eines Subjektes und seines Gegenstandes das Verhältnis, in dem Produzenten zu solchen Objekten stehen, die sie auf Grund eines gewissen Werturteils der ersten Natur zu entreißen gedenken. Die Rede von Objekten muß dabei so weit gefaßt werden, daß auch der Körper des Subjektes damit gemeint sein kann. Produktion ist in diesem Falle Auto-Produktion in eben dem Rahmen, in welchem die medizinische Wissenschaft oder ihr prä-szientifisches Äquivalent natürliche Verfallsprozesse verlangsamen können. Heilung ringt der ersten Natur einen Aufschub ab, zwingt ihr für einen gewissen Zeitraum das Zugeständnis auf, daß die zweite, die kultürliche Natur zu regieren habe. Auch hier muß das letzte Ziel die unbeschränkte Herrschaft der Kultur sein, i. e. die Unsterblichkeit oder zumindest doch die freie Verfügbarkeit der Geburt als dieser oder jener Mensch und die ebenso frei zu bestimmende Beendigung dieser Existenz. Zu debattieren, ob einen solchen Zustand herbeizuführen wünschenswert oder aber nicht vielmehr verwerflich sei, heißt – wie schon bei Fragen der Ökologie – die Art und Weise zu erörtern, in welcher wir uns kultürlich rekontextualisieren, nicht das Faktum selbst.

Schon die erste Korrelation, die von Subjekt und Objekt, setzt voraus, daß man die naturwissenschaftliche Perspektive auf die Welt transzendiert und einen Blickwinkel einnimmt, der Willensfreiheit und damit die Möglichkeit des Postulierens zuläßt. Dies gilt selbst dann, wenn zur Durchsetzung des Geforderten der Standpunkt des szientifischen Naturwissenschaftlers in Kraft gesetzt werden muß. Der Arzt betrachtet seinen Patienten als ein vollständig determiniertes Wesen, wenn er nach den Ursprüngen einer Erkrankung sucht; er behandelt ihn hingegen als einen zu autonomen Handlungen befähigten Menschen, wenn er ihm zu einer Therapie rät und eine andere zu wählen nicht empfehlen will.

Die Korrelation von Subjekten ist durch eine Anstrengung anderer Art als die zwischen Subjekt und Objekt, nicht aber durch ein Bemühen anderer Gattung gekennzeichnet. Auch hier liegt ein Bruch mit der Unmittelbarkeit vor, welche die Biologie zweigeschlechtlicher Wesen Subjekten zunächst aufzuzwingen scheint. Er wird vollzogen durch prä-politische Formen der sozialen Organisation – z. B. Verlobung, Hochzeit, Elternschaft, Scheidung etc.; welche Gestalt diese Korrelationsformen annehmen, resultiert aus Werturteilen, die sich nicht mehr auf die zwischenmenschliche Natur in ihrer Unmittelbarkeit beziehen, sondern auf die zu ihrer Negation denkbaren Gestaltungsmöglichkeiten. Ob man die Ehe mono- oder polygam gestaltet, ob man eine Frau mehrere Männer oder einen Mann mehrere Frauen haben läßt, ob Ehen nur zwischen gegengeschlechtlichen oder auch zwischen homosexuellen Partner möglich sein sollen, alles das festzulegen beruht ebenso auf gewissen Werturteilen wie die Antwort auf die Frage nach matri- bzw. patrilinearen, endo- oder exogamen Verhältnissen.

In das Feld der Korrelation zwischen Subjekten gehören darüber hinaus auch alle pädagogischen Anstrengungen, alle Bildungsbemühungen. Denn es reicht ja nicht, das Technische im weitesten Sinne sowie das Soziale in seinen Spielarten zu begründen, es gilt, es zu bewahren, indem man es tradiert. Dabei werden nicht nur die für die Wahrung der jeweiligen Kultur notwendigen Kenntnisse weitergegeben, sondern auch die Werturteile, auf denen sie jeweils beruhen. Eine Erziehung ohne Wertorientierung ist nicht vorstellbar; denn der Educandus muß ontogenetisch nachvollziehen, was phylogenetisch bereits durchgeführt worden ist – die Negation der natürlichen Unmittelbarkeit. Dies wird er um so bereitwilliger tun, je einsichtiger ihm die Werturteile sind, auf welchen seine Kultur beruht. Gelingt es nicht, sie dauerhaft zu befestigen – eine Möglichkeit, mit der fraglos zu rechnen ist –, dann wird sich die Gesellschaft wandeln, was nicht etwa einen Verlust an Werten bedeutet, sondern lediglich ihre bereits mehrfach benannte Veränderung. Von daher ist der Mahnruf, man brauche wieder Werte, ganz sinnlos; denn Werte kann man nicht verlieren, man orientiert sich stets an ihnen. Was mithin das Verlangen nach Werten nur zum Gegenstand haben kann, ist der Wunsch nach bestimmten Werten, deren Gültigkeit man postuliert. Jemandem vorzuhalten, er habe keine Werte, meint deshalb in der Regel, er habe die falschen. Dies gilt freilich mit einer einzigen Ausnahme – für den Fall nämlich, daß man eine Person mit Recht in dem Sinne ‚böse' nennen kann, der im dritten Kapitel entwickelt worden ist. Auch der Bösartige bleibt auf die Welt der Werte allerdings dadurch bezogen, daß er sie zu negieren versucht.

Indem wir gewisse Korrelationen zwischen Subjekten stiften, rekontextualisieren wir uns weder lokal noch temporal; wir schaffen vielmehr einen Rahmen, durch den der Lebensvollzug auf eine gewisse Wertorientierung hin ausgerichtet werden soll. Damit tritt zugleich die Möglichkeit auf, daß die Mitglieder der Gesellschaft Verbrechen begehen können. Dies ist unmittelbar in die notwendigerweise wertorientierte Begründung von Gesellschaften eingeschrieben; denn sie legt ja fest, welche Beziehungen zwischen Subjekten bestehen dürfen, und brandmarkt solche, die zwar nach der Negation der ersten Natur möglich sind, die aber durch den zweiten Schritt, i. e. die Rekontextualisierung ausgeschlossen werden sollen.

Die Negation unserer Naturwüchsigkeit setzt uns frei, zugleich eröffnet sie die Möglichkeit zu boshaft-bestialischem Verhalten, weil nun Werte in die Welt gesetzt worden sind, die solcherlei Kennzeichnungen ermöglichen. Von Bestialität zu reden, setzt also voraus, daß auch der zweite Schritt der Kultivierung bereits vollzogen ist. Erst der rekontextualisierte Mensch schreckt zusammen, wenn ihm klar wird, was nach Negation der ersten Natur alles möglich geworden ist; dem reinen Naturkinde hingegen – das freilich wohl nur in der literarischen Fiktion vorkommt – ist alles wertneutral, weshalb es nicht etwa unschuldig, sondern lediglich schuldunfähig genannt werden kann.

Die dritte Relation soll das Verhältnis bezeichnen, in welchem ein Subjekt zu einer post-sozialen, i. e. zu einer verfaßten politischen Entität steht. Von ‚Verfaßtheit' ist die Rede, ohne daß hier schon eine formelle Konstitution gemeint wäre. Ausschlaggebend ist allein das Vorliegen einer *res publica*, auch wenn diese in Wahrheit wie eine *res privata* gehandhabt wird, also despotischen Charakter hat.

Die Mühe, eine Gemeinschaft zu begründen und sie in ihren Strukturen zu bewahren, ist unvermeidlich, sie lastet auch auf den Schultern desjenigen, der ein Kollektivsubjekt etabliert, um es gegen den Willen seiner Glieder ausschließlich seinen privaten Interessen gemäß zu regieren. Eine Tyrannis, wir sprechen heute eher von einer Diktatur[13], stellt also keinen Rückfall in prä-politische Verhältnisse dar, sondern sie resultiert aus einer Wertorientierung, die nicht so vollzogen wird, wie diejenigen es wünschen, die den Begriff auf ein Gemeinwesen anwenden. Im schlimmsten Fall wird man sie als Ausdruck der Boshaftigkeit ansehen müssen. Freilich wird jede despotische Regierung alles tun, um diesen Anschein zu vermeiden. Man wird sich vielmehr ausdrücklich auf bestimmte Werte berufen, von denen man meint, daß sie zu reklamieren, eine gewisse Reputation verschafft.

Dies zeigt, daß ein nicht-normativer Politikbegriff undenkbar ist; denn die Schaffung eines politischen Raumes ist immer eine kulturelle Leistung, die zum Beispiel dann nicht gelingt oder wieder verlorengeht, wenn eine Gemeinschaft in tribalistischen Strukturen verharrt oder auf sie zurückfällt[14]. Dies ist dann der Fall, wenn die Sphäre des Politischen unsere erste Natur, i. e. unsere biologischen Ursprünge, nicht oder nicht in ausreichendem Maße zu negieren vermag.

Das moderne Parteienwesen mag als der Versuch einer Negation des Tribalismus angesehen werden, der genau dann einen Fortschritt markiert, wenn es gelingt, ethnische Zugehörigkeiten in ihrer Bedeutsamkeit dergestalt zurückzudrängen, daß durch sie ein Recht auf Mitgliedschaft nicht mehr begründet werden kann. Was allerdings die politischen Parteien an ihre tribalistischen Ursprünge zurückbindet, ist der in sie eingeschriebene Hang zur Korruption: Man verschafft Parteifreunden gewisse Posten, achtet auf einen – z. B. landsmannschaftlichen – Proporz bei der Besetzung von öffentlichen Ämtern, ohne die Frage nach der Leistungsfähigkeit der protegierten Kandidaten ins Auge zu fassen. Die Sphäre der Öffentlichkeit als der Raum des Politischen ist also ständig von Rückfällen in tribalistisches Denken bedroht.

---

[13] Zur philosophischen Debatte um Despotismus und Diktatur vgl. *Schmitz* 2005.
[14] Vgl. *Oakeshott* 2006, 38; *Fukuyama* 2011, 15 ff.

Die letzte der eingangs benannten vier Korrelationen schließlich tritt mit dem Entstehen mehrerer Kollektivsubjekte auf, mit der Notwendigkeit, sie miteinander ins Verhältnis zu setzen. Auch dazu muß Unmittelbarkeit aufgebrochen werden – freilich nicht unbedingt im Sinne eines friedlichen Miteinander, denn auch schon die Formalisierung kriegerischer Auseinandersetzungen ist eine Kulturleistung – beginnend mit der Formulierung eines *ius ad bellum* und eines *ius in bello*. Wenn feststeht, unter welchen Bedingungen auf welche Weise eine kriegerische Auseinandersetzung erlaubt sein soll, dann ist man bemüht, den puren Gewaltakt, den jede militärische Aktion darstellt, einzuhegen. Eine solche Kulturleistung geht genau dann verloren, wenn alle Regeln mißachtet werden, die Versuche einer Einhegung des Krieges mithin scheitern, z. B. dadurch, daß eine der Parteien zu den Maßnahmen einer asymmetrischen Kriegführung glaubt greifen zu müssen, weil man sich für einen regelgerechten Kampf zu schwach fühlt. Kriegsverbrechen sind Rückfälle in die erste Natur, die freilich so lange nicht vollständig restituiert werden kann, wie man den entsprechenden Vorwurf zu erheben vermag, i. e. so lange, wie der Gegner nicht als ein Tier, sondern als ein Mensch betrachtet wird.

Gelingt es, die Beziehungen von staatlichen Kollektivsubjekten so zu gestalten, daß Kriege selten werden, dann hat man eine Kultur internationalen Agierens entwickelt, welche durch die Begriffe des Völkerrechts, der Völkercourtoisie bezeichnet werden. Ich habe an anderer Stelle dazu Ausführlicheres gesagt[15].

Überblickt man die Gemeinsamkeiten der Rede von Kultur innerhalb der analysierten vier Korrelationen, dann zeigt sich, daß ohne Wertorientierung keine der Kulturleistungen denkbar ist. Was wir ‚Kultur' nennen, ist stets zunächst eine Negation dessen, was uns die erste Natur jenseits von Schuld und Unschuld tun läßt. Erst die Fähigkeit, die Welt der animalischen Determination zu verlassen, i. e. die Möglichkeit, eine Perspektive zu wählen, in der sich der Mensch als ein freies Wesen konzeptualisieren läßt, schafft die Voraussetzung kultureller Institutionen, die ihrerseits davon abhängen, daß die Gültigkeit von Werten akzeptiert wird. Keine unserer kulturellen Errungenschaften ist ohne sie denkbar.

Damit sind die Voraussetzungen geklärt, die bedacht werden müssen, wenn man den ontischen Status von Werten zu klären sich vorgenommen hat. Will man sie auf eine knappe Formel bringen, dann kann man sagen: Wir müssen eine Perspektive auf die Welt wählen, die es ermöglicht, uns als willens- und handlungsfreie Bewohner eines lediglich partiell determinierten Kosmos zu konzeptualisieren, auf daß wird dazu in der Lage sind, solche Postulate zu formulieren, welche die Begründung einer Kultur ermöglichen, die dann als Ausdruck unserer Werte zu lesen ist. Die sich anschließenden Kapitel werden nun drei mögliche Ansätze einer auf dieser Grundlage errichteten Philosophie der Werte und des Wertens vorführen.

---

[15] Vgl. *Schmitz* 2008.

Teil B

Analysen

VI. Der wertphilosophische Subjektivismus

„... there is nothing either good or bad,
but thinking makes it so."[1]

In seinem Hauptwerk ‚An Inquiry into the Nature and Causes of the Wealth of Nations' operiert Adam Smith mit zwei unterschiedlichen Ansätzen, wenn es darum geht, den Wert einer Ware zu bestimmen. Man kann von einer objektiven und einer subjektiven Wertlehre sprechen. Erstere bestimmt den natürlichen, letztere den Marktwert. Vier Komponenten legen den objektiven Wert fest:

(i) die zur Produktion nötige Arbeit, die im Lohn des Arbeiters ihren Ausdruck findet (wages);

(ii) die Mittel, die für die Nutzung von Grund und Boden nötig sind (rent);

(iii) die Replazierung des eingesetzten Kapitals (stock) und

(iv) der Profit des Arbeitgebers[2].

Nun läßt sich freilich der natürliche Wert einer Ware nicht immer realisieren, sei es, daß der Markt überschwemmt wird, sei es, daß kaum jemand die offerierten Gegenstände erwerben will. Auch für den Fall Profit versprechender Knappheitsbedingungen gilt: Der natürliche Wert wird verfehlt; man schätzt den angebotenen Gegenstand nun nämlich zu hoch ein.

Diese Überlegung weist auf die subjektive Werttheorie. Wirtschaftssubjekte müssen das Angebotene als ein Mittel begreifen, eines ihrer Bedürfnisse zu befriedigen. Dabei ist es gleichgültig, ob das Bedürfnis wirklich vorliegt, ob es also auf einen wirklichen Mangel verweist, den es abzustellen gilt, wenn das Leben bewahrt werden soll, oder ob es ein eingebildetes Bedürfnis ist, das nur auf eine gewisse Verschrobenheit des Subjektes hindeutet, welches es empfindet. Ökonomisch ist das Bedürfnis des Durstigen genauso wirksam wie der Wunsch des Fernsehmoderators nach einem Maßanzug – solange beide dazu in der Lage sind, die Objekte ihrer Begierde zu erwerben.

Der Marktwert einer Ware ist mithin in erster Linie Resultat einer subjektiven Zuschreibung, keine den Dingen innewohnende Eigenschaft. Hinzu kommt noch ein weiterer Aspekt, nämlich die Verbreitung des Gegenstandes. Schreiben viele Subjekte einer knappen Sache einen Wert zu, weil sie ein Bedürfnis nach ihr zu

---

[1] *Shakespeare*, Hamlet 2.2.
[2] *Smith* 1937, 48 f.

verspüren meinen, dann ist die Sache wertvoll, weil eine entsprechende Nachfrage besteht.

Es ist dieser an sich triviale subjektive Wertbegriff, den man aus der Ökonomie in die Philosophie übertragen hat. Exemplarisch formuliert David Hume, wenn er konstatiert, es stehe zweifelsfrei fest, daß nichts einen Wert an sich selbst habe, daß vielmehr alles, was wir über die Dinge in wertender Weise sagen, Ausfluß unserer Gemütslage sei[3]. Philosophisch ausgearbeitet hat – wie gezeigt – diese Position Nietzsche. Sie ist im zweiten Kapitel skizziert und – in der Gestalt, die Nietzsche ihr gegeben hat – kritisiert worden. Daß damit eine subjektivistische Wertphilosophie, die ja nicht nur in der Form einer Metaphysik des Willens zur Macht auftritt, nicht abgetan ist, liegt auf der Hand. Darum will ich diese Position im vorliegenden Kapitel systematisch angehen.

Begründet wird der subjektivistische Standpunkt gerne mit einem Hinweis auf die Relativität der Werte, es gebe eben unterschiedliche moralische Kodizes, unterschiedliche Lebensstile[4]. Etwas weniger gebräuchlich ist das Gedankenexperiment einer menschenleeren Welt. Man führt es auf folgende Weise durch: Wir wollen annehmen, es gibt einen Kosmos, in dem sich nur physikalisch und chemisch bedeutsame Tatsachen finden, die seit Ewigkeit ohne einen Gott, auch ohne irgend einen interessierten Zuschauer existierten; in einer solchen Welt ist es sinnlos, einen ihrer Zustände für besser als einen anderen zu erklären[5]. Werte treten nämlich erst dann auf, wenn Menschen in die beschriebene Welt hineingesetzt werden; sie bringen ihre Axiologie gleichsam in ihrem Gepäck mit. Daher haben Werte keine ontologische, sondern lediglich eine anthropologische Verankerung, was nicht heißt, daß sich daraus schließen ließe, mit welchen Werten man zu rechnen hat; nur das Werten überhaupt ist uns als Menschen eingeschrieben[6].

Dieses Gedankenexperiment einer zunächst menschenleeren Welt scheint bestechend, aber es weist dennoch einen entscheidenden Mangel auf, es setzt nämlich den szientifischen Gesichtspunkt absolut, wiewohl es sich hier um nur eine der möglichen Perspektiven auf die Welt handelt. Läßt man sich auf diese Prämisse ein, dann hat in der Tat nichts einen Wert, aber dann gibt es natürlich auch keine negativen Zuschreibungen im Sinne der Rede von Wertlosigkeit; denn man bewegt sich hier in einem axiologisch nicht meßbaren Raum. Sobald von Werten die Rede ist, hat die Perspektive gewechselt, der vollständig determinierte Kosmos ist verschwunden, eine partiell kontingente Welt taucht auf, in der es gelingen kann, axiologische Bestimmungen durchzuführen. Nun sind die Wertsetzungen, mit denen die subjektive Werttheorie rechnet, möglich, aber nicht so, daß sie voraussetzungsfrei erfolgen könnten; denn damit solche Setzungen Gültigkeit gewinnen,

---

[3] *Hume* 1987, 162; vgl. auch 166.
[4] Vgl. *Mackie* 1987, 36f.
[5] Vgl. *James* 1956, 189.
[6] *James* 1956, 197; *Mackie* 1987, 18.

VI. Der wertphilosophische Subjektivismus

müssen gewisse Werte vorausgesetzt werden, aufgrund derer ihnen allererst Gültigkeit zuwächst.

Man gerät mithin in eine unendlichen Regreß, wenn man den Werten – oder zumindest einigen von ihnen – keine trans-subjektive Gültigkeit zugestehen will. Dies hat sich schon bei der Erörterung der Position Nietzsches gezeigt, und es wird auch noch einmal auf folgendem – in der Einleitung bereits angesprochenen – Wege deutlich: Daß sich auch der Naturwissenschaftler nicht nur in seinem Laplace-Kosmos bewegen kann, wird evident, wenn man den Wahrheitsanspruch ins Auge faßt, den er für die Sätze erhebt, die er im Rahmen einer Präsentation seiner Resultate formuliert. Die Protagonisten der Wertphilosophie haben oft darauf hingewiesen, daß Wahrheit nichts anderes als ein Wert ist, den man gewissen Sätzen attestiert, anderen hingegen abspricht[7]. Der empirische Forscher unterstellt sich damit der Verpflichtung zur wissenschaftlichen Wahrhaftigkeit. ‚Wahrhaftig' soll die Bereitschaft heißen, auf entsprechende Befragung oder auch ungefragt nur solche Sätze zu äußern, von denen man weiß, daß sie mit den Sachverhalten, von denen sie handeln, übereinstimmen – um die geläufigste Wahrheitstheorie, die Adäquationswahrheit, in Anschlag zu bringen. Wahrhaftig ist der notorische Wahrheitssager, unwahrhaftig hingegen derjenige, dem – aus welchen Gründen auch immer – an Sätzen, die mit den behaupteten Sachverhalten übereinstimmen, nicht immer gelegen ist.

Die so bestimmte Wahrhaftigkeit, aber auch ihr Gegenteil, sind freilich nur dann möglich, wenn der Wahrhaftige/Unwahrhaftige sich nicht in dem Kosmos ansiedelt, dem seine Forschungsobjekte angehören, denn wer wahrhaftig/unwahrhaftig sein will, der muß aus freien Stücken lügen und betrügen können und sich zugleich – wiederum ganz freiwillig – solche Schandtaten zu verbieten in der Lage sein. Das Wahrhaftigkeitspostulat setzt also eine lediglich partiell determinierte Welt voraus; ansonsten wäre es ganz sinnlos, es zu erheben.

Die vorgetragenen Einwände machen die rein subjektivistische Werttheorie wanken. Daß sie sich schließlich gar nicht halten läßt, also in sich zusammenbricht, scheint mir dadurch evident, daß die intersubjektive Gültigkeit des Wertes der Wahrhaftigkeit auch in unserer Alltagswelt Bedingung der Möglichkeit einer gewissen sozialen Praxis ist, die für unser Zusammenleben konstitutiv ist. Ohne sich dem Wert der Wahrhaftigkeit bzw. Aufrichtigkeit verpflichtet zu fühlen, ist es nicht möglich, ein Versprechen zu geben oder entgegenzunehmen. Ja es ist nicht einmal möglich, zuweilen mit Erfolg unwahrhaftig zu sein.

Im Hinweis auf das Vertrauen, das ich, wenn ich den Versprechungen einer anderen Person glaube, an den Tag lege, läßt sich die rein subjektivistische Werttheorie deshalb widerlegen, weil man sich hier ja darauf verläßt, daß die involvierten Personen sich dem Wert der Wahrhaftigkeit verpflichtet wissen und zugleich annehmen, daß diese Verpflichtung kein einseitig-subjektiver Akt ist. Wäre dies der

---

[7] *Münsterberg* 1908, 37; *Windelband* 1915, 38; *Rickert* 1921, 27.

Fall, dann wäre die Instanz des Versprechens gar nicht denkbar. Die Richtigkeit dieser These soll die folgende Analyse zeigen.

Die Rede davon, daß man jemandem oder auf etwas vertraue, Vertrauen zu etwas habe oder in etwas setze, ist nur dann sinnvoll, wenn eine schon im dritten Kapitel und insbesondere im Exkurs (a) zur Willensfreiheitsdebatte herausgestellte Prämisse in Kraft ist: Man muß annehmen, daß die in der Welt auftretenden Sachverhalte keiner vollständigen, sondern lediglich einer partiellen Determination unterliegen. Diese Kontingenzprämisse und das aus ihr resultierende Gefühl der Unsicherheit ist in der Forschung häufig betont worden[8].

Ist man nicht dieser Auffassung, meint man also, daß alles, was sich ereignet, schon festliegt, bevor es sich ereignet, dann ist Vertrauen sinnlos. Ein Beispiel mag dies verdeutlichen: Man hält sich in einem südostasiatischen Land auf, dessen Witterung nur Temperaturen zwischen 25 und 35 Grad Celsius zuläßt. Unter diesen Bedingungen wäre es völlig sinnlos, den Satz zu äußern, man vertraue darauf, keinen Wintermantel anschaffen zu müssen; denn man kann ja absolut sicher sein, keinen zu brauchen. Diese Gewißheit schwindet erst dann, wenn die Regierung des Landes in die Lage versetzt wäre, das Wetter zu manipulieren.

Bezogen auf das in Menschen gesetzte Vertrauen heißt das: Es muß Handlungsfreiheit unterstellt werden. Derjenige, dem ich Vertrauen schenken soll, muß als jemand angesehen werden, der in der Lage ist, auch anders zu handeln, als er jeweils handelt. So wird man, wenn man realistisch ist, kein Vertrauen in einen Drogenabhängigen setzten, der versichert, er werde, wenn man ihm seinen Stoff anbiete, auch wenn sein Mangel noch so groß wäre, nicht zugreifen. Solcherlei Versicherung ist deshalb wenig glaubwürdig, weil er nicht Herr seiner Entschlüsse ist. Sehr wohl aber kann man einem Menschen Vertrauen entgegenbringen, von dem man weiß, er könnte zwar eine gewisse Summe Geldes, das man ihm geliehen hat, unterschlagen, aber er habe auch die Chance, sich redlich zu verhalten, was seinem Charakter viel eher entspreche.

Nach Klärung dieser Voraussetzungen läßt sich eine Minimalanalyse vornehmen, die sich zunächst auf das Vertrauen zwischen Personen bezieht: A vertraut B und setzt damit eine Annahme bezüglich gegenwärtiger oder künftiger Sachverhalte in Kraft. Diese Sachverhalte können zunächst darin bestehen, daß Sätze geäußert werden. In diesem Falle vertraut man dem Sprecher, wenn man Wahrheit bzw. Gültigkeit seiner Äußerungen annimmt. Das Vertrauen tritt hier an die Stelle einer Überprüfung. Folgende Fälle sind denkbar:

(F_1) B äußert einen Satz über einen Sachverhalt an einer

($F_{1.1}$) zurückliegenden oder

($F_{1.2}$) künftigen Zeitstelle.

---

[8] Vgl. *Luhmann* 1987, 149 ff.; *Dunn* 1995, 641; *Misztal* 1996, 18, 21, 24.

VI. Der wertphilosophische Subjektivismus

(F_2) *B* äußert einen Satz über einen kontemporären Sachverhalt an einer anderen Raumstelle.

Als Beispiel für $F_{1.1}$ mag Wittgensteins berühmter Schüler gelten[9], der „seinen Lehrern und den Schulbüchern" glaubt, daß sie bezüglich derjenigen Ereignisse, von denen sie berichten, nicht lügen oder daß sie keine Irrtümer verbreiten. Er muß zu diesem Vertrauen prinzipiell in der Lage sein, da es ihm nicht möglich ist, die Faktizität von etwas, das sich vor seiner Geburt ereignet hat, durch In-Augenschein-Nahme zu überprüfen. Wittgenstein spielt auch den entgegengesetzten Fall durch, nämlich einen Schüler, der daran zweifelt, daß die Erde älter als 100 Jahre ist[10], freilich nur, um solchen Zweifel sofort als unberechtigt abzuweisen. Das Resultat der Überlegungen lautet dann, man könne überhaupt nur zweifeln, wenn gewisse Sätze ausgenommen würden, die Skepsis sich also in Grenzen hielte[11].

Was nicht angezweifelt wird, muß als das gelten, dem man vertraut. Es ist nicht nur die Bedingung der Möglichkeit unseres Wissens, sondern auch die unseres Zweifeln-Könnens. Dies gilt auch für Sätze nach dem Muster F_2, was unmittelbar sichtbar wird, wenn die von Wittgenstein imaginierte Unterrichtsstunde sich nicht mit historischen, sondern geographischen Gegenständen befaßt. Auch hier wird der Schüler ein gewisses Vertrauen aufbringen müssen, wenn man ihm etwas über die Landwirtschaft im Osten Australiens mitteilt, ohne ihm zugleich die Möglichkeit zu geben, an den Ort, von dem die Rede ist, zu reisen und die Richtigkeit der Aussagen, die man ihm gegenüber gemacht hat, zu überprüfen.

Etwas komplizierter liegen die Dinge, was Sätze nach dem Muster $F_{1.2}$ angeht, welche den Charakter von Prognosen haben. David Humes im Exkurs (a) zur Willensfreiheitsdebatte referierte Analyse der Kausalschlüsse hat gezeigt: Argumente, welche die Vergangenheit zum Maßstab der Beurteilung der Zukunft machen wollten, könnten sich nur auf die Wahrscheinlichkeit berufen, i. e. auf die Wahrscheinlichkeit der Konstanz des Weltverlaufs. Aber um die Wahrscheinlichkeit der Induktionsschlüsse zu erweisen, muß man wiederum induktiv schließen, also in Anwendung bringen, was doch zu erweisen ist. Auf die Konstanz des Weltverlaufs kann man also nur vertrauen.

Damit hat sich gezeigt, daß zwar Kontingenz Bedingung der Möglichkeit von Vertrauen ist, daß wir aber zugleich auch annehmen müssen, es nicht mit einer gleichsam erratischen Kontingenz zu tun zu haben, so daß wir mit wohlgeordneten, wenn auch möglicherweise differenten Ereignissträngen rechnen, deren jeweiliges Auftreten dann mit größerer oder geringerer Wahrscheinlichkeit vorhergesagt werden kann. Nichts anderes meint die Rede von partieller Determination bzw. partieller Kontingenz, wie sie im Exkurs (a) zur Willensfreiheit eingeführt worden ist.

---

[9] *Wittgenstein* 1989, 171.
[10] *Wittgenstein* 1989, 180.
[11] *Wittgenstein* 1989, 186.

Neben dem Vertrauen, das wir in die Wahrheit von Aussagen setzen, spielt die Zuversicht eine bedeutsame Rolle, mit der wir uns auf Versprechungen anderer Menschen verlassen. Damit liegt deshalb ein anderer Fall als mit $F_{1.2}$ vor, weil wir voraussetzen, das Auftreten eines künftigen Sachverhaltes liege vollständig in der Verfügungsgewalt derjenigen Person, die uns hier etwas verspricht.

(F_3) A verspricht B, ein künftiges Ereignis eintreten zu lassen.

A sagt z.B.: ‚Ich komme morgen um 10:30 und geben dir dann dein Geld.' B kann nun folgendes annehmen:

(i) A kommt überhaupt nicht.

(ii) A kommt, bringt aber kein Geld mit.

(iii) A macht sein Versprechen wahr.

Hobbes konkretisiert diesen Fall, ich führe sein Bild ein wenige weiter aus, um die Zusammenhänge noch etwas deutlicher hervortreten zu lassen: Der Reisende A gibt dem Straßenräuber B, der ihn mit vorgehaltener Waffe dazu auffordert, ihm seine Barschaft auszuhändigen, das Versprechen, ihm am nächsten Tag eine gewisse Summe zu liefern, falls er bereit sei, heute A.s Leben zu schonen und ihm sein Geld zu lassen, das er für eine dringliche Zahlung brauche, die er unbedingt innerhalb der nächsten Stunden leisten müsse. Was Hobbes an diesem Fall interessiert, ist die Frage, ob A verpflichtet ist, sein Versprechen einzuhalten. Er kommt dann zu der gewiß diskussionswürdigen Auffassung, daß man im vorgelegten Fall dazu verpflichtet sei[12], man also Wahrhaftigkeit als Wert zu respektieren habe.

Bezüglich der Frage nach dem Vertrauen liegen die Dinge freilich ein wenig anders; denn es scheint äußerst fragwürdig, daß B A Glauben schenken wird. Der Grund für dieses Mißtrauen ist fraglos in B.s Wissen zu suchen, daß die von ihm geplante Eigentumsübertragung nicht nur illegal, sondern auch illegitim ist und daher nur unter Zwang stattfinden kann. Sollte A also wirklich am nächsten Tag bei ihm auftauchen, dann müßte B dazu in der Lage sein, die gleiche Situation wiederherzustellen, in der sich A im Augenblick seines Versprechens befindet. Das dürfte auch A klar sein, so daß er eine solche Erneuerung seiner Zwangslage zu vermeiden bestrebt sein wird.

B hat also allen Grund, A zu mißtrauen. Daraus kann man schließen, unter welchen Bedingungen denn Vertrauen entstehen kann. Das erste Element, das aus der von Hobbes skizzierten Situation entfernt werden muß, ist der von B ausgeübte Zwang. Man muß B entwaffnen und ihm auch jeden Hang nehmen, waffenlos gewalttätig zu werden. Nun bittet B A um ein Geschenk. A agiert genauso wie im ersten Fall. Die Frage lautet dann, ob B A soweit traut, daß er glaubt, A werden am folgenden Tag erscheinen und das Geschenk machen. Eine Antwort wird fraglos davon abhängen, als wie groß B die Verpflichtung A.s ansieht, ihn zu beschenken –

---

[12] *Hobbes* 1983, 58.

handelt es sich um eine äußere oder eine innere Pflicht, um eine Handlung, deren Unterlassung sanktioniert wird durch die Anwendung von Gesetzen oder lediglich durch das Gewissen? Schließlich wäre auch der Fall denkbar, daß B weder eine moralische noch eine gesetzliche Handhabe hat, A zu einem Geschenk zu veranlassen.

Damit ist einer der Aspekte herausgestellt, welchen wir berücksichtigen, wenn wir die Vertrauenswürdigkeit von Versprechen beurteilen. Wir fragen uns nach dem Grade der Notwendigkeit, mit der die versprochene Handlung eintritt. Leben A und B in einer Kultur, in der soziale oder gar gesetzliche Normen es verlangen, daß man anderen Menschen unter bestimmten Umständen Geschenke macht, etwa weil sie in gewissem Grade bedürftig sind und nicht für sich selber sorgen können, dann liegt eine recht hohe Notwendigkeit vor, mit der die Handlung ausgeführt werden wird. Das Vertrauen gilt dann freilich nicht dem, der das Versprechen gibt, sondern den rechtlichen oder sozialen Institutionen, welche das Handeln der Menschen steuern.

Zwei Vertrauensadressaten lassen sich also unterscheiden – einmal bezieht man sich unmittelbar auf den Charakter der Person, welche etwas verspricht, dann lediglich mittelbar, weil es die Handlungsumstände sind, denen man Vertrauen hinsichtlich ihrer Wirksamkeit entgegenbringt.

Zusammenfassend kann die Bedeutung des Begriffs ‚Vertrauen' nun so bestimmt werden: Eine Person A vertraut einer Person B, wenn sie annimmt, daß die von B bezüglich gewisser an bestimmten Raum-/Zeitstellen liegender Sachverhalte gemachten und von A nicht zu überprüfenden Aussagen zutreffen. Handelt es sich um künftige Sachverhalte, in welche B als Akteur involviert ist, dann liegt der Sonderfall des Vertrauens in ein Versprechen vor.

In beiden Fällen, so muß der letzte Zusatz lauten, tätigt die vertrauende Person so etwas wie eine Investition, denn sie meint, einen Schaden zu erleiden, wenn sich ihr Vertrauen als falsch erweisen sollte. Einmal besteht der Verlust darin, etwas fälschlicherweise für wahr zu halten und auf diese vermeintliche Erkenntnis hin dann womöglich gewisse Aktivitäten zu planen, die aber ihr Ziel nicht erreichen, weil die Voraussetzungen nicht gegeben sind, unter denen allein sie erfolgreich sein könnten. Deutlicher ist die Einbuße, wenn jemand eine Zusicherung bricht. Denn damit etwas den Status eines Versprechens erreichen kann, muß der Person, der etwas zugesichert wird, an dem annoncierten Ereignis gelegen sein. Ist dies nicht der Fall, handelt es sich um etwas, das für den Empfänger des vermeintlichen Versprechens entweder bedeutungslos ist oder aber als Drohung empfunden wird.

Die letzten Überlegungen machen klar, daß Mißtrauen oder Vertrauen nicht erzwungen werden können, weil sie immer Ausdruck subjektiver Einschätzung sind, die aus einer eigentümlichen Mischung von Wissen und Nichtwissen[13] resultieren. Deshalb hat die Aufforderung ‚Vertraue mir!' etwas Sinnloses; denn

---

[13] Vgl. *Simmel* 1968, 263.

wenn die Person, welche diesen Satz äußert, zurecht der Auffassung ist, daß man ihr nicht traue, dann dürfte das schlichte Postulat, dies zu ändern, kaum den gewünschten Effekt haben, es sei denn, man setzte den Satz fort und böte Sicherheiten an. Aber auch in diesem Falle schafft man kein Vertrauen, sondern lediglich Sanktionsmöglichkeiten.

Beide Gestalten des Vertrauens in die Wahrhaftigkeit einer Person, sei sie nun in die Sachverhalte, von denen sie spricht, involviert oder nicht, sind für den politischen Alltag konstitutiv. Denn Menschen lügen in der Politik in Bezug auf Vergangenheit, Gegenwart oder Zukunft, und sie brechen ihre Versprechen. Aber sie vertrauen einander auch, besser: Sie verlassen sich auf die Wertorientierung ihrer Partner, der sie mehr als nur subjektive Gültigkeit zuschreiben.

Hannah Arendt stellt fest, in der Fähigkeit, Versprechen zu geben und sie zu halten, liege die einzige prä-politische, nämlich moralische, Voraussetzungen aller politischen Tugenden. Versprechen dienten dazu, die Zukunft zu ordnen, sie prognostizierbar zu machen[14]. Dies kann freilich nur dann gelingen, wenn es Werte gibt, die mehr sind, als individuell-subjektive Zuschreibungen.

Treffen diese Überlegungen zu, dann muß die von Carl Schmitt vertretene Auffassung bezüglich der Werte und des Wertens in aller Klarheit als unzutreffend zurückgewiesen werden. Schmitt dehnt seinen politiktheoretischen Dezisionismus[15] auch auf seine Wertlehre aus: Man werte, indem man zunächst einen Standpunkt setze und dadurch einen anderen negiere[16]. Sei dies geschehen, dann beurteile man Menschen und Dinge nach dieser Maßgabe[17] und bemühe sich darum, die Geltung der eigenen Werte durchzusetzen[18]. Dazu sei es nötig, sich über das Zustandekommen seiner Urteile hinwegzutäuschen – also die Relativität des Wertens, die tolerant machen könne, aus dem Blick zu verlieren. Nur so sei die nötige Aggressivität zu gewinnen, gegen die durch die Wahl des eigenen Standpunktes als Unwerte gesetzten gegnerischen Perspektiven vorzugehen[19].

Was Schmitt nicht ins Kalkül zieht, ist das Faktum, daß es zur Durchsetzung von Werten stets einer Gruppe bedarf, deren Mitglieder gewisse Setzungen teilen und einander versprechen, für ihre Auffassungen zu kämpfen – sei es im friedlichen politischen Alltagsdiskurs, sei es in kriegerischen Akten. Damit solcherlei Verspre-

---

[14] *Arendt* 1972, 93.
[15] J.-W. Müller kennzeichnet Schmitts Dezisionismus ganz richtig so: Man könne zwar auf die Grundlosigkeit des politischen und moralischen Lebens verweisen, das berechtige aber nicht dazu, sich von der Notwendigkeit einer Legitimation überhaupt zu distanzieren. Indem der Dezisionismus jede Ordnung zu akzeptieren sich entschließe, erweise er sich als illiberal, weil er nicht einmal die Notwendigkeit einer Rechtfertigung politischer Verhältnisse wahrzunehmen bereit sei (*Müller* 2011, 141).
[16] *Schmitt* 2011, 21, 39.
[17] *Schmitt* 2011, 41.
[18] *Schmitt*, 41.
[19] *Schmitt* 2011, 44, 46 f.

VI. Der wertphilosophische Subjektivismus

chungen Wirkung entfalten können, muß die Institution des Sich-ein-Versprechen-Gebens und der mit ihr aufs engste verbundene Wert der Wahrhaftigkeit bereits bestehen, wenn man sich zusammenfindet. Dann aber kann der Wert, der im Wahrhaftig-Sein besteht, sich nicht dem Prozeß einer – im Wortsinne – willkürlichen Setzung verdanken, in dem Schmitt Werte kreieren und durchsetzen lassen will.

Der wertphilosophische Subjektivismus darf nach den voranstehenden Überlegungen wohl als gescheitert angesehen werden. Es hat sich im wesentliche dasselbe Resultat eingestellt, das schon am Ende der auf Nietzsche gerichteten Überlegungen stand: Der Subjektivismus muß heimlich in Kraft setzen, was er offiziell leugnet – trans-subjektiv gültige Werte. Diese sind nämlich als Meta-Werte dazu nötig, den Entscheidungen, von denen Schmitt spricht, die Gültigkeit zu verschaffen, die ihnen in der Gruppe, die sich für sie entschieden hat, Rückhalt bietet.

VII. Der wertphilosophische Objektivismus

„... un but humain a pour soi de la valeur"[1]

Der werttheoretische Subjektivismus ist ein Relativismus[2] und unterliegt daher – wie alle Spielarten solchen Denkens – der Schwierigkeit, daß man es nicht auf sich selbst anwenden kann, i. e. das im zweiten Kapitel skizzierte Selbstanwendungsdilemma, in das Nietzsche gerät. Dies wird dadurch deutlich, daß eine relativistische Auffassung sich nicht beweisen läßt, ohne daß sie dabei zerstört wird; denn einmal bewiesen, gilt für sie, daß sie von der allgemeinen Relativität auszunehmen und als ein Absolutes anzusetzen ist, was aber natürlich dem Inhalt der These widerspricht, die man da bewiesen zu haben glaubt[3].

Nicht nur für die Wertlehre Nietzsches, sondern für den Subjektivismus überhaupt gilt Ähnliches[4]. Sollte sich beweisen lassen, daß Werte nur durch Zuschreibung eines Subjektes in Kraft gesetzt werden, dann wäre obendrein zu zeigen, was einige dieser Zuschreibungen gültig, andere hingegen ungültig macht. Was immer man hier anführen mag, es kann selbst keine Zuschreibung sein, muß vielmehr als eine Art trans-subjektiver Meta-Wert angesehen werden, der einige der subjektiv produzierten Werte mit einem Gütesiegel versieht und es anderen verweigert, wodurch sie als etwas Unwertes gebrandmarkt wären.

Ein solcher trans-subjektiver Meta-Wert läßt sich nicht dezisionistisch erklären, wie die Überlegungen zu Carl Schmitt gezeigt haben; aber auch ein Explikationsversuch im Hinweis auf das Kollektiv, dem die einzelnen Subjekte angehören, verfängt nicht. Sartre hat einen solchen Versuch unternommen, freilich ohne ihn zu publizieren, also eher probeweise. Er notiert in seinen ‚Cahiers pour une morale', wenn sich das Bedürfnis des Individuums auf ein Objekt richte, dann wachse diesem dadurch noch kein Wert zu. Den gewinne es nämlich erst dadurch, daß es Gegenstand des Begehrens desjenigen Kollektivs sei, dessen Mitglied der einzelne ist. Sein Verlangen sei dann Manifestation des kollektiven Begehrens. Voraussetzung dafür, daß ein Objekt Wert besitze, sei mithin ein Dreifaches:

---

[1] *Sartre* 1983, 287.
[2] Vgl. *Husserl* 1988, 89.
[3] Vgl. *Windelband* 1915, 44.
[4] E. von Aster hat dies bestritten; er gesteht im Bereich der Erkenntnis die Hinfälligkeit des Relativismus zu, im Felde der Ethik will er ihn hingegen mit dem Argument rechtfertigen, die Leugnung objektiver Werturteile sei selbst kein Werturteil (von *Aster* 1928, 174). Was hier übersehen wird, ist das Faktum, daß wir in unseren Alltagsvollzügen alle davon ausgehen, daß Wertschätzungen falsch vollzogen werden können.

VII. Der wertphilosophische Objektivismus

(i) der individuelle Begehrende hat gesehen, daß andere Mitglieder seines Kollektivs das Objekt ebenfalls zu besitzen wünschen;

(ii) andere Mitglieder des Kollektivs haben sein individuelles Begehren wahrgenommen;

(iii) die Mitglieder eines weiteren Kollektivs haben festgestellt, daß auch ein anderes Kollektiv das Objekt begehrt[5].

Was Sartre übersieht, ist das Faktum, daß in seiner Konstruktion das Kollektivsubjekt unter anderen Kollektivsubjekten angesiedelt ist, mit denen es so korreliert ist, wie die Individuen, aus denen es besteht. Also verläßt man die Sphäre des einzelnen Menschen gar nicht, wenn man die Ebene des Kollektivs erklimmt; man verschiebt das Problem lediglich; denn nun muß man die Gültigkeit der kollektiven Zuschreibung beweisen, was nicht ohne den benannten Meta-Wert möglich ist.

Grund für die irrigen subjektivistischen Werttheorien ist die Tatsache, daß man den Akt der Bewertung nicht von den Werten unterscheidet, die in ihm in Anschlag gebracht werden. Daß beide zu differenzieren sind, ist in der philosophischen Debatte mit guten Gründen herausgestellt worden[6]. Es ist eben nicht so, daß wir, indem wir werten, Werte schaffen, sondern wir werten mit Hilfe bereits vorliegender Werte, die auch ohne den einzelnen Wertungsakt Gültigkeit haben. Deutlich wird das in Alltagszusammenhängen an den Besprechungen, die Theateraufführungen, Romane, Restaurants, Automobile, Computer, Konzerte etc. erfahren. Es lohnte sich nicht, jemanden damit zu beauftragen, entsprechende Artikel zu verfassen, wenn erst im Akte der jeweiligen Bewertung der Wert kreiert würde, den man dann in Anschlag bringt. Man nimmt also an, daß der Rezensent mit allgemeingültigen Werten operiert, die auch für die Leser gelten. Ansonsten ließe sich nichts empfehlen, von nichts abraten. Man könnte lediglich mitteilen, daß man selber gewisse positive bzw. negative Einstellungen hegt; aber eine solche Mitteilung hätte für andere Menschen keinerlei Bedeutung.

Diese Überlegungen führen zu einer objektivistischen[7] Werttheorie. Sie tritt in unterschiedlichen Varianten auf. Einmal nimmt man an, Werte seien Eigenschaften von Personen, Sachverhalten, Gegenständen, i.e. von allem, was bewertet wird. Diese Werttheorie will ich ‚naturalistisch' nennen.

Zum anderen ist man der Auffassung, Werte seien selbständige Entitäten, die vom wertenden Subjekt nach vorgegebenen Regeln mit dem, was bewertet werden soll, in Zusammenhang gebracht würden. Diese Auffassung ist die ontologisch voraussetzungsreichere; denn Werte sind offensichtlich, sollten sie Entitäten sein, keine Elemente der uns sinnlich zugänglichen Welt. Sie müßten dann einen über-

---

[5] *Sartre* 1983, 122.
[6] Vgl. *Rickert* 1921, 113; *Rickert* 1999, 14.
[7] Zu den Spielarten der Bedeutung des Begriffs ‚objektiv' vgl. *J.E. Heyde* 1926.

sinnlichen, transzendenten[8] Charakter haben. In einem weiteren Schritt liegt es deshalb nahe, sie in einem eigenen Kosmos anzusiedeln, zu dem wir auf eine bisher nicht näher bestimmte Weise Zugang haben müßten, da wir ja meinen, von in ihm angesiedelten Werten reden zu können.

Mit der letzten Annahme werden Züge einer an Platon gemahnenden Metaphysik kreiert[9]: Man differenziert eine sinnlich erfaßbare Vorder- und eine transzendente Hinter-Welt, wobei die zweite der ersten dadurch Sinn und Bedeutung verleiht, daß sie die Werte enthält, die es ermöglichen, die Welt der erscheinenden Dinge in einen Kulturraum zu verwandeln[10], wie er im fünften Kapitel skizziert worden ist.

Was – entgegen der von Nicolai Hartmann vertretenen Auffassung – die metaphysische Werttheorie freilich von der Platonischen Ideenlehre unterscheidet, ist die Tatsache, daß hier keine in erster Linie um Komplexitätsreduktion bemühte Philosophie vorgelegt wird. Die Ideen Platons haben ja letztlich die Funktion, die Mannigfaltigkeit einer sich ständig entwickelnden Welt der Erscheinungen dadurch stillzustellen, daß Phänomenales im Hinweis auf die zugehörige Idee gebündelt und in seiner Vergänglichkeit negiert wird. So schnurrt dann die Vielzahl unterschiedlichster Bäume, die zudem ständig wachsen bzw. verkümmern, auf die Idee des Baumes zusammen, welche immer das ist, was sie ist. Dadurch ist sie allem Phänomenalen unendlich überlegen. Die Erscheinungen haben zwar an ihr teil, aber sie sind schließlich doch nur derivative Modi der Idee.

Ein wenig anders steht es um Werte, die in einem transzendenten Kosmos angesiedelt sind. Sie haben ihren jenseitigen Status nicht in erster Linie zur Rückführung einer Vielfalt, sondern um ihrer überzeitlichen Gültigkeit willen; erst damit ist dann – gleichsam beiläufig – auch eine Komplexitätsreduktion in dem Sinne verbunden, daß syn- oder diachron in der phänomenalen Welt auftretende Wertvorstellungen selektiert, i. e. als gültig oder ungültig gekennzeichnet und anschließend gebündelt werden können. Der metaphysische Charakter dieser Konstruktion macht die Annahme, Werte seien selbständige transzendente Entitäten, so voraussetzungsreich und damit auch so problematisch.

Ich will zunächst die schwächere naturalistische Theorie abhandeln, die Annahme nämlich, Werte seien Eigenschaften von etwas, das Objekt unserer Sinne werden kann – genauer: von Gegenständen, Personen und zu Sachverhalten konfigurierten Personen bzw. Personen und Gegenständen. Beispiele lassen sich schnell finden: Nur wenige Menschen werden die Mona Lisa für ästhetisch wertlos halten; in gleicher Weise dürften die meisten von uns einem aufrichtigen Menschen einen gewissen Wert zuschreiben, schließlich wird man eine gesellschaftliche Konfigu-

---

[8] Rickert verwendet den Terminus – vgl. *Rickert* 1921, 125.
[9] Vgl. gewisse Wendungen bei Hartmann – *Hartmann* 1949, 120 f., 156.
[10] Vgl. *Rickert* 1999, 19; *Heidegger* 1972, 69.

ration von Personen und Sachen, in der wenige in Saus und Braus leben können, die große Mehrheit aber darbt, für wertwidrig halten. In allen drei Fällen steht das Prädikat ‚wertvoll' in Korrelation zu einer sinnlich wahrnehmbaren Qualität – sei es die eines Bildes, die der Verhaltensweise eines Menschen, die quantifizierbare Verfügungsgewalt über Sachen.

Die exemplifizierte Auffassung hat – in einem etwas anderen Zusammenhang – unter dem Namen einer ‚naturalistic fallacy' eine gewisse Rolle in der philosophischen Debatte gespielt. Der Begriff stammt von George Edward Moore und soll einen in der Ethik häufig anzutreffenden Fehlschluß bezeichnen, welcher darin bestehe, die einem Gegenstand zugeschriebene Eigenschaft des Gut-Seins mit anderen Eigenschaften zu identifizieren, welche der Gegenstand besitzt, die aber keine ethische Bedeutung haben[11].

Deutlich wird das Gemeinte an einer Kritik, die Moore an John Stuart Mill übt. Mill behauptet im Rahmen eines Versuches, die Prämisse seiner utilitaristischen Ethik zu rechtfertigen, daß genau das erstrebenswert sei, was die Menschen erstrebten – im Vokabular der vorliegenden Überlegungen: genau das soll wertvoll sein, was wir in unseren Besitz bringen wollen. Wenn mithin ein Gegenstand die Eigenschaft aufweist, Objekt unserer Begierde zu sein, dann muß ihm auch die Qualität attestiert werden, wertvoll zu sein. Da wir das erstreben, was nützlich ist, ist das Nützliche zugleich das moralisch Wertvolle[12].

Moore wendet gegen diese Auffassung ein, daß hier insofern ein Fehlschluß vorliege, als man aus der Tatsache, daß wir bestimmte Dinge erstreben, nicht schließen kann, daß sie erstrebenswert sind[13]. Angesichts der Vielzahl menschlicher Laster ist dies gewiß keine unzutreffende Behauptung. Weitet man die Überlegung aus, dann kann man sagen, daß Gut- bzw. Wertvoll-Sein an keinem natürlichen Objekt als eine seiner Qualitäten vorkommt, i.e. die Prädikate ‚gut' bzw. ‚wertvoll' lassen sich mit keinem anderen nicht-wertenden Begriff, der eine Objekteigenschaft bezeichnet, gleichsetzen.

Dies mag durch ein weiteres Beispiel noch etwas deutlicher werden. Gegeben seien ein deskriptiver (P_1) und ein präskriptiver Satz (P_2). Der deskriptive Satz hat folgende Gestalt: „Einige Schlangen (E) sind giftig (d)", formalisiert: P_1: $d(E)$. Der präskriptive Satz sieht so aus: „Einige Schlangen (E) soll man meiden (p)", formalisiert: P_2: $p(E)$.

Die Sätze $d(E)$ und $p(E)$ weisen gewisse Unterschiede auf, welche aus den Prädikaten herrühren, die man dem Subjekt zuschreibt:

(i) P_1 ist korrespondenztheoretisch verifizierbar, i.e. man kann in der Welt nach einem Sachverhalt suchen, der ihm entspricht. Ist man bei dieser Su-

---

[11] Vgl. *Moore* 1989, 10.
[12] *Mill* 1926, 35f.
[13] *Moore* 1989, 73.

che erfolglos und kann zugleich behaupten, alle in Frage kommenden Sachverhalte überprüft zu haben, dann steht fest, daß Korrespondenz von Satz und Sacherhalt nicht vorliegt, der Satz mithin als falsifiziert gelten darf. Die Gültigkeit von P_2 läßt sich nicht auf diesem Wege eruieren; denn aus dem Faktum, daß jemand P_2 in den Wind schlägt, kann nicht geschlossen werden, daß P_2 ungültig ist.

(ii) Das Giftig-Sein (d) ist nicht in gleicher Weise Eigenschaft einiger Schlangen, wie das Sie-müssen-gemieden-Werden (p). Sie haben die Eigenschaft (d) unabhängig von den Wertungen, welche solche Wesen vornehmen, die von ihnen gebissen werden könnten. Die Eigenschaft (p) haben sie hingegen nur für ihre potentiellen Opfer, (p) ist mithin keine Eigenschaft der Schlange qua Schlange-Sein, sondern eine Eigenschaft der Schlange angesichts der Werte, die ein Wesen vertritt, welches potentiell mit der Schlange in Kontakt kommt und sich von ihrem Gift bedroht fühlt.

Aus den Unterschieden von P_1 und P_2 muß darauf geschlossen werden, daß Prädikate der Klasse p nicht auf Prädikate der Klasse d reduziert werden können. Tut man dies dennoch, dann behandelt man wertende Prädikate wie solche, die einem Subjekt an sich selbst, i.e. von Natur aus, zukommen. Eine Theorie, die diesen Fehlschluß vermeiden will, hat darauf zu achten, daß sie die von ihr verwendeten normativen Prädikate nur durch andere normative Prädikate erklärt, nicht aber durch solche, die nicht-normativen Charakter haben.

Für die Auffassung des Wertes als einer Objekteigenschaft haben diese Überlegungen recht weitreichende Folgen. Man kann nämlich, wenn Moores Überlegung zutrifft – und das scheint mir in der Tat der Fall zu sein[14] –, den Begriff des Wertes im Rückgriff auf empirisch Wahrnehmbares gar nicht näher bestimmen. Damit scheiden natürlich auch zugleich alle Ansätze aus, welche das Wertvolle mit dem Lustvollen gleichsetzen wollen, wie es z.B. der klassische Utilitarismus eines Jeremy Bentham und John Stuart Mill tut, aber auch der Begründer der Wertphilosophie in Deutschland mit einigen seiner Formulierungen[15].

---

[14] Bestritten hat Putnam die Gültigkeit der Unterscheidung von Werten und Tatsachen mit dem Hinweis darauf, seit Humes Tagen habe sich das, was wir als Tatsache ansehen, geändert. Für Hume seien Tatsachen Sinneseindrücke. Atome aber könnten wir nicht sinnlich erfassen, wiewohl wir sie als Tatsachen ansehen (*Putnam* 2003, 21/22). Dem ist entgegenzuhalten, daß Atome, sollten sie Gegenstand einer empirischen Wissenschaft werden, darauf angewiesen sind, sich in irgendeiner der Erfahrung zugänglichen Weise bemerkbar zu machen. Da sie das für die Naturwissenschaft zu tun scheinen, ist nicht zu sehen, wo der Fehler in der Humeschen Argumentation liegen sollte.

Wie aus der Behauptung einer Differenz von Tatsachen und Werten der moralische Relativismus zu fließen droht, vermag ich nicht zu erblicken; denn es läßt sich durchaus eine trans-subjektive Gültigkeit von Werten feststellen, ohne daß man zum wertphilosophischen Objektivisten werden muß (vgl. die entsprechende Befürchtung bei *Doughney* 2005, 6).

[15] Vgl. *Lotze* 1899, 11 f.

Das Wertvolle als Eigenschaft von Personen, Sachen oder Konfigurationen anzusehen, hat demnach keinerlei explikative Kraft, ja die naturalistische Auffassung liefert das genaue Gegenteil einer Erklärung, weil sie den in Frage stehenden Begriff in ein eher mysteriöses Dunkel taucht. Daher scheint nach dem Scheitern subjektivistischer Theorien nur die metaphysische Auffassung zu verbleiben, die folgende Einzelannahmen beinhaltet:

(i) Werte sind Entitäten, die in einem transzendenten Kosmos angesiedelt sind.

(ii) Denkende Subjekte sind dazu in der Lage, sie zu entdecken.

(iii) Ist dies einmal geschehen, dann wenden wir sie so auf den unseren Sinnen zugänglichen Kosmos an, daß dieser Bedeutung gewinnt.

(iv) Auf diese Weise etablieren wir den kulturellen Raum, dessen wir als soziale Wesen bedürfen.

Macht man die Zusatzannahme, daß die entdeckten Werte tradiert werden müssen, aber auch wieder in Vergessenheit geraten können, dann scheint die skizzierte Auffassung unserer alltäglichen Sprechweise durchaus angemessen zu sein. Man habe sich auf die Werte zurückzubesinnen, heißt es; Schule und Universität müßten Werteerziehung betreiben. Beide Aufforderungen sind nur sinnvoll, wenn objektive Werte in dem Sinne vorliegen, daß ihnen Existenz zugesprochen werden kann. Nur unter dieser Voraussetzung vermag man sie zum Gegenstand erzieherischer Maßnahmen zu machen und sie, sollten sie vergessen werden, ins Gedächtnis zurückzurufen. Das Postulat der Werteerziehung ist hingegen sinnlos, wenn man es lediglich mit persönlichen Geschmacksurteilen zu tun hat.

Freilich läßt sich nicht zeigen, daß die Dinge so liegen, wie es die Alltagsdiskurse zur Sprache bringen, daß vielmehr die Annahme, Werte existierten wie Steine, Bäume, Pinguine und menschliche Wesen, aber eben nur in einer anderen Welt als die aufgezählten Entitäten, auf dem Bedürfnis beruht, einer gewissen Klasse von hypostasierten Entitäten die Existenz zu sichern.

Um diese These zu begründen, will ich zunächst den Begriff der Entität genauer bestimmen. Eine Entität der nicht-transzendenten Welt zu sein, heißt zunächst ganz grundsätzlich, unter Exklusion alles anderen eine Raum-/Zeitstelle beziehungsweise ein Kontinuum von Raum-/Zeitstellen einzunehmen.

(i) Eine erste Klasse solcher Entitäten ist dadurch ausgezeichnet, daß sie nur die oben formulierte Minimalbedingung erfüllt. Sie soll γ-Klasse heißen. Hierher gehört alles Unbelebte.

(ii) Eine zweite Klasse erfüllt die Minimalbedingung und besitzt obendrein solche Qualitäten, welche sie lebendig machen. Sie soll β-Klasse heißen.

(iii) Eine dritte Klasse verfügt über die Eigenschaften, welche die ersten beiden Klassen auszeichnen, obendrein erfüllt sie ein α-Kriterium. Darum soll sie die α-Klasse heißen. Hier sind menschliche Wesen gemeint.

Es ist für die Darstellungsabsicht ohne Bedeutung, die Kriterien für die Lebendigkeit und das α-Kriterium näher zu spezifizieren. Beides kann unterbestimmt bleiben, da es nur um das Vorliegen eines Kriteriums geht. Daß wir zwischen Belebtem und Unbelebtem unterscheiden und auch meinen, Menschen seien nicht einfach nur eine etwas kompliziertere Art Tier, scheint unbestritten. Debattieren kann man allerdings, wie genau die fraglichen Abgrenzungen zu erfolgen haben. Eine solche Diskussion zu führen, will ich deshalb vermeiden, weil sie die Überlegungen unnötig belastet, ohne etwas zur Lösung des thematisierten Problems beizutragen.

(iv) Die vierte Klasse von Entitäten – ich will sie die Pseudo-α-Klasse nennen, weil einigen ihrer Elemente in einem gewissen Sinne menschliche Eigenschaften zugesprochen werden – hat einen besonderen Status: Sie existiert gleichsam aus zweiter Hand; denn sie braucht einen Repräsentanten, der ihr die Möglichkeit verschafft, präsent zu sein, ohne selbst in Erscheinung zu treten. Als Stellvertreter dienen Elemente der ersten drei Klassen.

Beispiele finden sich leicht. So repräsentiert der Union Jack (γ-Klasse) Großbritannien, Esel und Elefant (β-Klasse) stehen für die großen nordamerikanischen Parteien, ein Anwalt (α-Klasse) vertritt eine Firma vor einem Gericht. In jedem Falle gilt: Das jeweils Repräsentierte tritt nur *qua* Repräsentation in Erscheinung, an sich wird es nicht phänomenal und könnte es auch gar nicht werden – Großbritannien kann man sinnlich nicht wahrnehmen, lediglich einzelne Menschen, die dieser Nation angehören, kann man begegnen. Gleiches gilt für politische Parteien und Firmen.

Die Kapazität, Entitäten der Pseudo-α-Klasse qua Repräsentation phänomenal werden lassen zu können, verdankt sich unserer Fähigkeit zu Kulturleistungen. Es ist bereits festgestellt worden, daß das, was wir ‚Kultur' nennen, zunächst eine Negation der ersten Natur ist. Das setzt die Fähigkeit voraus, qua Perspektivwechsel die Lapalce-Welt der vollständigen Determination, in der sich Entitäten der ersten beiden Klassen finden, zu verlassen, i. e. die Möglichkeit, eine Hinsicht zu wählen, in der sich der Mensch als ein freies Wesen konzeptualisieren läßt. Ist dies geschehen, beginnen wir über kurz oder lang, Entitäten der Pseudo-α-Klasse zu kreieren, auf daß sich die Postulate, die in allen kulturellen Institutionen schlummern, organisiert verwirklichen lassen. Fortan repräsentiert die Statue der Iustitia mit ihren verbundenen Augen und der Waage in der Hand das mit dem Begriff der Gerechtigkeit verbundene Postulat und damit die mit unserem Justizwesen einhergehenden Werte.

Nietzsches kritische Wendung gegen die Metaphysik[16] behauptet nun, daß wir Entitäten der Pseudo-α-Klasse ohne Recht den gleichen Seinsstatus zuschreiben wie denen der drei ersten Klassen. Dazu imaginierten wir einen transzendenten Kosmos, denn in der Erscheinungswelt können Pseudo-α-Entitäten ja nicht selbst auftreten. Die metaphysische Hinterwelt verdanke sich also der Notwendigkeit,

---

[16] Vgl. JGB, KSA 5, 36; dazu *Schmitz* 1998.

VII. Der wertphilosophische Objektivismus

einen Raum für das zu schaffen, was wir als Kulturwesen kreieren. Das hinter der Metaphysik stehende Bedürfnis sei mithin auf eine Stabilisierung der Welt ausgerichtet, die wir durch Negation der ersten Natur etablieren.

Metaphysik resultiert – so läßt sich mit Nietzsche zusammenfassend feststellen – aus unserer semiotischen Tätigkeit, die nach der Regel *aliquid stat pro aliquo* stets nach etwas sucht, was durch eine Entität der drei ersten Klassen repräsentiert werden könnte und daher ihre Bedeutung wäre. Das schlechthin Bedeutungslose ist uns ein Graus, weil seine Sinnlosigkeit uns jegliche Möglichkeit einer Orientierung nimmt.

Wendet man diese Überlegung auf die Frage nach dem ontischen Status von Werten an, dann muß man sagen: Die Tatsache, daß wir glauben, den Entitäten aller Klassen und den möglichen Korrelationen, in denen sie untereinander stehen können, einen objektiv gültigen und im Wandel der Zeiten sich stets gleichbleibenden Wert zu- oder absprechen zu müssen, entspringt der Vorstellung, daß sie in Wahrheit Entitäten der Pseudo-α-Klasse repräsentieren, deren Dignität dadurch gesichert werden soll, daß man ihnen einen Seinsstatus in einem transzendenten Kosmos zuspricht.

Nietzsches Kritik wird nicht mit Gründen fundiert, es handelt sich vielmehr um eine These, welche – psychologisierend vorgetragen – die schon im zweiten Kapitel skizzierte Enthüllungsphilosophie ausmacht. Die Beweiskraft wird hier einzig dem Enthüllungsgestus zugerechnet. Nietzsche unterstellt mithin, daß, wer enthüllt, stets im Recht ist – dies offenkundig auch dann, wenn es nichts zu enthüllen gibt.

Freilich gilt auch für die angegriffene Position, daß sie den metaphysischen Transzensus lediglich setzt, um ewigen und allgültigen Werten eine Heimat zu schaffen, also der Frage begegnen zu können, wo man denn die vermeintlich existierenden Werte antreffen könne. Was ihr so wenig wie Nietzsche gelingt, ist ein Beweis, der ihre Setzung legitimierte. Eben dieses Faktum ermöglicht erst die Enthüllungsgeste Nietzsches. Freilich gilt am Ende eine Setzung so viel wie die andere – sie hat lediglich dogmatischen Charakter.

Was dafür spricht, auf den metaphysischen Wertbegriff zu verzichten, ist das berühmte, nicht ganz zu Recht Ockham zugeschriebene Rasiermesser: *Entia non sunt multiplicanda sine necessitate.* Man wird freilich die Rede von Entitäten durch die von Welten ersetzen müssen. Hält man sich an Ockhams Sparsamkeitsprinzip, dann gibt man sich mit den aufgezählten vier Klassen von Entitäten zufrieden und verzichtet darauf, der Pseudo-α-Klasse ein eigenes Reich zu schenken. Denn ihre merkwürdige Art der Existenz läßt sich einfacher erklären, nämlich dadurch, daß die bereits in die Darstellung eingeführte Rede von Perspektiven wieder aufgenommen wird.

Wenn man auf die Welt in der Weise blickt, wie es die Newtonsche Naturwissenschaft tut, dann kommen nur die ersten drei Klassen von Entitäten zu Gesicht. Die Pseudo-α-Klasse bleibt abgeblendet. Ändert man den Blickwinkel, so sind

Willensfreiheit und Selbstbestimmung, kulturelle Institutionen und damit auch Pseudo-α-Klasse-Entitäten in das Kalkül einbezogen. Werte gehören nun in die Pseudo-α-Klasse, es gibt sie, aber nicht so, wie die Elemente der anderen Klassen, was ihnen nichts von ihrer Wirksamkeit bzw. Bedeutsamkeit raubt. Die Annahme, daß sie in einer eigenen Welt angesiedelt sind, machen wir nicht für die oben gewählten Exemplifikationen: Großbritannien, die US-Parteien, Firmen, die vor Gericht vertreten werden, siedeln wir in unseren Alltagsdiskursen wie selbstverständlich in der gleichen Welt an wie Steine, Pinguine und andere Menschen; wir haben nicht das Bedürfnis, ihre Existenz dadurch zu sichern, daß wir ihnen ein eigenes metaphysisches Reich zuweisen.

Der Preis, den man für die vorgeschlagene Lösung zahlt, ist der Zusammenbruch der objektivistischen Werttheorie, die sich in ihrer naturalistischen Spielart als falsch, in ihrer metaphysischen Variante als nicht beweisbar und daher als nicht konsensfähig erwiesen hat. Es ergibt sich mithin die Notwendigkeit, sich nach einer neuen Erklärung umzusehen. Was sie leisten muß, kann man am Scheitern der durchgesprochenen Ansätze ablesen. Sie muß Werten eine trans-individuelle, auch trans-kulturelle Bedeutung zuschreiben, ohne ihnen Objektivität zu attestieren; sie muß erklären, was es heißt, Element der Pseudo-α-Klasse zu sein, und dennoch in einem gewissen Sinne ebenso zu existieren wie die übrigen Entitäten. Ich will im nächsten Kapitel zu zeigen versuchen, daß beide Aufgaben von einer intersubjektiven Theorie gelöst werden können.

VIII. Der wertphilosophische Intersubjektivismus

> „Allein hier ist nicht die Rede vom Vermögen des Erkenntnisses, sondern von der Denkungsart, einen zweckmäßigen Gebrauch davon zu machen: welche, so klein auch der Umfang und der Grad sei, wohin die Naturgabe des Menschen reicht, dennoch einen Mann von erweiterter Denkungsart anzeigt, wenn er sich über die subjectiven Privatbedingungen der Urtheils, wozwischen so viele andere wie eingeklammert sind, wegsetzt und aus einem allgemeinen Standpunkte (den er dadurch bestimmen kann, daß er sich in den Standpunkt anderer versetzt) über sein eigenes Urtheil reflectirt."[1]

Wertend setzt sich das Subjekt in ein Verhältnis zu Dingen, Personen, Sachverhalten. Werte können daher keine Eigenschaften dessen sein, was bewertet wird. Wertend meinen wir aber auch, Urteile zu fällen, die anderen Personen angesonnen werden können. Wir richten uns an unsere Mitmenschen, empfehlen und raten ab; der Gedanke, daß wir dabei ein ganz persönliches Urteil fällen könnten, das keine Bedeutung für andere Menschen hat, kommt uns nicht. Wäre dem so, dann müßte man allen Buch-, Theater- und Restaurantkritikern den Stift aus der Hand nehmen, mit dem sie ihre Urteile niederschreiben, ja ihnen ihre Anmaßung vorhalten, mit der sie uns ihren Geschmack aufzudrängen versuchen.

Werte haben in unseren Augen trans-individuelle Gültigkeit. Damit sind sie in einem Zwischenbereich angesiedelt, der mehr als die Sphäre reiner Subjektivität und weniger als die der Objektivität darstellt. Ich werde dieses Zwischen den ‚intersubjektiven Raum' nennen. Er wird gewonnen, wenn wir einigen Dingen in der Welt Bedeutung zuschreiben und sie damit kulturell kontextualisieren. Geht ein einzelnes Individuum in idiosynkratischer Manier an Wertungen heran, dann glauben wir es mit einem kindlichen oder gar kindischen Gemüt zu tun zu haben oder aber mit jemandem, der seine Geisteskräfte auf eine Weise einsetzt, die seinen Mitmenschen therapiebedürftig erscheint. Denn in beiden Fällen wird keine kulturelle, sondern lediglich eine individuelle Kontextualisierung vollzogen.

Wert hat *etwas* für *jemanden* – so lautet die von Nicolai Hartman geprägte triadische Formel[2]. Dabei ist der Wert keine Qualität des Etwas und auch nicht nur subjektiver Bewußtseinsinhalt des Jemand. Hartmanns Lösung einer platoni-

---

[1] KdU – Akad V, 295.
[2] *Hartmann* 1949, 179.

sierenden Beschreibung der Ideen in einem eigenen Kosmos ist zurückgewiesen worden. Das läßt nur noch den Weg einer Neufassung der Formel zu, welche die Gültigkeit von Werten im Verweis auf ein Kollektiv von Subjekten bestimmt, ohne dabei Sartres Fehler zu machen, welcher darin bestand, ein das Individuum nicht wirklich übersteigendes Kollektivsubjekt anzusetzen[3]. Die Formel lautet dann: Wert hat etwas für die Glieder einer intersubjektiv verbundenen Gemeinschaft.

Diese Formel – so will ich im folgenden zeigen – gewinnt erst dann Sinn, wenn man – Nietzsche These aufgreifend – Wertungen als Teil einer umfassenden semiotischen Tätigkeit versteht. Werte erweisen sich dann als Regeln. Um diese Auffassung zu erläutern, ist zunächst der Begriff der Semiose näher zu bestimmen. Dies wird mit einem Blick auf den von Charles Sanders Peirce entwickelten Zeichenbegriff geschehen, wobei die Anmerkung gemacht werden muß, daß Peirce selber seine semiotischen Überlegungen nicht in den wertphilosophischen Zusammenhang gebracht hat, der im folgenden vorgeschlagen wird.

Peirce versteht unter einem Zeichen eine triadische Relation. Seine Definition lautet: Etwas (I) steht in einer gewissen Hinsicht für jemanden (III) für etwas (II)[4]. Die mit römischen Ziffern gekennzeichneten Elemente der Triade erfahren folgende genauere Kennzeichnung: Das mit *I* bezeichnete Element heißt ‚Repräsentamen‘, *II* erhält den Namen ‚Objekt‘, *III* wird ‚Interpretant‘ genannt. Mit diesen Bestimmungen stellt sich Peirce gegen eine lange philosophische Tradition, welche das Zeichen als eine lediglich dyadische Relation auffaßt – ausgedrückt durch die Formel: *aliquid stat pro aliquo* – ein Bezeichnendes steht für ein Bezeichnetes.

Zu Beginn des semiotischen Denkens liegt freilich zunächst just die von Peirce bestimmte triadische Relation vor, welche so aufgebaut ist, daß ein extramentaler Gegenstand mental repräsentiert und diese Repräsentation schließlich phonetisch veräußerlicht wird[5]. Diese Bestimmung des Zeichens geht im Laufe der Philosophiegeschichte verloren. Für das mittelalterliche Denken sei Ockham als Paradigma angeführt. Er bestimmt das Zeichen als etwas, das ein anderes dadurch ins Bewußtsein hebt, daß es dieses andere vertritt (aliquid facit in cognitionem venire et natum est pro illo supponere[6]). Neuzeitlich wird diese Auffassung von John Locke reetabliert, der im Rahmen seiner erkenntnistheoretischen Untersuchungen auf die Notwendigkeit stößt, die Natur der Zeichen zu untersuchen, mit denen wir kommunizieren[7]. Überaus wirkungsmächtig wird die dyadische Zeichenkonzeption mit dem linguistischen Strukturalismus. Saussure faßt das Zeichen als etwas in sich Gedoppeltes[8] und gelangt zu der Bestimmung, es sei eine Kombination

---

[3] Vgl. *Sartre* 1983, 122.
[4] Vgl. LS – Buchler 99.
[5] Vgl. *Aristoteles*, De int 16 a3/4.
[6] *Ockham* 1974, 9.
[7] *Locke* 1979, 72.
[8] *Saussure* 1973, 98.

aus einer Vorstellung und einem Lautbild[9]. Das erste, die bezeichnete Vorstellung, nennt er ‚signifié', das zweite ‚signifiant'.

Peirce greift auf den von Aristoteles am Anfang der Tradition etablierten triadischen Zeichenbegriff zurück und revolutioniert damit die Semiotik. Zur Darstellung seiner Konzeption bedarf es zunächst einer Erläuterung seiner Kategorienlehre, welche mit den Termini ‚Erstheit', ‚Zweiheit' und ‚Drittheit' operiert. Diese Begriffe lassen sich am einfachsten erklären, wenn man sie psychologisch, i. e. als Bestimmungen einführt, welche unsere Bewußtseinsinhalte betreffen. Mit diesem Vorgehen nimmt man allerdings die Gefahr eines Mißverständnisses in Kauf, denn es scheint zu implizieren, daß Peirce seine Kategorien psychologisch fundieren wolle und es ihm fern liege, ontologische Bestimmungen zu liefern. Das genaue Gegenteil ist jedoch der Fall; denn seine Kategorienlehre, aus der seine Semiotik resultiert, ist in der Tat eine Theorie von der Möglichkeit, der Wirklichkeit und der Regelhaftigkeit, i. e. der Notwendigkeit, mit der vom Seiend-Sein eines Seienden gesprochen werden kann, so daß die Semiotik – ist sie voll entwickelt – durchaus den Status einer Ontologie gewinnt.

‚Erstheit' meint die reine Unmittelbarkeit des Gegenwärtigen[10]. Sie ist pure Qualität, etwas, das so ist, wie es ist, ohne Rücksicht auf etwas anderes, psychologisch: das Gefühl. Gefühle sind unmittelbar gegenwärtig, form-, ausdehnungs-, anfangs-, endlos, mithin gänzlich einfach. Die modale Natur der Erstheit ist die der Möglichkeit.

Wir haben aber auch ‚sensations of reaction'. Diese implizieren das Vorhandensein von Gefühlen. Denn man nimmt hier entweder die Relation zweier Gefühle oder Aktion und Reaktion zwischen dem Gefühl und etwas außerhalb seiner wahr. So stößt man auf die Kategorie der Zweiheit[11]. Die Zweiheit meint den Widerstreit von Aktion und Reaktion, durch welchen Zwei ins Verhältnis gesetzt werden, psychologisch: die Wahrnehmung. Denn in ihr drängt sich uns die Welt der äußeren Fakten auf. Zweiheit ist also die Seinsweise dessen, was so ist, wie es ist, in Hinsicht auf ein anderes, ohne daß dabei in Betracht käme, daß der Beziehung ein Gesetz zugrunde liegt. Sie involviert das Auftreten von Erstheit. Die modale Natur der Zweiheit ist die der singulären Aktualität.

Das Grundgesetzt mentaler Aktivität ist Verallgemeinerung. Diese wird durch die Kategorie der Drittheit ermöglicht, welche ein Erstes und ein Zweites miteinander ins Verhältnis setzt[12].

Drittheit ist also die Seinsweise dessen, was so ist, wie es ist, als ein Drittes zwischen einem Ersten und einem Zweiten – und zwar als deren Vermittlung, psychologisch: der Begriff. Peirce nennt ihn ‚representation'. Repräsentationen involvie-

---

[9] *Saussure* 1973, 99.
[10] Vgl. AT – Wiener 158.
[11] AT – Wiener 158.
[12] AT – Wiener 158.

ren das Auftreten von Zweitheit, welche ja ihrerseits das der Erstheit voraussetzt. Die modale Natur der Drittheit ist die eines Regelhaften, man könnte auch – obwohl es widersprüchlich klingen mag –, von einer wirklichen Potentialität sprechen; denn eine Potentialität ist dann wirklich zu nennen, wenn ihre Realisation durch eine Regel gesteuert wird, so daß mit ihrem Auftreten gerechnet werden kann.

Diese drei Kategorien, die monadische, dyadische und triadische, sind – nach Peirce' Ansicht – nicht aufeinander rückführbar, darum universell. Alle Relationen, welche die triadische übersteigen, müssen demnach durch die drei ersten ausgedrückt werden können.

Ein Beispiel für Drittheit ist die Zeichentriade. Sie besteht aus einem Gegenstand, einem Zeichenmittel, dem Repräsentamen, und einem Interpretanten. Das Repräsentamen ist Erstheit; das Repräsentamen in seinem Bezug zum Objekt ist Zweitheit; alle drei Konstituenten der Triade schließlich sind Drittheit. Mithin stehen sie in einer genuin triadischen Relation, d. h. man kann die Zeichentriade nicht in dyadische Relationen zerlegen.

Wäre dies der Fall, dann hätte man es mit einem Ersten zu tun, welches in der Relation R_1 zu einem Zweiten stünde, das seinerseits mit einem Dritten durch R_2 korreliert wäre. Das Erste wiese zu dem Dritten obendrein eine Verbindung auf, die als R_3 zu bezeichnen wäre. Das gesamte Gebilde ließe sich also in Dyaden zerlegen, welche untereinander verkettet wären: I R_1 II und II R_2 III und I R_3 III.

Wie eine genuin triadische Relation zu denken ist, verdeutlich Peirce mit folgendem Beispiel[13]: Eine Sonnenblume als das Erste wendet sich zur Sonne als einem Zweiten und determiniert auf diese Weise ein Drittes dahingehend, zur Sonne die gleiche triadische Beziehung aufzunehmen, i. e. sich ihr dergestalt zuzuwenden, daß wiederum ein Drittes veranlaßt wird, eben diese triadische Beziehung seinerseits einzugehen. Daher kann die Sonnenblume ein Repräsentamen der Sonne, die Sonne das Objekt der Sonnenblume und die neue Sonnenblume der Interpretant der alten Sonnenblume genannt werden. Auf die Rede vom Zeichen angewendet bedeutet dies:

(i) Etwas ist ein Zeichen in einer gewissen Hinsicht, welche es mit seinem Objekt in Verbindung bringt[14]. Denn da das Zeichen mit dem Objekt, welches es bezeichnet, nicht identisch ist, muß es, wenn es das Objekt repräsentieren soll, über Eigenschaften verfügen, die ihm seine repräsentative Funktion ermöglichen.

(ii) Etwas ist ein Zeichen für einen Gegenstand, dessen Äquivalent es ist[15].

(iii) Etwas ist ein Zeichen für einen Gedanken, der es interpretiert[16], i. e. der Interpretant oder die Bedeutung des Zeichens. Der Gedanke mag sich einem

---

[13] SL – Buchler 100.
[14] CI – Wiener 51/52.
[15] AT – Wiener 158.
[16] AT – Wiener 158.

anderen Menschen mitteilen, welcher ihn wiederum interpretiert. In jedem Fall aber wird er durch einen nachfolgenden Gedanken innerhalb des ersten Bewußtseins interpretiert. Also ist jeder Interpretant selbst ein Zeichen.

Erstheit ist in einem Zeichen insofern zu finden, als jedes Zeichen immer ein Repräsentamen ist. Zweitheit liegt hinsichtlich der Relation von Zeichen und Objekt vor. Die Zeichentriade schließlich ist Drittheit.

Graphisch lassen sich Zeichen als Dreiecke darstellen, deren Spitze den Gegenstand repräsentiert; die linke Ecke steht für das Zeichenmittel, bzw. Repräsentamen, die rechte für den Interpretanten. Einfache Beispiele finden sich leicht: Das deutsche Wort ‚Tanne' ist der Repräsentant eine Klasse von Bäumen, deren Repräsentamen eine Tanne ist, auf welche man bei einem Spaziergang durch den Schwarzwald treffen mag. Als Interpretant kann hier die Vorstellung dienen, die sich in einem Bewußtsein bildet, wenn das Wort ‚Tanne' geäußert wird.

Wendet man das skizzierte Begriffsinstrumentarium auf Werte und Wertungen an, dann mag als Interpretant der Satz gelten ‚Laura ist selbstlos'. Er wird hervorgerufen durch eine Szene, in welcher die hungrige Laure ihr Brot mit anderen Kindern teilt. Dieser Vorgang ist Repräsentamen eines Wertes, der uneigennütziges Handeln postuliert.

Bei Untersuchung der Erstheit, welche im Zeichenmittel anzutreffen ist, zeigt sich, daß die drei Kategorien auch hier wiederum wirksam sind; denn es findet sich die Erst-, die Zweit- und die Drittheit der Erstheit. Gleiches gilt für die Zweitheit und die Drittheit. Indem Peirce ihnen Namen gibt, gelangt er zu Trichotomien: Erst- (Qualizeichen), Zweit- (Sinzeichen) und Drittheit (Legizeichen) der Erstheit, Erst- (Ikon), Zweit- (Index) und Drittheit (Symbol) der Zweitheit, Erst- (Rhema), Zweit- (Dicizeichen) und Drittheit (Argument) der Drittheit.

Um den semiotischen Charakter des Wertens darzustellen, reicht es, das Zeichen hinsichtlich seines Objektbezuges als ‚icon', ‚index', ‚symbol' zu betrachten. Diese Begriffe werden so gefaßt:

Ein Icon hat keine Verbindung zu seinem Gegenstand[17], sondern weist nur eine oder mehrere Eigenschaften auf, welche einer oder mehreren Eigenschaften seines Objektes ähneln oder in Analogie zu ihnen aufgefaßt werden können[18]. Dies ist etwa bei Diagrammen der Fall[19]. Für ein Icon ist es unwesentlich, ob sein Objekt existiert: Ein Bleistiftstrich, der eine geometrische Linie darstellt, ist bedeutungsvoll. Etwas in der Welt empirisch Erfahrbares, das er repräsentieren könnte, gibt es aber gar nicht[20].

---

[17] AT – Wiener 114.
[18] AT – Wiener 105 f.
[19] AT – Wiener 107.
[20] AT – Wiener 104.

Daß Werte nicht Elemente einer ikonischen Zeichentrias sind, ist leicht einzusehen, denn sie haben mit dem Repräsentamen, das im Interpretanten bewertet wird, nichts in dem Sinne gemeinsam, daß etwas an ihnen einer Qualität des Repräsentamens ähnelt oder in Analogie zu ihm bestimmt werden müßte.

Unter einem Index versteht Peirce ein Zeichen, welches mit seinem Gegenstand dadurch in Zusammenhang steht, daß es von ihm affiziert wird[21]. Es ist mit seinem Gegenstand daher dynamisch verbunden, was auch räumliche Beziehungen einschließen soll[22]. Die Verbindung besteht gänzlich unabhängig von der Rezeption des Index[23]. Im Gegensatz zum Icon liegt keine Ähnlichkeit mit dem Objekt vor[24], sondern lediglich die eine oder andere Art von realem Kontakt[25]. Ein Index hörte auf, ein Zeichen zu sein, wenn es sein Objekt verlöre, nicht aber, wenn es keinen Interpretanten hätte. Peirce' Beispiel ist das Einschlagsloch einer Kugel, welches als Zeichen für einen abgefeuerten Schuß steht – ob jemand auf die Idee kommt, es so zu interpretieren, bleibt hier gleichgültig[26].

Nach dieser Erklärung können Werte auch nicht Element einer Index-Zeichen-Trias sein, denn sie stehen mit ihrem Repräsentamen nicht in einer dynamischen Beziehung. Es bleibt also nichts anderes übrig, als sie in der ‚Symbol' genannten Zeichentrias zu lokalisieren.

Der repräsentierende Charakter eines Symbols beruht auf einer Regel, durch welche sein Interpretant bei der Entschlüsselung gesteuert wird[27]. Es ist dann kein Zeichen mehr, wenn es niemanden gibt, der es rezipiert, denn es verdankt sich einem Symbole handhabenden Bewußtsein[28]. So hat eine sprachliche Äußerung nur Zeichencharakter, wenn sie verstanden wird[29], was wiederum nur dann möglich ist, wenn gewisse syntaktische, semantische bzw. pragmatische Regeln beherrscht werden.

Nach diesen Bestimmungen können Wertungen nur als Interpretanten einer Handlung aufgefaßt werden, die als Repräsentamen einer Regel dient. Diese Regel ist der Wert, welcher die Wertung leitet. Wie genau der Vorgang abläuft, wird deutlich, wenn man das von Peirce als Abduktion bezeichnete Schlußverfahren ins Auge faßt.

Alles gültige Schlußfolgern ist entweder deduktiv, induktiv oder hypothetisch – Peirce sagt später: abduktiv[30]. Beim induktiven Schließen nimmt man an, daß für

---

[21] AT – Wiener 102.
[22] AT – Wiener 107.
[23] AT – Wiener 114.
[24] AT – Wiener 108.
[25] AT – Wiener 108.
[26] AT – Wiener 104.
[27] AT – Wiener 112.
[28] AT – Wiener 114.
[29] AT – Wiener 104.
[30] CI – Wiener 51/52.

VIII. Der wertphilosophische Intersubjektivismus

eine ganze Klasse von Elementen gilt, was für eine Zahl von ihnen zutrifft, die ihr nach dem Zufallsprinzip entnommen sind[31]. Der Induktionsschluß kann mithin so aufgefaßt werden, daß man auf die *maior* des Syllogismus schließt. Der hypothetische bzw. abduktive Schluß ist so zu verstehen, daß man – ausgehend von der *conclusio* und einer hypothetisch gesetzten *maior* – auf die *minor* schließt[32].

Die Abduktion läßt sich mithin als Übergang von Konsequenz zu Antezedenz fassen. Denn man kann jeden deduktiven Syllogismus in folgende Form bringen:

(1) Wenn A, dann B

(2) A

(3) also: B

Bei der Abduktion liegt die Konsequenz (B) vor, und man nimmt hypothetisch an, für die Konsequenz (B) lasse sich für alle Fälle als Antezedenz (A) annehmen, um dann auch für das vorliegende (B) (A) als Konsequenz ausmachen zu können[33].

Formalisiert:

(1) B

(2) Wenn A, dann B (hypothetisch)

(3) A

Bezogen auf unsere Wertungen ist ein Fall gegeben (B), i. e. die hungrige, aber dennoch teilende Laura, und wir setzen hypothetisch eine Regel (A) an, i. e. den Wert der Uneigennützigkeit, um dann den Fall als Fall dieser Regel anzusprechen, i. e. Lauras Verhalten mit ihrer Hilfe zu bewerten. Das heißt natürlich nicht, daß wir die Regel erfinden, sondern was von uns zunächst gesetzt wird, ist die Applikabilität dieser und nicht jener Regel. Da wir es mit dem Zeichentyp Symbol zu tun haben, muß die involvierte Regel als Bedeutung des Symbols eine über das urteilende Individuum hinausweisende Bedeutung haben, i. e. intersubjektiv gültig sein.

Peirce drückt den Anspruch auf trans-subjektive Gültigkeit mit der Einführung eines finalen Interpretanten aus, den er vom dynamischen Interpretanten unterscheidet. Letzterer besteht in der aktuellen Reaktion, die auf Lauras Verhalten erfolgen mag – bedingt durch die konkreten Umstände, unter denen es wahrgenommen wird. So mag ein besonders gehässiger Mensch Laura für dumm erklären, weil sie nicht zunächst den eigenen Hunger stillt. Der finale Interpretant meint demgegenüber die Wirkung, welche das Zeichen auf jedes Bewußtsein ausübt, das sich in den Umständen befindet, in welchen der Effekt erzeugt werden kann. Beispiel für einen solchen finalen Interpretanten kann der *native speaker* sein, mit dem die Sprachwissenschaft operiert: Unabhängig vom einzelnen Sprecher und seiner

---

[31] CI – Wiener 45/46.
[32] CI – Wiener 46/47.
[33] CI – Wiener 48.

Reaktion wird ein *native speaker* des Deutschen die pejorativen Konnotationen der Wörter ‚Gaul' und ‚Köter' realisieren.

Werte lassen sich auf dieser Grundlage als diejenigen Regeln verstehen, auf die ein finaler Interpretant verwiesen wird, wenn er sich mit einem gewissen Fall konfrontiert sieht. Einen solchen finalen Interpretanten könnte es nicht geben, wenn Werte nichts anderes wären als subjektive Zuschreibungen.

Auf diesem Stand der Darstellung läßt sich nun erklären, welchen Fehler die subjektivistischen und die objektivistischen Werttheorien machen. Beide reduzieren die Triade auf eine Dyade. Die Subjektivisten fassen nur das Verhältnis von Interpretant und Gegenstand ins Auge, die Objektivisten lediglich das von Repräsentamen und Gegenstand, die gesamte Trias gerät nicht in den Blick. Daher kennen erstere nur einen dynamischen Interpretanten, letztere ignorieren Interpretanten überhaupt.

Nachdem geklärt ist, was genau unter einem Wert zu verstehen ist, soll im folgenden der Versuch gemacht werden, die skizzierte semiotische Axiologie so weit von Peirce' Denken zu lösen, daß sie selbständigen Charakter zu gewinnen vermag. Dabei wird sich zeigen, daß die Werte und Wertungen erst ermöglichende Perspektive, von der schon mehrmals die Rede war, sich als die Bereitschaft entpuppt, die Welt des Praktischen symbolisch zu dekodieren.

Ein zehntes Kapitel wird dann zum Ausgangspunkt der Untersuchung zurückkehren und zu zeigen versuchen, daß sich im Felde des Politischen nur ein einziger Wert findet, aus dem sich alle weiteren Wertungen, die wir in diesem Bereich vornehmen, herleiten lassen – die Freiheit nämlich[34]. Was genau unter politischer Freiheit zu verstehen ist, wird sich aus einer Applikation des im vierten Kapitel entwickelten allgemeinen Begriffs ergeben. Sie erfolgt in einer Konfrontation des Anarchismus mit dem Etatismus, um sodann zwischen beiden Extremen den politischen Grundwert zu ermitteln. Was sich genau aus einem solchen Grundwert ergibt, klären das elfte und das zwölfte Kapitel.

---

[34] Diese These erinnert natürlich an Kants Bestimmung der Freiheit als dem einzigen angeborenen Recht des Menschen; vgl. MdS – Akad VI, 237. Im folgenden wird freilich der Begriff des Wertes im Mittelpunkt stehen, wenn von Rechten die Rede sein wird, dann so, daß sie als Konkretionen des politischen Grundwertes aufgefaßt werden.

IX. Semiotische Axiologie

> *„Est enim periculum, ne aut neglectis iis impia fraude aut susceptis anili superstitione obligemur* – es besteht nämlich die Gefahr, sich der Gottlosigkeit schuldig zu machen, wenn man sie (die Auspizien) vernachlässigt, oder es mit dem Aberglauben alter Weiber zu halten, wenn man ihnen folgt".[1]

Mit dem im folgenden verwendeten Begriff der Wertskepsis soll eine Auffassung bezeichnet werden, die annimmt, die Welt, die Menschen und ihre Handlungen ließen sich nicht axiologisch dekodieren, die axiologische Semiose sei also unmöglich oder – wie Nietzsche meint – erschlichen. Kurz: Die Wertskepsis weigert sich, die Perspektive zu wählen, welche die Voraussetzung dafür ist, Werte in ihrem intersubjektiven Charakter erkennen zu können. Was die Rede von einer semiotischen Axiologie meint, sollen die folgenden Angaben klären.

Mit dem Namen ‚Semiotik' ist im Rückgriff auf Peirce eine Lehre bezeichnet worden, welche expliziert, daß gewisse Sachverhalte gewisse andere Sachverhalte bezeichnen. Sie erklärt dabei, was unter ‚bezeichnen' zu verstehen ist, und folgert aus dieser Bestimmung, wie man Zeichen entschlüsseln muß. Geht die Semiotik in ihren Untersuchungen über die alltägliche Zeichenpraxis hinaus, macht sie gar im Felde des Praktischen philosophischen Anspruch, dann tritt sie in einer Gestalt auf, die ich eine ‚semiotische Axiologie' nenne. ‚Axiologie' heißt hier eine Theorie, die angibt, daß die Handlungen zurechnungsfähiger Subjekte in einem normativen Zusammenhang stehen, i.e. eine Axiologie zeigt, daß die Welt des Praktischen als ein normativ geordnetes Ganzes aufzufassen ist. Eine semiotische Axiologie liegt schließlich vor, wenn aus dem Zeichencharakter von Handlungen auf die normative Ordnung der Welt geschlossen wird. Ist eine semiotische Axiologie vollständig entfaltet, dann kann die Welt des Praktischen als interpretiert angesehen werden, wobei die Rede von Interpretation eine normative Dekodierung meint.

Die Wertskepsis tritt als Gegenspielerin der skizzierten Axiologie auf. Sie zweifelt an der Möglichkeit einer normativen Interpretation der Welt mit der These, daß wir im Felde des Praktischen mit einem semiotisch entzifferbaren Kosmos nicht rechnen dürfen. Damit schließt sie den Anspruch aus, Handlungen axiologisch dekodieren zu können.

Im folgenden sollen zunächst in fünf einander ersetzenden Bestimmungsschritten einige terminologische Voraussetzungen einer semiotischen Axiologie so ge-

---

[1] *Cicero*, De div. I, 4.

klärt werden, daß die bisherige Kopplung an das Peircesche Denken gelockert und damit die Argumentation auf eine breitere Basis gestellt werden kann.

Eine jede Semiotik behauptet, daß gewisse Sachverhalte mehr als sich selbst bedeuten. Die Rede davon, etwas bedeute mehr als sich selbst, meint, daß sinnlich Wahrnehmbares, sich als Erscheinung Offenbarendes, die antike Welt sprich von Prodela (πρόδηλα)[2], solchem korreliert ist, was an der Raum-/Zeitstelle, an welcher die Prodela erscheinen, nicht wahrgenommen werden kann, oder aber: sich der sinnlichen Wahrnehmung überhaupt entzieht; dies sind die Adela (ἄδηλα), die nicht erscheinen oder aber nicht erscheinen können.

In beiden Fällen deuten die Prodela auf die Adela.[3] Daher läßt sich die Behauptung, etwas bedeute mehr als sich selbst, auch so formulieren: Was nicht erscheint, wird durch das, was erscheint, bezeichnet.[4]

Gilt eine solche Beziehung von wahrnehmbarem Bezeichnendem und nichtwahrnehmbarem Bezeichnetem als ausgemacht, dann eröffnet man die semiotische Reflexion mit dem bereits im letzten Kapitel benannten dyadischen Zeichenbegriff, wie er – mit der Ausnahme des Aristotelischen Ansatzes – die Semiotik vor Peirce geprägt hat. Von diesem – im folgenden schrittweise zu überwindenden – Begriffsmodell nehmen die ersten zwei Bestimmungsschritte ihren Ausgang. Im Verlaufe der Darlegungen will ich das Modell dann im Sinne eines triadischen Zeichenbegriffs erweitern.

Bezeichnendes und Bezeichnetes müssen auf irgendeine Weise miteinander verbunden sein. Ihre Korrelation (R) kann mit Hilfe der Relationslogik näher bestimmt werden. Hier unterscheidet man[5] zwischen symmetrischen Beziehungen, deren Konverse gültig, und asymmetrischen Relationen, deren Konverse ungültig ist. Ein Beispiel für eine symmetrische Relation ist: X ist ebenso groß wie Y. Es gilt hier ebenfalls: Y ist ebenso groß wie X. Asymmetrisch ist das Verhältnis zwischen X und Y, wenn sie durch die Beziehung *ist Nichte von* verbunden sind; denn wenn X Y.s Nichte ist, dann kann Y nicht X.s Nichte sein.

Wendet man dieses Vokabular auf das Verhältnis von Bezeichnendem (A) und Bezeichnetem (B) an, dann ergeben sich zwei verschiedene Zeichenklassen. Bei der einen liegt Stellvertretung, bei der anderen Indikation vor. Wenn die Relation, in der A und B hier zueinander stehen, vom Äquivalenzmechanismus regiert wird, dann heißt das Bezeichnende ‚Stellvertreter'. Exemplifizieren läßt sich dieses Verhältnis auf folgende Weise: Der vor einem Strafgericht agierende Staatsanwalt vertritt das Interesse des Landes, in dessen Dienst er steht, Straftaten zu verfolgen und zu ahnden. Mit ihm gewinnt der Staat, der nur eine artifizielle Person ist, das

---

[2] PH 1, 138.
[3] PH 1, 138.
[4] PH 1, 138.
[5] Vgl. *Carnap* 1979, 13.

Ansehen einer natürlichen Person, die argumentieren, Anträge stellen, Protest erheben, in Revision gehen kann.

A und B sind asymmetrisch korreliert, wenn ihr Verhältnis nicht umkehrbar ist. Die Konverse der Relation ist dann offensichtlich ungültig. Die Relation der Indikation wird mithin vom Implikationsmechanismus regiert. Als Beispiel bietet sich ein monarchisch regiertes Land an, in dessen Hauptstadt immer dann eine bestimmte Flagge über dem königlichen Palast weht, wenn der Herrscher in der Stadt weilt. Die Flagge indiziert hier die Anwesenheit des Königs; aber natürlich repräsentiert sie ihn nicht so, wie es der Kronanwalt vor Gericht tut.

Wendet man die bisherigen Überlegungen axiologisch, dann lassen sich Stellvertreter-Zeichen ausschließen; denn die Handlungsweise der bereits zweimal bemühten hungrigen Laura, die ihr Brot teilt, repräsentiert nicht den Wert der Selbstlosigkeit, sondern sie weist auf ihn hin, sonst wäre ihr Verhalten nicht Fall einer Regel. Dies erlaubt eine erste Bestimmung der semiotischen Axiologie:

(i) Eine semiotische Axiologie untersucht die Relation zwischen einem Indikator und dem von ihm Bezeichneten.

Eine weitere Differenzierung ergibt sich, wenn man nicht den Mechanismus der Korrelation, sondern die Garantie der Regel betrachtet, nach welcher die Verbindung von Bezeichnendem und Bezeichnetem erfolgt. Eine solche Garantie besteht entweder aus einer Konvention oder sie hat überkonventionellen Charakter. Die Regel wird überkonventionell garantiert, wenn die axiologisch relevante Relation der Indikation auch in dem Fall vorliegt, daß sich aktual kein Zeichenbenutzer findet, der das Bezeichnende als solches auffaßt. Für nicht-axiologische Zeichen läßt sich hier ein einfaches Beispiel finden: Rauch indiziert Feuer, dies gilt auch dann, wenn ihn niemand wahrnimmt. Axiologisch gewendet: Daß eine Mutter sich liebevoll um ihr neugeborenes Kind kümmert, indiziert den Wert der Mutterliebe unabhängig davon, ob besagte Frau sehr ostentativ oder aber im Stillen handelt. Sollte sie ihr Kind hingegen mißhandeln, dann dürfte ihr die Empörung potentieller Zuschauer gewiß sein, weil ihr Verhalten eine Wertverletzung zum Ausdruck bringt.

Die Regel hat demgegenüber konventionellen Charakter, wenn sie von Zeichenbenutzern für Zeichenbenutzer gestiftet worden ist und nur so lange besteht, wie sie beachtet wird. Wäre also der Stiftungsakt nicht vollzogen worden, dann bedeutete das Bezeichnende lediglich sich selbst, i.e. es wäre gar kein Bezeichnendes. Ein Beispiel für eine in diesem Sinne konventionelle Zeichenpraxis wäre Nietzsches Auffassung der Werte; sie beruhen für ihn – wie in Kapitel II gezeigt – lediglich auf Zuschreibungen. Damit haben sie freilich nur die Dignität von Tischmanieren, die bestenfalls Traditionen darstellen, welche sich dann ändern, wenn die Bedingungen sich gewandet haben. So war das Gebot, Kartoffeln nicht mit dem Messer zu schneiden, nur so lange sinnvoll, wie für die Besteckherstellung gewisse Materialien verwendet wurden, die unschöne Spuren hinterließen.

Je nach dem Grad der Systematik, mit welchem konventionelle Regeln gestaltet sind, und nach dem Grad der Übung, den man im Umgang mit ihnen gewonnen hat, lassen sie sich auch ohne vorherige Initiation entschlüsseln. Haben sie gänzlich arbiträren Charakter, dann bedarf es freilich der Unterweisung, um sie angemessen verwenden zu können. Ohne alle Voraussetzungen werden sie allerdings niemals zu handhaben sein. Für überkonventionelle Regeln gilt demgegenüber: Hier findet sich nur ein Weg, sich mit ihrer Handhabung vertraut zu machen – der Weg des Experimentierens und des Erschließens.

Aus diesen Überlegungen resultiert eine Verdopplung der bisher eingeführten axiologisch relevanten Zeichenklasse; denn wir haben nun mit konventionellen und mit überkonventionellen Indikatoren zu rechnen. Sollte sich zeigen, daß lediglich konventionelle Indikatoren vorliegen, dann müßte das Unternehmen einer semiotischen Axiologie als gescheitert angesehen werden; denn es läßt sich nach den Überlegungen der zurückliegenden Kapitel leicht sehen, daß eine axiologische Semiotik nur überkonventionelle, niemals lediglich auf Vereinbarung beruhende Regeln zum Gegenstand haben kann.

Es kann mithin auf dem bisherigen Stand der Darstellung folgende zweite Bestimmung einer semiotischen Axiologie erfolgen:

(ii) Eine semiotische Axiologie untersucht die Relation zwischen einem überkonventionellen Indikator und dem von ihm Bezeichneten.

Die Überlegungen zur Garantie der Regel, welche Bezeichnendes und Bezeichnetes miteinander verbindet, machen es nötig, den bisher verwendeten dyadischen Zeichenbegriff nun zum im letzten Kapitel abgehandelten Peirceschen triadischen Modell zu erweitern. Denn die Rede von Konvention bzw. einem überkonventionellen Zusammenhang verweist ja auf das Dritte, das in jeden semiotischen Prozeß involviert ist, i. e. auf den bereits im vorangegangenen Kapitel eingeführten Interpretanten.

Nach der Revision des dyadischen Zeichenmodells muß die dritte Bestimmung einer semiotischen Axiologie lauten:

(iii) Eine semiotische Axiologie untersucht die triadischen Relationen, die zwischen einem überkonventionellen Indikator als Zeichenmittel, dem durch die Zeichenmittel indizierten Sachverhalt und dem jeweiligen Interpretanten besteht.

Eine vierte Bestimmung ergibt sich, wenn man die bezeichneten Sachverhalte, i. e. die Adela, schärfer ins Auge faßt. Für die Tatsache, daß ein indizierter Sachverhalt nicht selber erscheint, sondern semiotisch anwesend gemacht wird, bietet sich als Erklärung nur das Faktum an, daß der Sachverhalt unmittelbar nicht zugänglich ist. Diese Unzugänglichkeit kann durch die Raum-, die Zeit- oder sowohl durch die Raum- wie auch die Zeitstelle bedingt sein, welche er einnimmt. Beispiel lokale Abwesenheit ist das in der semiotischen Literatur immer wieder benannte

Feuer, das man nicht sieht, weil es räumlich in zu weiter Entfernung brennt, dessen Rauch aber wahrgenommen werden kann. Temporale Abwesenheit zeichnet einen künftigen Wetterumschwung aus, den der erfahrene Segler an gewissen Wolkenkonstellationen ablesen kann.

Für einen semiotisch analysierten Wertbegriff ist freilich eine andere Konstellation ausschlaggebend. Das Zeichenmittel ruft hier nämlich den Interpretanten eines Sachverhaltes hervor, der zu erscheinen nicht in der Lage ist, der also stets lediglich durch das Zeichenmittel anwesend werden kann. In der allgemeinen Semiotik ist das übliche Beispiel das Fieber, welches als Zeichenmittel einer Erkrankung auftritt, die selbst nicht sichtbar wird und auch nicht sichtbar werden kann. Für die axiologische Zeichenlehre sind es die Werte, die als nicht-phänomenale Gegenstände der Semiose anzusetzen sind

Die Überlegungen zum bezeichneten Sachverhalt ergeben mithin, daß das Adelon einer axiologischen Semiotik sich nicht etwa deshalb der sinnlichen Wahrnehmung entzieht, weil es sich gerade an einem anderen Ort befindet – wie das Feuer – oder nicht mehr bzw. noch nicht anwesend ist – wie der Wetterumschwung. Vielmehr muß eine axiologische Semiotik mit einem omnipräsenten, aber sinnlich nicht wahrnehmbaren Adelon rechnen. Läßt sich die Existenz eines solchen nicht einsichtig machen, dann kann es auch keinen axiologischen Anspruch der Semiotik geben. Daher lautet die vierte Bestimmung so:

(iv) Eine semiotische Axiologie untersucht die triadischen Relationen, die zwischen einem überkonventionellen Indikator als Zeichenmittel, dem durch die Zeichenmittel indizierten omnipräsenten Wert und dem jeweiligen Interpretanten besteht.

Auf der Grundlage dieser Angabe läßt sich nun in einem letzten Schritt sagen, wie eine semiotisch-axiologische Interpretation der Welt erfolgt. Solange eine axiologische Semiotik forschend tätig ist, hat sie es mit überkonventionellen Indikatoren zu tun. Tritt das Zeichenmittel als ein solcher Indikator auf, dann beinhaltet der Interpretant eine Implikation. Er selbst wiederum wird zum Zeichenmittel einer weiteren Zeichentriade, die mit der ersten etwa auf folgende Weise verbunden sein kann: Die Handlungsweise der teilenden Laura stellt einen überkonventionellen Indikator für den Wert dar, der in regelhafter Form Selbstlosigkeit postuliert. Als Interpretant tritt das Urteil auf: „Laura ist selbstlos". Zum Zeichenmittel einer zweiten Triade wird dieses Urteil, wenn man es als Indikator für den Wert der Wahrhaftigkeit genommen wird und daher den Interpretanten: „Die Beurteilung Lauras ist Ausdruck der Pflicht, Handlungen anderer Menschen angemessen zu bewerten." Daß damit die Kette der Zeichentriaden nicht abreißt, wird dann sichtbar, wenn man den jeweils neuen Interpretanten zum Zeichenmittel einer weiteren Semiose macht. So entsteht das, was man eine Spur nennen könnte.

Folgt man dieser Fährte, dann wird man allerdings niemals auf einen letzten Interpretanten stoßen; denn dieser müßte ja *per definitionem* Zeichenmittel einer weiteren Triade sein. Die Spur ist also endlos. Allerdings darf darauf gezählt werden, daß sich im Laufe der Erforschung an gewissen Stellen der Untersuchungen auf das Gewebe der bisher bekannten Zeichentriaden schließen läßt. Diese Schlüsse wiederum ermöglichen es irgendwann, den Kontext aller Zeichen als die normative Ordnung der Dinge hypothetisch zu antizipieren.[6] Daher muß der letzte Bestimmungsschritt, mit welchem eine semiotische Axiologie begründet wird, darin bestehen, die Gesamtheit der Zeichentriaden, in welchen das Zeichenmittel ein Indikator ist, ihrerseits als ein Zeichenmittel aufzufassen, das nun aber als Stellvertreter fungiert. Der Sachverhalt, welchen es darstellt, ist die axiologische Ordnung der Welt, sein Interpretant nichts anderes als die semiotische Axiologie. Die letzte Bestimmung lautet also:

(v) Eine semiotische Axiologie untersucht miteinander verketteten triadischen Relationen, deren Zeichenmittel überkonventionelle Indikatoren sind. Der Indikationsspur folgend erschließt sie einen Kontext, der als Zeichenmittel einen Sachverhalt repräsentiert, welcher als die axiologische Ordnung der Welt aufgefaßt werden kann. Interpretant dieser Zeichentriade ist die semiotische Axiologie selbst.

Damit sind die Vorbereitungen, die zur allgemeinen Kennzeichnung einer axiologischen Semiotik nötig sind, abgeschlossen. Eine philosophische Zeichenlehre, die darauf Anspruch macht, die Welt des Praktischen zu erklären, vertritt die These, daß wir ein omnipräsentes Wertesystem zu entdecken und damit eine axiologische Interpretation der Welt zu liefern vermögen.

Genau diesen Anspruch zieht eine Wertskepsis im Stile Nietzsche in Zweifel. Sie wirft die Fragen auf, ob es im Felde des Praktischen überkonventionell gültige Zeichen gibt, und erteilt sich dann sogleich eine negative Antwort. Das so vorbereitete Feld wird im Anschluß daran entweder mit einer subjektivistischen Theorie bestellt, oder aber man gibt sich radikal und leugnet die Werte überhaupt, bezieht also den Standpunkt des szientifischen Naturwissenschaftlers. Im Laufe der Abhandlung ist an mehreren Stellen darauf hingewiesen worden, daß sich die letzte Position deshalb nicht halten läßt, weil man hier zumindest einen Wert zugestehen muß, den der Wahrhaftigkeit; denn die These, es gebe keine Werte, macht natürlich Wahrheitsanspruch; der, welcher sie äußert, attestiert sich, indem er sie äußert, Wahrhaftigkeit. Analog verläuft das Argument gegen die Leugnung überkonventioneller Wertindikatoren: Auch der werttheoretische Subjektivist unterstellt sich, wenn es seine Einsicht proklamiert, der Verpflichtung zur Wahrhaftigkeit; diese kann nicht auf Absprache beruhen, sie muß überkonventionell gültig sein, wenn die Einsicht des Subjektivisten nicht alle Dignität verlieren soll.

Damit – so scheint mir – ist der Gegner einer semiotischen Axiologie abgewiesen. Was noch verbliebe, wäre die gewiß nicht geringe Aufgabe, das System

---

[6] Entsprechende Hinweise finden sich in Heideggers ‚Sein und Zeit'; vgl. hierzu *Schmitz* 1993.

IX. Semiotische Axiologie

unserer Werte zu erforschen. Ich will es hier dabei belassen, den bereits benannten Zentralwert der Welt des Politischen zu bestimmen. Daß es sich hier um die Freiheit handelt, ist wohl kaum bestritten; was man sich aber dabei zu denken hat, ist Gegenstand heftiger Auseinandersetzungen. Ich will eine solche Debatte exemplarisch mit dem Anarchismus und dem Etatismus führen.

Um die Konkretisierung der vorgestellten Position noch einen Schritt weiter zu treiben, schließe ich ein Kapitel an, das zu zeigen versucht, was der Wert politischer Freiheit für die Menschen bedeutet, die sich mit der Bitte um Aufnahme an ein fremdes Land wenden, weil der eigene Staat ihre Wünsche und Bedürfnisse nicht befriedigen will oder dazu nicht in der Lage ist; es geht hier also um Fragen der Migration.

Wendet man die Überlegungen in die entgegengesetzt Richtung, dann gilt es zu überdenken, was politische Freiheit für das Verhältnis des Staates zu seinen autochthonen Bürgern und ihren Wünschen und Bedürfnissen besagt; damit ist die Frage thematisiert, wie sich der Freiheitsanspruch mit dem Sozialstaat verträgt, der seine zahlungsfähigen Bürger ungleich höher besteuern muß als ein politisches Gebilde, das sich im wesentlichen auf seine Schutzfunktionen beschränkt.

Teil C

Applikationen

X. Der Grundwert des Politischen

> „Sonderbar! Wir Deutschen sind das stärkste und das klügste Volk. Unsere Fürstengeschlechter sitzen auf allen Thronen Europas, unsere Rothschilde beherrschen alle Börsen der Welt, unsere Gelehrten regieren in allen Wissenschaften, wir haben das Pulver erfunden und die Buchdruckerei; – und dennoch, wer bei uns eine Pistole losschießt, bezahlt drei Taler Strafe, und wenn wir in den ‚Hamburger Korrespondent' setzen wollen: ‚Meine liebe Gattin ist in Wochen gekommen, mit einem Töchterlein, schön wie die Freiheit!', dann greift der Herr Doktor Hoffmann zu seinem Rotstift und streicht uns ‚die Freiheit'."[1]

Die erste Nummer der im Dezember 1886 in London erscheinenden Monatsschrift ‚Freedom' bringt einen anonymen Artikel, den sie in ihrer Jubiläumsausgabe erneut druckt. Der Text wird dann ins Deutsche übersetzt und erscheint 1911 in der 23. Nummer der Zeitschrift ‚Der Sozialist'.[2] Sein Autor nennt sich einen „Leugner der Regierung des Menschen durch den Menschen"[3] und erklärt seinem Leser dann, was man – unter einer solchen anarchistischen Prämisse – anzustreben habe, positive Freiheit nämlich, die mit dem ‚Sozialgefühl' gleichzusetzen sei[4]. Was genau unter diesem Begriff zu verstehen ist, erklärt er so: Spielraum für den Sinn für persönliche Verantwortung, für Achtung vor sich und anderen, für „die Ursprünglichkeit und Individualität"[5] jedes Menschen.

Daß der Anonymus keine eigenständige Position formuliert, sondern vielmehr einen anarchistischen Gemeinplatz präsentiert, zeigt ein Blick in die einschlägigen Texte. Bakunin nennt die Freiheit ein ‚absolutes Recht'; nur das eigene Gewissen und die eigene Vernunft seien befugt, Handlungen zu bewilligen.[6] Einer Gemeinschaft gegenüber sei man nur dann rechenschaftspflichtig, wenn man ihr freiwillig zugehöre.[7] Freiheit könne also nicht staatlich reglementiert werden[8]; sie sei, wenn man sie richtig bestimme, nie das Frei-Sein-von-etwas, sondern vielmehr immer

---

[1] *Heine, H.* 1972, 205.
[2] 3. Jg., 180–183. Der Text findet sich wieder in *Rammstedt* 1969, 105–108.
[3] *Rammstedt* 1969, 107.
[4] *Rammstedt* 1969, 107.
[5] *Rammstedt* 1969, 107.
[6] *Bakunin* 1972, 3.
[7] *Bakunin* 1972, 3.
[8] *Bakunin* 1972a, 299.

die Freiheit zur Entwicklung aller im Menschen schlummernden Kräfte[9]. Eine so beschaffene Freiheit erlange man erst, wenn es keine Staaten mehr gebe. Das anarchistische Programm lautet also: Man durchschaue endlich, daß es das trügerische, weil nur auf negative Freiheit gerichtete Versprechen der Liberalität ist, welches die Menschen in den Ketten der Staatlichkeit hält und ihnen jede Möglichkeit nimmt, sich zu dem zu befreien, was sie sein können und sein sollen. Der Anarchismus postuliert mithin, an die Stelle der Freiheit *von* müsse durch Abschaffung der Staaten die Freiheit *zu* gesetzt werden, wenn wirklich von Freiheit die Rede sein solle.

Damit erweist er sich einerseits als politiktheoretischer Skeptizist, indem er die Freiheit *von* negiert. Im zweiten Schritt hingegen ist er alles andere als ein Skeptiker, denn wenn er nach Freiheit *zu* ruft, dann schwebt ihm ein Zustand der menschlichen Verhältnisse vor, der – so werden ihm seine Kritiker vorhalten – ausgesprochen dogmatischen Charakter hat, weil er eine schlichte Setzung gewisser Wertvorstellungen qua Zuschreibung darstellt. Die eigentliche Schwäche aber – so haben die Überlegungen im vierten Kapitel gezeigt – liegt darin, daß sich eine Freiheit *zu* nicht ohne eine Freiheit *von* postulieren läßt; beide gegeneinander auszuspielen, zeugt also von schwachem Denken. Was der Anarchist an Bestimmungen liefert, trägt er mit der ganzen Treuherzigkeit vor, deren ein Dogmatiker fähig ist.

Wenn die Position des Anarchisten nur dem Anscheine nach skeptizistisch, in Wahrheit aber dogmatisch ist, weil sie die Bestimmung dessen, wozu man frei sein soll, nicht aus der Freiheitskonzeption selbst gewinnt, dann, so könnte man vermuten, mag man bei seinem Gegner, dem eingeschworenen Etatisten, eine bessere Auskunft finden, wie denn die Freiheit *zu* als politische Freiheit zu konkretisieren und damit als Grundwert zu fassen ist.

Einer der Kronzeugen einer solchen Position ist fraglos Hegel. Mit seinen Ausführungen kommt zugleich wiederum der bereits erörterte Begriff des Willens ins Spiel. Ich werde Hegels Bestimmungen nur so weit referieren, wie sie zur Klärung eines politischen Grundwertes hilfreich sind. Dabei bemühe ich mich darum, Hegels Vokabular zu vermeiden, was freilich nicht vollständig gelingen kann. Auch strebe ich keine Situierung seiner Rede vom freien Willen im System seines Denkens an. Alle Implikationen einer spezifisch Hegelschen Metaphysik bleiben also unberücksichtigt, es geht lediglich um eine rationale Rekonstruktion seiner Analyse einer etatistischen Freiheits- und damit Wertkonzeption.

Der Wille ist für Hegel eine besondere Weise des Denkens, desjenigen Denkens nämlich, das sich objektiv macht, das praktisch wird.[10] Daher meint der Begriff ‚Wille' ein Dreifaches, welches sich auseinander herleiten läßt. Zunächst bezeichnet er die Fähigkeit, von allem Inhalte des Wollens dergestalt zu abstrahieren, daß er vollständig negiert wird. Das Wollen reinigt sich gleichsam und wird auf diese Weise dadurch allgemein, daß es sich aller Bestimmung beraubt. Was hier zum

---

[9] *Bakunin* 1972a, 299.
[10] Rphil – HWerke 7, 47.

Ausdruck kommt, ist die Freiheit in ihrer negativsten Gestalt: die Freiheit nicht nur *von* etwas, sondern *von* allem. Es handelt sich um die „Freiheit der Leere".[11] Realisiert das Subjekt sie individuell, dann hat es sich schließlich selbst auszuschalten. Politisch macht sich der universal-negative Wille im terroristischen Furor bemerkbar, der alles Besondere als fremd auffaßt. Diese Alterität will er tilgen. Zwar spricht er von einem dadurch zu erreichenden neuen, gerechten oder Gott wohlgefälligen Zustand, für den er kämpfe. Sollte sich dieses Ziel freilich in ersten Umrissen zeigen, dann nimmt es schnell die Züge von etwas wiederum Fremdem an, das es erneut zu tilgen gilt. Der terroristische Furor ist Ausdruck des Willens zu absoluter Negativität.

Das zweite Moment des Willens besteht darin, daß sich das Wollen partikularisiert, indem es einen bestimmten Inhalt als sein Bonum setzt. Die sich hier aussprechende Freiheit ist die Willkür *zu* etwas Besonderem. In ihm gibt sich das wollende Subjekt Dasein, tritt es auf in der Welt der Gegenstände. Doch auch diese Freiheit ist insofern noch begrenzt, als man hier zwar wählen kann, aber nicht mehr zu wählen vermag, was überhaupt zur Wahl steht. Hinzu kommt das Faktum, daß der sich partikularisierende Wille seine Universalität aufgibt, wenn er ein einzelnes Bonum anderen möglichen Bona vorzieht.

Das Muster, nach dem Hegel hier denkt, resultiert aus dem Faktum, daß der Mensch – wie das Tier – ein Mangelwesen ist, das – durch Triebe zum Wollen von etwas angehalten – auf die Welt ausgreift und in diesem wollenden Ausgriff notwendig diskriminiert, indem es das eine dem anderen vorzieht – einfach schon deshalb, weil man nicht alles zugleich besitzen kann. Nun könnte man diese Schwierigkeit dadurch zu lösen versuchen, daß man sich die Dinge, auf die der Trieb uns ausrichtet, nacheinander aneignet, eines dem anderen hinzufügt. Doch was auf diese Weise bestenfalls erreicht werden kann, ist die schlechte Unendlichkeit der puren Addition von etwas zu etwas – eine Addition zudem, die niemals abgeschlossen werden kann, da sie eben ins Unendliche geht. Auch dieses Moment des Wollens bedarf daher einer Negation.

Im dritten Moment des Wollens werden Universalität und Partikularität des Wollens dergestalt vereinigt, daß der Wille zwar ein Bonum hat, dadurch aber nicht in die Besonderung fällt, sondern allgemein bleibt. Dies geschieht, wenn der Wille sich selbst will, i. e. er will nicht die Freiheit *von* und auch nicht die Freiheit *zu*, sondern die Freiheit überhaupt, indem er die Alterität der Bona aufhebt, ohne dadurch in die Unbestimmtheit zu fallen. Ein solcher sich in seinem Wollen wollender Wille ist für Hegel der in Wahrheit freie Wille, weil er seinen Gegenstand nicht mehr nur empfängt, sondern ihn sich selbst gibt. Er hat nun seinen Inhalt nur durch das Denken, denn Wollen und Denken sind ja einerlei.

Antikes Vorbild kann hier die in diesem Buch schon einmal herangezogene Sophokleische ‚Antigone' sein. Nach ihrer Verurteilung durch Kreon beklagt die

---

[11] Rphil – HWerke 7, 50.

Titelheldin in ihrem Kommos, daß sie so früh sterben soll. Der Chor sagt ihr daraufhin, sie werde nicht durch eine Krankheit oder durch das Schwert zu Tode kommen, sondern nach eigenem Gesetz. Gemeint ist dies offenbar als Trost. Antigone läßt sich durch diesen Hinweis freilich nicht beruhigen, ihr ist auch der autonome Tod immer noch ein Übel.

Bezogen auf die Triebhaftigkeit des Mangelwesens haben die Hegelschen Bestimmungen folgende Bedeutung: Im Wollen von etwas bestimmt sich der Wille zwar; er ist aber insofern schon immer über dieses Etwas hinaus, als er weiß, daß er es auch nicht wollen könnte. Hinter der Bestimmung des Willens leuchtet so sein Auch-etwas-anderes-wollen-Können auf. Dies ist aber nichts anderes als das Wollen selbst. Das Wollen ist also dergestalt über seinen Inhalt hinaus, daß es nicht mehr zur Gänze von ihm erfüllt wird. Es bleibt vielmehr sichtbar, daß der Wille es ist, der hier will und der auch anderes wollen könnte, als er augenblicklich will. So wird der Wille Herr über sich selbst, i. e. über das jeweils Gewollte. Die schlechte Unendlichkeit ist nun so aufgehoben, daß die Freiheit nicht mehr in der Möglichkeit zur Addition einer endlosen Kette von Bona erblickt wird, sondern in der reinen Selbstbestimmung des Willens, die zuweilen auch in der Entsagung besteht. Der freie Wille will dieses und will jenes nicht, was er aber immer wollen muß, ist sein Wollen-Können. Ist das Subjekt zu dieser Auffassung seines Wollens durchgedrungen, dann hat es sich von seinem Charakter als Mangelwesen emanzipiert. Der freie Wille ist mithin der zur Selbstbefreiung durchgedrungene Wille.

Wenn das Wollen durch diese drei Momente gekennzeichnet ist, dann muß zugleich angenommen werden, daß sich das dritte Moment ontogenetisch nicht völlig ohne fremde Hilfe einstellen wird; denn es bedeutet ja eine Lösung von dem, was der natürliche Trieb jeweils als Bonum aufdrängt. Was diesen Lösungsprozeß ermöglicht, ist Bildung, auch Zucht. Gehorsam und Dienst wirken daraufhin, daß die Natur ihre Macht einbüßt; sie befreien den Educandus, indem sie seine Freiheit zu etwas in die wahre Freiheit des rationalen Wollens verwandeln – oder schwächer formuliert: Erziehung und Bildung sind Hilfen zur Selbstbefreiung eines Wollenden, der in der schlechten Unendlichkeit der Bona zu ertrinken droht.

Wendet man diese Überlegungen politisch, dann tritt an die Stelle der Erziehung der Staat. Musterhaft führt Rousseau diesen Gedanken aus. Er stellt sich die Aufgabe, eine Gesellschaftsform zu finden, welche ihre Glieder zu schützen vermag, ohne daß diese ihre Freiheit verlieren. Sie sollen nur sich selbst gehorchen. Die Aufgabe ist nur dadurch zu lösen, daß die Menschen durch einen Kontrakt aller mit allen ihre natürliche in eine konventionelle Freiheit verwandeln. Der Vertrag sieht eine vollständige Überantwortung der Rechte eines jeden an die Gemeinschaft vor. Da sich alle allen auf diese Weise ausliefern, verliert niemand wirklich etwas – so Rousseaus These.

Auf diese Weise entsteht ein Kollektivsubjekt, das – ganz wie natürliche Subjekte – ein Leben, einen Willen hat. Dieser unterscheidet sich freilich vom Willen des einzelnen dadurch, daß er niemals Partikulares will; es kann also – in dem

X. Der Grundwert des Politischen

Sinne, in dem Rousseaus einschlägige Begriffsbestimmung im dritten Kapitel referiert wurde – nicht böse sein. Stets ist ja das Gemeinwohl Inhalt seines Wollens. Damit hat er genau die Gestalt, die Hegel im dritten Moment des Willens dargestellt hat: Der Wille ist in seinem Wollen dergestalt über die Besonderheit eines Bonums hinaus, daß er in seinem Wollen das will, was alle wollen, wenn sie nicht auf sich, sondern auf das Gemeinwesen schauen.

Der allgemeine Wille, Rousseaus *volonté générale* also, ist zu böser partikularer Interessiertheit nicht in der Lage, ganz im Gegensatz zu den hier durchaus anfälligen Bürgern des Gemeinwesens. Um die daher zu erwartenden denkbaren Konflikte der dritten mit der zweiten Gestalt des Wollens regeln zu können, baut Rousseau in den gesellschaftsbegründenden Kontrakt die Klausel ein, daß das Gemeinwesen das Recht haben muß, jeden, der sich gegen die *volonté générale* stellt, zum Gehorsam zwingen zu können. Denn wäre dies nicht möglich, dann verlöre der Dissident seine Freiheit. Seine Mitbürger befreien ihn also, indem sie ihn zur Freiheit vom Bösen zwingen.

Ohne die Hegelsche Kritik an Rousseaus Kontraktualismus zu referieren, läßt sich auf den jetzigen Stand der Darstellung sagen: Der Etatismus rechtfertigt seine Konkretisierung dessen, was gewollt werden soll, aus einer Analyse des Willens, welche in der Bestimmung resultiert, daß der Wille erst dann wirklich frei ist, wenn er im Wollen des Besonderen auf das Allgemeine gerichtet ist. Verfehlt er diese Weise des Wollens, dann darf man ihn nicht nur zwingen, dann ist der Zwang unausweichlich, wenn seine Freiheit gewahrt bleiben soll. Noch einmal in Hegels Worten: „Wenn die Menschen sagen, wir wollen frei sein, so heißt das zunächst nur, wir wollen abstrakt frei sein" – also im Sinne der negativen Freiheit unabhängig. Das aber ist ganz unsinnig, denn – so setzt Hegel fort: „Die Pflicht ist ... nicht Beschränkung der Freiheit, sondern nur der Abstraktion derselben, das heißt der Unfreiheit".[12]

Daß der Anarchismus davon bedroht wird, als Terrorismus zu enden, ist leicht zu sehen; denn sein dogmatischer Zug – die Willkür des Setzens dessen, wozu man jeweils frei sein soll – lädt dazu ein, daß augenblicks wieder negiert wird, was man sich anzustreben vorgesetzt hat. Der Etatismus hingegen scheint Auskunft geben zu können, was sich aus der Analyse der drei Momente des Wollens als Willensinhalt ergibt – das allgemeine Interesse oder die *volonté générale*. Sie erscheint als der zentrale Wert des Politischen. Freilich ist mit ihr ein wohl unüberwindliches Hindernis verbunden; denn sie ist nicht durch Mehrheitsbeschlüsse zu ermitteln, da jede noch so große Majorität sich bezüglich des Gemeinwohls zu irren vermag. Deshalb verspürt der Etatismus die Neigung, die *volonté générale* einer gewissen Gruppe von Personen anzuvertrauen, die dann festlegt, was zu wollen ist. Die *volonté générale* ist daher eine enge Verwandte des Paternalismus, welcher wiederum mit dem Despotismus verschwägert ist. Beide beruhen im Felde des Poli-

---

[12] Rphil – HWerke 7, 298.

tischen auf reiner Anmaßung, welche durch die Behauptung vollzogen wird, die zu bevormundenden Menschen litten unter einem Mangel an Freiheit, die Agenten der *volonté générale* hätten daher die Aufgabe, ihnen zur Selbstbefreiung zu verhelfen, auch wenn sie dies gar nicht wollten. Eben darin zeige sich ja ihr Freiheitsmangel.

Aus diesen Überlegungen ergibt sich, daß politische Freiheit einerseits durch den Terrorismus, andererseits durch den Paternalismus oder gar durch den Despotismus bedroht wird. Solchen Gefährdungen tritt man nur dadurch in den Weg, daß man die Abwertung des dyadischen Freiheitsbegriffs revidiert und in ihm den Grundwert des Politischen erkennt. Es ist nämlich die negative Freiheit *von*, welche uns davor schützt, daß Despoten sich unserer annehmen, indem sie sich das Recht anmaßen, uns zur Freiheit zwingen zu dürfen.

Die Rehabilitierung der negativen Freiheit als des politischen Grundwertes kann freilich nicht so erfolgen, daß man, angesichts der schrecklichen Folgen, welche mit einem positiven Freiheitsbegriff verbunden sein können, dazu auffordert, sich zu ihr zu entscheiden. Vielmehr geht es um eine Reduktion und eine Modifikation des Hegelschen Freiheitsbegriffs. Reduktion meint Abbau des dritten Momentes, Modifikation eine Einschränkung des ersten Momentes. Sind diese Schritte vollzogen, wird es möglich, Freiheits- und Willenskonzeption zu entkoppeln und die metaphysische Annahme eines staatlichen Kollektivsubjektes aufzugeben.

Hegels Analyse der negativen Freiheit leidet unter einer Absolutheit, welche es letztlich unmöglich macht, sie nicht ihrerseits zu negieren. Schränkt man sie hingegen ein, dann vermag sie durchaus Bestand zu haben. Nicht gegen alles und jedes darf sie sich wenden, sondern nur gegen klar Bestimmtes. Sie konkretisiert sich in den klassischen Abwehrrechten: Meinungs- und Pressefreiheit, Freiheit der Berufswahl, Freizügigkeit, Anspruch auf körperliche Unversehrtheit etc.; das Individuum muß also von derartigen Einschränkungen frei sein, welche das Feld dessen, wozu es sich bestimmen kann, begrenzen. Das, wozu es sich hier jeweils bestimmt, mag sich in der Tat so darstellen, daß die Hegelsche schlechte Unendlichkeit der Addition von Triebzielen auftritt; dies ist aber lediglich ein pädagogisches, keinesfalls ein politisches Problem.

‚Freiheit von' bezeichnet also einen Potentialitätszuwachs des Bürgers. Das Unbehagen, welches mit dem nur negativen Freiheitsbegriff verbunden ist, ist bereits im vierten Kapitel erklärt worden: Es resultiert aus der Tatsache, daß angesichts des Wirklichen alles nur Mögliche immer unterbestimmt erscheinen muß. Das Potentielle ist eine in blassen Farben gemalte künftige Wirklichkeit, deren Eintreten nicht garantiert werden kann. Was man hier übersieht, ist das Faktum, daß Freiheit gerade nur dann gegeben ist, wenn sich überhaupt ein Feld des Unterbestimmt-Möglichen darbietet. Eine Welt, welche keine Möglichkeiten mehr enthält, die man verwirklichen könnte, gewährt keine Freiheit.

Mit der Eingrenzung des ersten Momentes des Wollens stellt sich eine Freiheitskonzeption ein, welche die Abwesenheit solcher Hindernisse beinhaltet, die andere mir in den Weg legen – unter Mißachtung meines mir zustehenden Handlungsspielraumes, den wahrnehmen zu können, den obersten Wert des Politischen darstellt, nämlich zu etwas Beliebigem frei sein zu können. Mit dieser Bestimmung wird die Verknüpfung von Freiheit und Wollen obsolet. Denn der dyadische Freiheitsbegriff läßt sich ja durchaus sinnvoll verwenden, ohne ein sich voluntativ bestimmendes Subjekt anzusetzen. Jemanden frei zu lassen, heißt nicht, ihm einen Willen zu unterstellen.

Mit der Aufgabe des Willensbegriffs entfällt zugleich Hegels drittes Moment des Wollens, die rousseauistische *volonté générale*, und mit ihr das metaphysische Konstrukt eines Kollektivsubjektes, mit dem die natürlichen Subjekte in ihrer Willensausrichtung in Kollision geraten könnten. Die Freiheit *zu* – so darf man sagen – kann nur dann wirklich bestehen, wenn man dem Bürger kein in seinem Wollen in bestimmter Weise ausgerichtetes Staatssubjekt gegenüberstellt, welches vorgibt, was man wollen soll, wenn man das Richtige will. Eine rehabilitierte Freiheit *von* zeigt demgegenüber die ganze Widersinnigkeit der Rousseauschen Rede vom befreienden Zwang, welchen auszuüben die vermeintlichen Agenten der *volonté générale* sich anmaßen.

Ist die Freiheit *von* gesichert, dann hat man einerseits die angebliche Fürsorge der großen und kleinen Despoten verhindert, andererseits einer wie auch immer gerechtfertigten terroristischen Gewalt alle Legitimation entzogen. Allerdings kann es nicht bei dieser negativen Freiheit bleiben. Man wird neben ihr auch den triadischen Freiheitsbegriff berücksichtigen müssen. Dieser manifestiert sich in Partizipationsmöglichkeiten – dem Wahlrecht etwa, der Versammlungsfreiheit etc., aber auch im Institut des Eigentums.

Der Grundwert politischer Freiheit postuliert – ganz im Sinne der entwickelten Konzeption, die Werte als Regeln auffaßt – einen Aktionsraum für das Individuum, innerhalb dessen es sein Leben nach seinen Vorstellungen zu gestalten vermag. Dabei läßt diese Regel gänzlich unbestimmt, wie dies zu geschehen hat. Freilich liefert sie ein Maß, mit dessen Hilfe der Freiheit *von* eine Grenze zu ziehen ist. Es ergibt sich aus dem Faktum, daß wir es mit einer Pluralität von Rechtsträgern zu tun haben, die um gewisse Güter konkurrieren. Die Regeln, welche zur Lösung der hier zu erwartenden Konflikte aufgestellt werden, markieren die Grenzen des Feldes, innerhalb dessen man frei *von* etwas ist. Jenseits der Demarkationslinie findet diese Freiheit *von* ein Ende. So ist man nicht frei von Hindernissen, wenn man Leib und Leben anderer zu gefährden sich anschickt.

Kant formuliert die dargelegten Zusammenhänge in Gestalt eines rechtsphilosophischen Pendants zum Kategorischen Imperativ, wenn er schreibt: „... handle äußerlich so, daß der freie Gebrauch deiner Willkür mit der Freiheit von jedermann nach einem allgemeinen Gesetze zusammen bestehen könne ..."[13].

---

[13] MdS – Akad VI, 231.

In diesem Sinne spricht die amerikanische Unabhängigkeitserklärung von unveräußerlichen Rechten auf Leben und Freiheit und vom Streben nach Glück – *the pursuit of happiness*. Es ist hier gerade kein Zeichen begrifflicher Schwäche, daß unbestimmt bleibt, worin genau das Glück besteht und wie man es erreicht. Denn politische Freiheit zeigt sich in eben dieser Unbestimmtheit. Sie ist der Grundwert des Politischen, die Regel, nach der in einem Staate zu leben und zu handeln ist. Was sie bedroht, läßt sich mit Recht ‚bösartig' nennen.

Angriffe auf die Freiheit können natürlich vielfältige Gestalt annehmen. Die simpelste ist gewiß ein unmittelbarer offener Gewaltakt, mit dem ein Weg verstellt, einer Person die Fortbewegungsmöglichkeit geraubt wird, einem Menschen die Mittel genommen werden, die für die Verwirklichung seiner Zwecke unabdingbar sind. Eine der subtilsten Maßnahme der Freiheitsberaubung ist hingegen die gut geplante und geschickt ausgeführte Intrige; sie tritt – außerhalb der Literatur, wo sie einen hervorragenden Platz einnimmt und von der zuständigen Wissenschaft auch gründlich erforscht worden ist[14] – im wesentlichen im wirtschaftlich-geschäftlichen-beruflichen Bereich auf und natürlich in der Politik[15]. Ich werde ein intrigantes Vorgehen, das jedem Wahrhaftigkeitspostulat Hohn spricht[16], im folgenden zweiten Exkurs analysieren, da sich mit einer solchen Untersuchung zeigen läßt, wie weitreichend die Rede von der Freiheit als eines Grundwertes des Politischen aufzufassen ist.

---

[14] Vgl. exemplarisch das besonders gut geschriebene Buch Peter von *Matts* (2009).

[15] Die Philosophie hat fast nichts zur Intrige zu sagen. Nur bei Kant und Nietzsche finden sich Hinweise. Der Königsberger behauptet, man dürfe den Intriganten nicht einen klugen Menschen nennen, denn er reüssiere nur dem Treuherzigen gegenüber (vgl. Anthr – Akad VII, 198). Daß dies nicht für jede intrigante Interaktion gilt, dürfte dem Beobachter der politischen Welt schnell einleuchten. Aus der Tatsache, daß es kluge Intrigen gibt, ist freilich nicht zu schließen, daß man eine klandestine Vorgehensweise zu billigen oder auch nur zu dulden hätte.
Nietzsche wettert im Rahmen seiner Verfallsgeschichte der Tragödie gegen die in der neueren griechischen Komödie auf die Bühne gebrachte ‚Schlauheit und Verschlagenheit', wobei der Begriff ‚Intrige' freilich nicht fällt; vgl. GT. – KSA I, 77. Der Terminus findet sich in einer der nachgelassenen Schriften, in dem Vortrag ‚Socrates und die Tragödie' – KSA I, 546; vgl. hierzu von *Matt* 2009, 218–227.

[16] Daß jede Intrige eine Lüge darstellt, ist gewiß ebenso evident wie das Faktum, daß es Lügen gibt, die nichts Intrigantes an sich haben; topisch dürften die spaßhaften Lügen sein, welche die Tradition kennt; vgl. ST II/II, q. 110, a. 2.

Exkurs (b): Die Intrige

> „Topp! auch ich erschrecke vor einem kleinen Verbrechen nicht. Nur, guter Freund, muß es ein kleines stilles Verbrechen, ein kleines heilsames Verbrechen sein."[1]

Das Motto zeigt, in der Literatur sind die Dinge überschaubar; dem Theaterbesucher offenbart sich die Intrige bereits, bevor der zitierte Satz fällt, der Plan also ausgeführt ist[2].

Anlaß für die Intrige ist folgendes: Der Prinz, absoluter Herrscher eines kleinen oberitalienischen Staates, liebt – bei stets wechselnden Objekten der Begierde – die jungen hübschen Frauen seines Landes; diesmal ist die Auserwählte aber bereits einem Grafen versprochen, den sie in Kürze heiraten soll, um anschließend auf seinen Gütern – fernab der Residenzstadt und damit für den Prinzen unerreichbar – ihr Leben zu verbringen.

Der Prinz kann den Gedanken, Emilia nicht zu besitzen, schwer ertragen. Er beauftragt deshalb seinen Kammerherrn, den Marchese Marinelli – die Namensähnlichkeit ist gewiß gewollt[3] –, ihm das Mädchen zu verschaffen. Marinelli wendet sich daraufhin an zwei Straßenräuber, welche die Kutsche, in der das junge Paar zur Trauung fahren will, überfallen sollen. Dies, so der Plan, wird in der Nähe eines Lustschlosses geschehen, das dem Prinzen gehört. Dorthin wird man Emilia bringen, um sie vor den Räubern zu retten – so der Vorwand.

Bei dem Überfall wird der Graf erschossen, Emilia findet sich in besagtem Schloß wieder. Hier trifft freilich auch bald eine vom Prinzen zuletzt verschmähte Exgeliebte, Gräfin Orsina, ein, die dem gleichfalls erschienenen Vater des Mädchens einen Dolch zusteckt, ihm die Intrige Marinellis, welche sie sofort durchschaut hat, darlegt und insinuiert, nur eine Tötung des Prinzen werde die Ehre seiner Tochter wahren. Der Vater bringt dann freilich nicht den Herrscher um, sondern sein Kind, das ihn inständig darum bittet.

---

[1] Der Prinz zu seinem Kammerherren Marinelli in Lessing ‚Emilia Galotti' – *Lessing* 1968a, 288.
[2] Das liegt natürlich daran, daß die Autoren ihre Rezipienten fast immer an der Planung der Intrige durch die Protagonisten teilhaben lassen – vgl. hierzu die Analysen, die Peter von Matt vorgenommen hat (2009, 343 ff.).
[3] Trotz der Anspielung ist Lessings Marinelli nicht durch die Schule Machiavellis gegangen, denn letzterer empfiehlt seinem Fürsten, sich nicht am Geld und an der Frauen seiner Untertanen zu vergreifen – vgl. *Machiavelli* 2011, 71.

Marinellis Intrige[4] scheitert, weil es ihm nicht gelingt, seine und damit auch die Urheberschaft des Prinzen in einem Maße zu kaschieren, daß selbst die Gräfin Orsina getäuscht würde. Damit ist ein zentrales Moment jeder intriganten Interaktion bereits benannt. Ich will die weiteren Elemente im Rahmen einer Minimalanalyse untersuchen, welche die involvierten Personen und Sachverhalte so weit reduziert, daß die Strukturen deutlich sichtbar werden. Es wird sich dann schnell ablesen lassen, inwiefern die Intrige der extremste Angriff auf den Grundwert des Politischen darstellt.

Für das Interaktionsmuster der Intrige braucht es mindestens drei Subjekte, nötig sind die faktischen Opponent A und B sowie der Strohmann C[5]. Nicht für jede Form der Intrige unabdingbar ist ein Publikum P, das die Abläufe beobachtet bzw. durch besondere Agenten beobachten läßt, z.B. durch Journalisten.

Ich entwickle das Interaktionsmuster dieser Elemente im folgenden dreischrittig. Zunächst kommt die Ausgangskonstellation zur Sprache, dann folgt die Darstellung dreier für jede Intrige konstitutiver Momente, schließlich skizziere ich den Ablauf verschiedener Arten von Intrigen. Abschließend wird sich dann begründen lassen, warum die Intrige viel eher der Feind der Freiheit ist als die offene Gewalt.

Die Ausgangskonstellation einer jeden Intrige, welche A mit Hilfe von C gegen B ausheckt, besteht in einer gewissen Situationsmächtigkeit auf Seiten $B.s$, i.e. B ist dazu in der Lage, die Situation S zu verändern oder aber bestehen zu lassen; A und C geht diese Fähigkeit ab. Unwichtig ist es dabei, ob B S grundsätzlich oder nur in Teilaspekten ändern kann.

A ist an einer Veränderung von S überhaupt oder aber in gewisser Hinsicht interessiert – oder aber im Gegenteil: an einer Wahrung des *status quo*. B – als $A.s$ objektiver Opponent – ist genau gegenteilig orientiert, je nachdem, wie A sich positioniert: Will A Veränderung, dann will B den *status quo*, ist A an der Wahrung der Verhältnisse orientiert, dann geht es B um den Wandel.

Konstitutiv für das Verhältnis von A und B ist es nun, daß zwar A sich seiner objektiven Gegnerschaft B gegenüber bewußt ist, nicht aber B. B hält A entweder für einen ihm ungefährlichen Zeitgenossen oder aber gar für einen Freund. Im Bewußtsein $B.s$ existiert die objektive Gegnerschaft also nicht.

---

[4] Die von Lessing dargestellten Verhältnisse stellen Horkheimer und Adorno auf den Kopf, wenn sie die Intrige nicht dem Adel, sondern dem Bürgertum zuschreiben, das damit den waffentragenden Adel bekämpfe (vgl. *Horkheimer/Adorno* 2003, 314). Bei Lessing ist es genau umgekehrt: Die Intrige ist die Waffe eines moralisch verdorbenen Adels, das Bürgertum hingegen ist aufrichtig und ehrlich, sein Protagonist ist Oberst Odoardo Galotti.

[5] C wäre – so könnte man meinen – nur dann überflüssig, wenn A dazu in der Lage ist, seine Identität so zu verbergen, daß man ihn nicht erkennt. Das probate Mittel ist Verstellung, Verkleidung (zur literarischen Gestalt eines solchen Vorgehens vgl. *von Matt* 2009). Für die Minimalanalyse wird durch die Tatsache, daß A sich als C tarnt, die Ansetzung von C als eines eigenständigen Akteurs freilich nicht überflüssig, denn B und potentiellen weiteren Betrachtern muß es so erscheinen, als trete C als eine unabhängige Person auf.

Exkurs (b): Die Intrige   119

Das zweite konstitutive Moment der Intrige ist eine von *A* empfundene oder aber auch objektiv zu konstatierende Unmöglichkeit, *B* offen entgegenzutreten. Dafür sind drei Gründe denkbar:

(i) *A* will sich *B.s* Sympathie oder zumindest seine Gleichgültigkeit nicht verscherzen;

(ii) *A* will sich seinen öffentlichen Ruf als Geschäftsmann, als Wissenschaftler, als Politiker erhalten;

(iii) *A* könnte sein Ziel auf direktem Wege gar nicht erreichen; denn sobald *A* als Akteur in Erscheinung träte, wäre es unmöglich geworden, *B.s* Handeln irgendwie im Sinne *A.s* zu beeinflussen.

Mit der Benennung der Gründe für *A.s* klandestines Agieren kommt das letzte Moment einer intriganten Interaktion zur Sprache: Das öffentliche Empfinden muß *A.s* Vorgehen mißbilligen, sollte man davon Kenntnis erlangen. Jede Intrige stellt also einen Normverstoß dar, sei es, daß man Regeln des Anstandes mißachtet oder aber solche der Moral oder gar des kodifizierten Rechts in den Wind schlägt.

Eben dieser Tatbestand macht es nötig, daß *A* auf *C* zurückgreift – eine Person, welche sein Vertrauen genießt und *B* unverdächtig erscheint, vielleicht sogar ein gutes Verhältnis zu *B* hat.

Damit sind die Voraussetzungen geklärt. Die nun zu schildernden Abläufe machen es nötig, die Umstände in stärkerem Maße zu konkretisieren. Ich will zunächst einen Fall darlegen, der Muster einer auf Profitmaximierung ausgerichteten Intrige ist. *A* und *B* sind Unternehmer, die ihr Kerngeschäft in unterschiedlichen Bereichen betreiben. *B* allerdings hat seinem Firmenimperium einen Produktionszweig angegliedert, der etwas herstellt, das in eigener Regie zu produzieren für *A* äußerst lukrativ wäre. Daher würde *A* diesen Produktionszweig gerne von *B* erwerben; aber er weiß sehr genau, daß *B* einen solchen Vorschlag ablehnte, da der in Frage stehende Geschäftszweig so produktiv ist, daß sich mit den hier gemachten Gewinnen die aufgrund zyklischer Marktschwankungen in *B.s* Kerngeschäft auftretenden Verluste bequem kompensieren lassen. In guten Zeiten hingegen trägt der von *A* begehrte Produktionszweig recht erheblich zum Profit der *B*schen Unternehmungen bei.

Die Interaktion, welche *A* als Übernahmeintrige inszeniert, beginnt mit einer besonders heftigen Marktschwankung im Bereich von *B.s* Kerngeschäft, sie läßt sich mit eigenen Einnahmen nicht auffangen. *B* braucht Fremdkapital. *A* hört von *B.s* Schwierigkeiten und sorgt nun – aufgrund gewisse Investments hier besonders einflußreich – dafür, daß man *B*, angesichts der desolaten Marktlage, in der Heimat nur einen Notkredit zu geben bereit ist, dessen Verzinsung zu hoch ist, als daß sich noch ein positives Geschäftsergebnis am Ende des Abrechnungsjahres präsentieren ließe. Zugang zu akzeptablen nichtheimischen Geldquellen findet *B* nicht. Da sein Kerngeschäft aufgrund der Marktlage nur zu einem Schleuderpreis zu verkaufen wäre, verbleibt B nur eine Veräußerung seines bisher eine Art Versicherung bietenden Produktionszweiges, auf den A ein Auge geworfen hat. Wenn A nun an B heranträte und ein Angebot unterbreitete, dann bestünde die Gefahr, daß B – ganz wie die Gräfin Orsina – begönne, die Zusammenhänge zu durchschauen; denn daß A hervorragende Beziehungen zur Bankenwelt unterhält und dort durchaus Einfluß nehmen kann, ist bekannt. Wenn A also $B.s$ Zusatzgeschäft in seine Verfügungsgewalt bringen will, dann kann dies nur über einen Strohmann gelingen, in diesem Falle über C, dessen Kontakte zu A allerdings unter allen Umständen geheim bleiben müssen. Die intrigante Interaktion ist abgeschlossen, wenn B seinen lukrativen Produktionszweig an C verkauft, C eine eigene Firma gegründet und A sich so positioniert hat, daß er C wie eine Marionette zu steuern vermag.

Formalisiert man das soeben skizzierte Szenario, dann ergibt sich: ‚Intrige' heißt eine Interaktion, mit der eine Partei einer anderen nur dadurch zum Opfer fallen kann, daß es dem Angreifer gelingt, sich hinter einem von ihm ins Feld geschickten Pseudo-Akteur zu verbergen; dem Angegriffenen – wie auch einer gegebenenfalls zuschauenden Öffentlichkeit – bleibt so verborgen, daß er überhaupt feindlichen Machenschaften erlegen ist. Die Intrige unterscheidet sich also von einem einfachen Verbrechen dadurch, daß ihr Erfinder sich allen offiziellen oder privaten Ermittlungen dadurch zu entziehen versteht, daß nicht nur seine Urheberschaft, sondern auch das Faktum eines durch ihn erfolgten Normenverstoßes im Dunklen bleibt.

Sollte es sich bei dem Regelbruch, der mit jeder intriganten Interaktion verbunden ist, um einen Verstoß gegen geltendes Recht und nicht nur um eine moralwidrige Aktion handeln, dann liegt das perfekte Verbrechen vor – eine Tat nämlich, die als solche gar nicht sichtbar wird, weshalb auch niemand auf die Idee kommt, man müsse nach einem Verbrecher suchen. Wenn die intrigante Interaktion hingegen nur Regeln des Anstands, etwa den Kodex eines ehrlichen Kaufmanns, verletzt, dann ist sie, wenn sie sich erfolgreich durchführen läßt, Teil eines Nebels der Bigotterie, welcher über gewissen Bereichen einer jeden Gesellschaft schwebt. Er dient dazu, die Illusion einer Tabuwahrung aufrecht zu erhalten, die für das Selbstverständnis aller Gemeinschaften wichtig ist, wiewohl sie die Grundwerte des Politischen, die Freiheit *von* und *zu*, deutlich tangiert. Denn B ist, aufgrund der von A vorgenommenen Manipulationen nicht mehr frei von dem Zwang zu verkaufen und damit auch nicht mehr frei zu einem selbstbestimmten Vorgehen.

Die Analyse stößt hier mithin auf ein Paradoxon: Die Welt des Politischen ist ohne den Grundwert der Freiheit nicht konzipierbar, zugleich aber wird eben diese Freiheit durch die Möglichkeit des Auftretens einer intriganten Interaktion im harmloseren Falle limitiert, in der Regel doch deutlich bedroht. Dieses Faktum macht für eine um ihre Freiheit besorgte Gesellschaft eine wache Presse, die auch Methoden des investigativen Journalismus nicht scheut, unabdingbar. Dies wird besonders deutlich, wenn man sich von der profitmaximierenden zur desavouierenden Intrige[6] wendet.

Um letztere zu exemplifizieren, müssen die bisher skizzierten Verhältnisse modifiziert werden. A, B und C leben nun in einer Präsidialdemokratie, das Staatsoberhaupt wird durch das Volk gewählt. Die Parteien des Landes präsentieren der Wählerschaft dazu ihre Kandidaten, Außenseiter ohne Parteienbindung haben kaum eine Chance; das gilt auch für die Kandidaten der kleineren politischen Gruppierungen. Daher treten letztlich nur die Kandidaten der α- und der β-Partei gegeneinander an.

A, B und C gehören alle der β-Partei an. B ist nach wie vor ein Industrieller, sein Kerngeschäft besteht nun in der Produktion militärisch nicht irrelevanter Güter – man könnte an Hubschrauber denken, die ohne großen Aufwand in Kampfgeräte umgebaut werden können. C ist im neuen Szenario der langjährige Geschäftsführer $B.s$, der seine Firma von seinem Vater geerbt und so lange selbst geführt hat, wie seine politische Arbeit für die β-Partei ihm die nötige Zeit dafür gelassen hat. Nun leitet C die Firma fast selbständig.

B und seine Familie sind seit Generationen Mitglieder der β-Partei, B gehört – so könnte man sagen – zum Parteiadel, auch wenn die β-Partei alles andere als eine Unterstützerin der Aristokratie ist. C war politisch immer nur ein kleines Licht; er ist der β-Partei vor Jahren beigetreten, um seinen beruflichen Aufstieg zu befördern – ein Kalkül, die sichtbar aufgegangen ist. $A.s$ Motive, der β-Partei beizutreten waren ähnlich gelagert. Er ist im vorliegenden Szenario kein Fabrikant mehr, sondern ein Rechtsanwalt, der – aus kleinen Verhältnissen stammend – seinen Weg im öffentlichen Dienst gemacht hat und sich nun ausrechnet, von seiner Partei auf der anstehenden Delegiertenversammlung zum Präsidentschaftskandidaten gemacht zu werden. Das ist an sich für einen *homo novus* ein etwas vermessenes Anliegen, aber $A.s$ Rückhalt in der β-Partei, für die er sich während seiner Laufbahn energisch eingesetzt hat, ist nicht gering. Er steht allerdings in keinem Verhältnis zu dem, was B zur Unterstützung der von ihm ebenfalls angestrebten Kandidatur aufzubieten vermag. Wenn B keinen groben politischen Fehler macht, dann hat A keine Chance, dann dürfte B der Kandidat seiner Partei und am Ende vielleicht sogar Präsident des Landes werden.

A sinnt auf Wege, dies zu verhindern, und verfällt auf folgenden Plan: Er wird C bitten, ihm und sich selbst einen Gefallen zu tun, der darin besteht, einer islamisti-

---

[6] Die von mir gewählte Begrifflichkeit deckt sich mit zwei verschiedenen Arten von Lügen, welche die Tradition kennt, dem *mendacium officiosum* und dem *mendacium perniciosum* (vgl. ST II, q. 110, a. 2). Man mag sich fragen, ob nicht jede dienliche Lüge dem Angelogenen schadet und ob nicht jede verderbliche Lüge dem Lügner nützt; aber man wird zugunsten des traditionellen Vokabulars anführen können, daß eine dienliche Lüge, den Schaden des Angelogenen billigend in Kauf nimmt wie auch eine verderbliche Lüge nicht unmittelbar den Nutzen des Lügners, sondern den Untergang seines Opfers vor Augen hat. Gleiches kann man von der profitmaximierenden und der desavouierenden Intrige sagen.

schen Rebellengruppe, der kaum jemand höher entwickelte Waffen zu liefern bereit ist, obwohl man dafür durchaus gut zu zahlen in der Lage wäre, insgeheim – also ohne dafür die nötige Erlaubnis einzuholen – Hubschrauber zukommen zu lassen. Das Geschäft müßte so arrangiert werden, daß *B* als der alleinig Verantwortliche in den Papieren auftauchte und daß offensichtlich wäre, daß hier aus reiner Profitsucht gehandelt würde. *C* könne 20% des Profits selbst einstreichen, den Rest müsse er auf *B.s* Privatkonto transferieren. Nach Abwicklung des Geschäftes solle *C* dann als *whistle blower* auftreten und der Presse einige der das Geschäft betreffenden Papiere zukommen lassen. Die Journalisten würden sich auf den Fall stürzen – immerhin gehe es ja um einen illegitimen Waffenverkauf.

C läßt sich auf den Vorschlag ein, die Presse fällt über *B* her, der um so unglaubwürdiger wirkt, je inständiger er betont, von der Sache nichts zu wissen. *A* wird auf der Delegiertenversammlung ohne nennenswerte Gegenstimmen zum Präsidentschaftskandidat der β-Partei gewählt. *C* verliert zwar seine Stellung, aber der Gewinn aus dem Geschäft ist groß genug, um ihn so lange über Wasser zu halten, wie *A* braucht, um ihm eine neue Stelle zu verschaffen – vielleicht ein Posten in einer der Firmen, die der β-Partei gehören.

Daß auch im Falle der desavouierenden Intrige ein Angriff auf den politischen Grundwert der Freiheit erfolgt, ist evident; denn *B* wird die Möglichkeit genommen, sein passives Wahlrecht auszuüben. Hinzu kommt wohl auch eine dauerhafte Geschäftsschädigung.

Was die Intrige weitaus gefährlicher macht als die offene Gewalttätigkeit, ist die Tatsache, daß man sich gegen sie kaum schützen kann, da sie ihre Gefährlichkeit wenigstens so lange zu tarnen in der Lage ist, wie sie ihr Ziel noch nicht erreicht hat. In der Regel aber dürfte sich ihr Opfer gar nicht klar darüber werden, daß es hinterhältigen Machenschaften erlegen ist. Die gut durchdachte Intrige kaschiert nicht nur den Täter, sondern auch die Tat.

Gewalt – verstanden als Beschädigung oder Zerstörung von Sachen bzw. Verletzung oder Tötung von Lebewesen[7] – tritt in den meisten Fällen als sichtbare Bedrohung auf, der dann die destruktive Tat folgt. Der Gewalttätige verbirgt weder seine Urheberschaft noch seine Tat, er ist vielmehr auf beides in einer pervertierten Weise stolz, beweist er so doch in seinen Augen, daß handlungssteuernde Normen für ihn keine Bedeutung haben, daß er sich über sie hinwegsetzen kann, wenn ihm danach ist.

---

[7] Gewalt darf nicht mit Macht gleichgesetzt werden, wie es der deutsche Sprachgebrauch nahelegt, wenn von Gewaltenteilung die Rede ist – zur Differenz beider Phänomene vgl. *Schmitz* 2012, 82 ff.; hier auch weitere Literatur.
Unzulässig scheint mir auch die Rede von verbaler Gewalt zu sein, da hier gerade das konstitutive Moment der physischen Attacke nicht vorliegt. Was man verbale Gewalt nennt, läßt sich – bei einiger Seelenstärke – ignorieren, dem Angriff auf die körperliche Integrität hingegen kann man, will man ihn unterbinden, auf eine solche Weise kaum begegnen. Man wird hier wohl zu handfesteren Maßnahmen greifen müssen.

Exkurs (b): Die Intrige

Hat man gelernt, mit dem Auftreten der Gewalt zu rechnen, dann kann man sich gegen sie schützen, indem man gewisse Vorkehrungen trifft – ob nun als Individuum oder als politisch verfaßte Gemeinschaft; ein nicht unwesentlicher Teil der staatlichen Aufgaben beruht ja in nichts anderem als der Gewährung eines solchen Schutzes durch Polizei, Justiz und Militär.

Im Falle der Intrige hingegen liegen die Verhältnisse anders: Während die Gewalt offen als trotziger Rechtsbruch daherkommt, indem sie – wenn sie, wiewohl meist stumm, denn überhaupt einmal etwas sagt – behauptet, Normen hätten für sie keine Geltung, reklamiert der erfolgreiche Intrigant öffentlich die Gültigkeit eines Wertes, den er heimlich mißachtet. Intrigen sind ohne diese Heuchelei nicht zu haben, weil sie auf ein klandestines Vorgehen, also auf Mißachtung des Wahrhaftigkeitsgebotes, nicht verzichten können. Man könnte daher sagen, Intrigen sind nichts anderes als der geheimniskrämerische Anschlag auf die Freiheit anderer Menschen und damit auf den politischen Grundwert einer jeden staatlichen Gemeinschaft.

Damit ist gekennzeichnet, was Freiheit als politischer Grundwert bedeutet, indem expliziert worden ist, was ihn bedroht. Die folgenden Überlegungen richten sich nun auf die Konsequenzen der skizzierten Konzeption. Zunächst geht es um die Ansprüche, welche Fremde einem freiheitlich verfaßten Gemeinwesen gegenüber erheben könnten.

XI. Aus- und Einwanderung

> „In jenen unglücklichen Tagen, welche für Deutschland, für Europa, ja für die übrige Welt die traurigsten Folgen hatten ..., verließ eine edle Familie ihre Besitzungen ... und entfloh über den Rhein, um den Bedrängnissen zu entgehen ..."[1].

Wenn ein Tourist in einem fremden Land seine Ferien verbringt und zu diesem Zwecke ein Hotelzimmer oder eine Wohnung, gar ein ganzes Haus anmietet, käme niemand auf den Gedanken, ihn einen Einwanderer zu nennen. Gleiches gilt gewiß für einen Diplomaten, der für einige Jahre sein Land in dem Staat repräsentiert, in das der Tourist gereist sein mag. Auch der ausländische Ingenieur, der geholt wird, weil er einer der wenigen ist, welche die für ein zu realisierendes Bauprojekt nötigen Kenntnisse und Erfahrungen besitzen, wird sich nicht als Migrant verstehen und von seinen neuen Mitbürgern als solcher auch nicht angesehen werden. Schließlich gehört der Student, der eines oder mehrere Auslandssemester absolviert, in die gleiche Klasse der Nicht-Migranten. Er kommt, um seine Sprachkenntnisse zu vertiefen, Landeskunde zu treiben, und ist damit einem reisenden Forscher gleichzusetzen, der zum Beispiel Bibliotheken besuchen und Material für ein neues Buch sammeln will.

Einen Grenzfall stellt der Professor dar, der dem Ruf einer ausländischen Universität folgt, weil Arbeitsbedingungen und Gehalt attraktiv sind und auch die Ehefrau eine Stellung finden wird. Er bewegt seinen Hausstand in die neue Heimat und läßt die Frage unbeantwortet, ob er bis zu seinem Ruhestand oder gar darüber hinaus, das heißt: bis zu seinem Tode, bleiben will.

Eindeutig hingegen sind die Verhältnisse, wenn jemand in ein fremdes Land kommt, um den wirtschaftlich schlechten Verhältnissen seiner Heimat zu entgehen, ob er nun angeworben ist oder sich illegal einschleicht: Er ist ein Migrant; das gilt auch für eine andere Gruppe von Personen – für diejenigen nämlich, welche die Heimat unfreiwillig und blutenden Herzens verlassen, weil man sie zu Hause verfolgt, ihnen gar nach dem Leben trachtet, sei es, daß sie in den Augen ihrer Peiniger der falschen Ethnie angehören, nicht der richtige Religion anhängen oder politische Auffassungen vertreten, welche nicht genehm sind.

---

[1] *Goethe* 1973, 125.

XI. Aus- und Einwanderung

Damit läßt sich der Begriff eines Migranten so umreißen:

Der Terminus ‚Migrant' bezeichnet eine solche Person, die ihre Heimat aus wirtschaftlichen Gründen verläßt bzw. um Asyl, bittet weil man sie zu Hause diskriminiert, verfolgt, bedroht.

Wechselt man die Perspektive, blickt man also vom Gesichtspunkt des Aufnahmelandes auf das Phänomen der Migration, dann entsteht unmittelbar die Notwendigkeit, die beiden benannten Gruppen von Migranten zu unterscheiden. Dies geschieht durch ein wie auch immer gestaltetes Verfahren zur Anerkennung oder zur Verweigerung des beantragten Asylantenstatus. Ein solches Vorgehen ist freilich nur dann sinnvoll, wenn auch die wirtschaftlich motivierte Migration gelenkt wird. Klassische Einwanderungsländer tun dies so, daß sie nicht die Wünsche und Bedürfnisse der wohlstandsuchenden Migranten zum Ausgangspunkt der Überlegungen machen, sondern die eigenen Interessen. Das kann dadurch geschehen, daß man Personen mit gewissen Fähigkeiten zuläßt, andere, deren Qualifikation nicht benötigt werden, die man für zu alt erachtet oder die krank sind, hingegen abweist. Wie kompliziert man ein solches Verfahren auch immer gestalten mag, es ist notwendigerweise mit der Repatriierung solcher Personen verbunden, die sich einschleichen, die also den Qualifikationstest nicht zu bestehen glauben und deshalb – am ordentlichen Verfahren vorbei – illegal im Lande verbleiben wollen. Ähnlich ist die Situation bei abgewiesenen Asylbewerbern, man wird sie in der Regel ausweisen müssen.

Ich will eine solche Praxis, die zwischen Wirtschaftsmigranten und Asylanten unterscheidet, beide Gruppen unterschiedlichen Zulassungsverfahren unterzieht und im Falle eines negativen Ausgangs eine Repatriierung einleitet, das Handeln von ‚Staaten mit differenzierter Migrationspolitik' nennen. Ihnen stehen, wohl eher theoretisch, kaum faktisch, solche Staaten gegenüber, die eine nach Migrationsmotiven vorgenommene Differenzierung nicht durchführen und daher auch keinerlei Zuwanderungsrestriktionen kennen. Sie sollen ‚Länder ohne Migrationspolitik' heißen. Hier läßt man jeden ins Land, der ins Land will, und behandelt ihn von Anfang an so, wie man auch mit der autochthonen Bevölkerung umgeht[2].

Für die Philosophie ergibt sich damit die Frage, welche der beiden Positionen sich angesichts des politischen Grundwertes der Freiheit legitimieren läßt. Das Problem lautet also: Haben Menschen ein uneingeschränktes Recht auf Immigration oder müssen sie sich den Restriktionen beugen, die sie in dem von ihnen ins Auge gefaßten Staat antreffen?[3] Sollte sich der zweite Teil der Frage positiv beantworten

---

[2] Die Differenzierung ist bei Sidgwick präformiert. Er unterscheidet das nationale vom kosmopolitischen Ideal; letzteres verpflichte dazu, die Interessen von jedermann zu befördern, ersteres habe nur das Wohl derjenigen im Auge, mit denen man die Nationalität teile. Die kosmopolitische Haltung lehnt er dann ab, weil sie den sozialen Zusammenhalt von Gesellschaften gefährde – vgl. *Sidgwick* 1919, 309.

[3] Block will eine solche Alternative nicht zulassen, für ihn gilt vielmehr: Entweder ist Einwanderung eine Bedrohung, dann muß sie verhindert werden, oder sie ist es nicht, dann muß man sie ungehindert zulassen – vgl. *Block* 1998, 169.

lassen, der erste hingegen nur negativ, dann entstünde ein zweites Problem: Welches Kriterium steuert Immigrationsrestriktionen?

Ich will im folgenden zunächst zeigen, daß sich ein Anspruch auf ungehinderte Immigration zwar wünschen und daher auch postulieren, philosophisch aber nicht begründen läßt[4]. Im Anschluß daran werde ich vorschlagen, mit Hilfe des Begriffs der Identität[5] natürlicher und artifizieller Subjekte ein Kriterium für Einwanderungsrestriktionen zu entwickeln.

Die Verteidiger eines Rechtes auf Immigration, das jede Migrationspolitik verbietet, bringen im wesentlichen drei Argumente vor – sie verweisen, in pragmatischer Hinsicht, auf einen Revitalisierungseffekt[6], den Zuzug von außen erzeuge, sie führen, mit axiologischer Intention, die Gleichheit aller Menschen ins Feld[7], und sie präsentieren, mit rechtstheoretischem Hinblick, ein Symmetrieargument[8].

Westliche Gesellschaften leiden alle mehr oder weniger unter dem Problem mangelnden Nachwuchses, sie drohen zu vergreisen. Ihre Sozialsysteme dürften – wenn sie auf einer Art Generationenvertrag beruhen – auf Dauer nicht in der Lage sein, die immer älter werden Menschen zu bedienen, sowohl was die Renten- bzw. Pensionszahlungen angeht als auch was die medizinische Versorgung betrifft. Deshalb, so das weit verbreitete Argument, brauchen die reichen Länder Zuwanderer, die sie mit offenen Armen begrüßen sollten, weil sie die Altersruhegelder von morgen erarbeiteten und obendrein noch nicht von der Kinderfeindlichkeit der reichen Länder befallen seien.

Die Schwäche dieser Überlegung liegt nicht in dem, was sie prognostiziert, sondern in der Argumentationsabsicht, die mit ihr verfolgt wird. Denn gesetzt den Fall, die Prognose träfe zu, dann wäre daraus nicht zu schließen, daß eine ungeregelte Immigration zugelassen werden müßte. Vielmehr wäre es in diesem Falle klug, genau das zu tun, wogegen argumentiert werden soll, nämlich die Einwanderer nach ihren Qualifikationen, nach ihrem Lebensalter zu differenzieren: Man braucht junge Leute, die gut ausgebildet sind und sich schnell werden einleben

---

[4] Hier scheint mir die Schwäche von Seyla Benhabibs Buch ‚The Rights of Others' (2011) zu liegen – es besteht im wesentlichen aus gewiß gut gemeinten, aber philosophisch kaum fundierten Postulaten, zudem ist für die Autorin die Sache schon entschieden, bevor die wesentlichen Argumente ausgetauscht sind.

[5] Daß der Begriff eine gewisse politische Virulenz besitzt, hat Fukuyamas letztes Buch verdeutlicht – vgl. *Fukuyama* 2018.

[6] Vgl. *Benhabib* 2011, 90.

[7] Vgl. *Someks* (1998, 424) Überlegungen: Wirtschaftlich motivierte Migration realisiere das legitime Recht, den persönlichen Wohlstand zu vergrößern, man müsse sie unter dem Gesichtspunkt internationaler Verteilungsgerechtigkeit verstehen. Die Argumentationslast falle – angesichts des Gleichheitsprinzips – dem zu, der die ungleiche Verteilung vertrete; ähnlich auch *Ladwig* 2002, 24, der von ‚quasi-feudalen Privilegien' spricht (2002, 21). Sandel führt an, der Zufall der Geburt rechtfertige nicht, daß einige Menschen ein besseres, andere ein schlechteres Leben führten – vgl. *Sandel* 2009, 231.

[8] Vgl. *Ladwig* 2002, 26.

können, damit der Arbeitsmarkt sie aufnehmen kann und sie so umgehend zu sozialversicherungspflichtigen Beschäftigungen finden. Das setzt eine gewisse geistige Wendigkeit voraus. Starke Anhänglichkeit an Traditionen, die kaum in eine moderne Welt passen, dürften als ein Hindernis angesehen werden.

Das zweite Argument ist ungleich stärker; es lautet: Alle westlichen Demokratien sind auf dem Fundament der Gleichheit, genauer: auf der Basis gleicher Freiheit *von* und *zu*, errichtet. Diese Egalitätsannahme beschränkt man im Westen nicht nur auf die eigene Bevölkerung, man dehnt sie vielmehr auf Menschen anderer Länder aus. Das Credo lautet mithin: Alle menschlichen Bewohner des Planeten sind als im gleichen Sinne frei *von* und frei *zu* anzusehen.

Wenn dem aber so ist, dann ist nicht einzusehen, warum einige gleichsam mit dem goldenen Löffel im Munde geboren werden, andere hingegen in mehr oder weniger schrecklicher Armut zu leben haben. Daß ich von Geburt an in einer reichen Industrienation lebe, ist nicht mein Verdienst; ich werde mithin niemanden, der an die Tür meines Landes klopft und um Einlaß bittet, mit dem Hinweis auf die Bedrohung meines Lebensstandards, der mir ja in den Schoß gefallen ist, abweisen dürfen; ich muß vielmehr aus axiologischen Gründen – gleiche Freiheit *von* Armut und *zu* einem Leben in Wohlstand – zum Teilen bereit sein, die Tür also weit öffnen.

Die Schwäche dieses Argumentes liegt in zwei unausgesprochenen Prämissen. Die erste nimmt an, daß die Rede von gleicher Freiheit faktische Egalität meine, die zweite, daß der Reichtum eines Landes nur ererbt[9] wird, nicht aber zuvor erarbeitet und durch Arbeit bewahrt werden muß.

Westliche Demokratien ruhen auf einer Gleichheitsfiktion, die ihre Wirkung politisch und rechtlich, nicht aber ökonomisch entfaltet. Trotz faktischer Unterschiede, die unmittelbar ins Auge springen, ist vor dem Gesetz jeder gleich, hat jeder eine gleich wertvolle Stimme bei Wahlen, kann sich jeder frei bewegen, wenn er nicht zu Gefängnishaft verurteilt worden ist.

Allerdings sorgen das Institut des Privateigentums – als Ausdruck der Freiheit *zu* – und die Tatsache, daß Personen ihren Besitz an Nachkommen weitergeben können, dafür, daß in der Sphäre des Wirtschaftlich-Sozialen Ungleichheit herrscht, ja herrschen soll, weil sie Leistungsansporn und Innovationsinzentiv zugleich ist. Nur in einer Welt, in der das, was man besitzt, von einer ungerechten Gottheit nach Gutdünken an faktisch Gleiche verteilt worden ist, wobei einige unfairerweise nur wenig oder gar nichts bekommen haben, gilt das Postulat einer Redistribution. Ist es hingegen zunächst die Leistung, welche Wohlstand schafft, den man schließlich auch vererben kann, dann stellt jeder Akt der Umverteilung, dem die Betroffenen nicht zustimmen, eine Enteignung dar, welche die Freiheit *zu* begrenzt, weil sie die Mittel konfisziert, die zu ihrer Ausübung nötig sind.

---

[9] Nur unter dieser Prämisse kann man von ‚Wohlstandschauvinismus' sprechen, wie Habermas es tut (1997a, 659).

Wenn schon innerhalb eines Landes im Namen der Freiheit *zu* ungleiche Besitzverhältnisse geduldet werden, man also trotz aller Eingriffe des Sozialstaates von der Herstellung faktischer Egalität absieht, dann wird sich das Gleichheitsargument kaum für die Berechtigung des Begehrens von Bürgern anderer Staaten anführen lassen, die nach einer Verbesserung ihrer wirtschaftlichen Situation streben.

Das dritte Argument ist das philosophisch bedeutsamste. Es verweist darauf, daß um der Symmetrie willen einem Recht auf Emigration ein solches auf Immigration korrespondieren müsse, weil sonst die Auswanderungsmöglichkeit nicht realisiert werden könne.

Daß Staaten die Pflicht haben, ihre Bürger zu entlassen, wenn sie den Wunsch nach Auswanderung haben, ist unmittelbarer Ausdruck des politischen Grundwertes der Freiheit. Tun sie es nicht, dann verwandeln sie ihr Territorium in ein großes Freiluftgefängnis, indem sie es einmauern und Wachtürme errichten, auf daß niemand die Heimat verlassen kann. Das 20. Jahrhundert kannte eindringliche Beispiele derartigen Vorgehens.

Wenn man aber niemandem – eben wegen der axiologischen Verpflichtung, seine Freiheit zu respektieren – das Recht nehmen kann, seinem Staat den Rücken zu kehren, dann kann dieses Recht nur wahrgenommen werden, wenn ein anderes Land den Migrationswilligen aufnimmt. Wäre dem nicht so, dann hätte der Auswanderer das Schicksal eines Staatenlosen zu erleiden, der sein Leben auf einem Schiff verbringen muß, weil er in keinem Hafen an Land gehen darf. Dem unbestrittenen Recht auf Emigration muß also, um der Symmetrie und letztlich daher um der Freiheit willen, ein solches auf Immigration an die Seite gestellt werden. Der Hinweis klingt überzeugend, er ist aber Resultat einer fehlerhaften, weil undifferenzierten Analyse.

Man kann die Rechtsbeziehungen, in denen sich natürliche und artifizielle Subjekte antreffen, vierfach unterscheiden:

(R_1) Innerstaatlich stehen wir in rechtlicher Relation zu unseren Mitbürgern, also zu natürlichen Subjekten, und

(R_2) zu unserem Staat, der ein artifizielles Subjekt darstellt.

(R_3) Eine dritte Relation ergibt sich, wenn man die Beziehungen zwischen Staaten betrachtet, i. e. das Gebiet des klassischen Völkerrechts.

(R_4) Eine letzte Beziehung besteht zwischen einem natürlichen Subjekt und einem Staat, der nicht der seine ist.

Die vierte Relation kann auf zweifache Weise zustande kommen: Einmal tritt der fremde Staat auf den Bürger zu. Dies tut er in Gestalt einer Invasionsarmee, welche ein Besatzungsregime errichtet, für das gewisse rechtliche Verpflichtungen gelten, z. B. die Pflicht, nach Zusammenbruch der autochthonen Regierung die öffentliche Ordnung aufrecht zu erhalten, also etwa Plünderungen zu verhindern. Zum anderen wendet sich der Bürger an einen fremden Staat, indem er dessen Territorium betritt und sich damit in eine rechtliche Beziehung zum Aufnahmeland versetzt.

Das Symmetrieargument nimmt nun an, daß mit einer bestimmten Relation der Klasse R_3 eine bestimmte andere Relation der Klasse R_4 gegeben sei. Warum dies nicht der Fall sein kann, wird unmittelbar evident, wenn man sich klarmacht, daß mein Recht auf Auswanderung, i. e. die Relation der Klasse R_3, sich an einen anderen Rechtsadressaten richtet als mein vermeintliches Recht auf Einwanderung, i. e. die postulierte Relation der Klasse R_4.

Aus meinem Recht, meinem Vermieter zu kündigen, resultiert nicht die Pflicht eines anderen Wohnungseigentümers, mir eine neue Unterkunft zu überlassen. Die Kündigungsfreiheit regelt ausschließlich das Verhältnis zwischen Mieter und Vermieter, nicht aber auch schon das zu einer dritten Person. Zwischen dem Bürger, seinem und einem fremden Staat verhält es sich nicht anders.

Schließlich gibt es auch eine praktische Schwierigkeit, die daraus resultiert, daß mehr als zwei Staaten existieren. Wenn mit der Auswanderungsfreiheit unmittelbar auch ein Recht auf Einwanderung bestünde, dann müßte diesem Recht auch zu entnehmen sein, welcher der anderen Staaten denn zur Aufnahme verpflichtet ist[10]. Eine solche Regelung läßt sich aber aus dem Recht auf Auswanderung offensichtlich nicht herauslesen.

Die bisherigen Überlegungen haben gezeigt, daß die drei wesentlichen Argumente der Anhänger einer unbeschränkten Einwanderung nicht verfangen. Dies läßt sich noch einmal grundsätzlicher erweisen. Denn was man nicht wahrhaben will, wenn man nicht-begrenzte Einwanderungsmöglichkeiten postuliert, ist die Tatsache, daß R_2 und R_4 sich unterscheiden; man tut vielmehr so, als gäbe es R_4 gar nicht und denkt jedes Verhältnis zwischen natürlichen und artifiziellen staatlichen Subjekten nach dem Muster von R_2. Sinnvoll wäre dies nur, wenn wir die von einigen Diskutanten herbeigesehnte Weltrepublik hätten, in der dann aber keine Aus- oder Einwanderung mehr möglich wäre. Einem Weltstaat, in dem R_4 nicht mehr existiert, kann man nicht davonlaufen, was genau dann äußerst unangenehm werden dürfte, wenn er die tyrannischen Züge annimmt, die Kant befürchtet hat[11].

Man wird also gerade wegen des Grundwertes der Freiheit um eine differenzierte Migrationspolitik nicht herumkommen. Um sie zu vertreten, werden drei eher pragmatische, philosophisch also eigentlich weniger bedeutsame Gründe vorgebracht. Hinzu kommen ein drittes und ein viertes Argument, beide im Gegensatz zu den ersten drei philosophisch höchst bedeutsam.

Pragmatisch verweist man zunächst auf die Gefahr, daß eine unkontrollierte Menge an Einwanderern dafür sorgen würden, daß die Kosten der Arbeit sinken,

---

[10] Dieser Hinweis findet sich bei *Bauböck*, 1994, 23.
[11] Vgl. Rel – Akad VI, 34.

weil die Migranten bereit seien, zu Löhnen zu arbeiten, die unter denen der heimischen Arbeiter lägen. Dieser Hinweis ist insofern wenig überzeugend, als es leicht sein dürfte, hier Abhilfe zu schaffen – etwa durch die Einführung von Mindestlöhnen. Philosophisch ist eine solche Debatte bedeutungslos.

Das gilt nicht im gleichen Umfang für den zweiten – immer noch in pragmatischer Hinsicht vorgetragenen – Aspekt. Man führt aus: Die Menschen, welche sich zur Auswanderung aus wirtschaftlichen Gründen bereit finden, gehören zu den mental Beweglicheren. Sie stammten zudem häufig aus Ländern, in denen sie dringlich gebraucht würden, insbesondere dann, wenn sie gut ausgebildet sein sollten. Lasse man also eine ungebremste Migration zu, dann verlören Drittweltländer Menschen, welche dazu benötigt würden, sich aus der Unterentwicklung herauszuarbeiten.

Philosophische Dimension gewinnt dieser Hinweis dann, wenn man ihn ethisch wendet. Regierungen haben wegen des Grundwertes der Freiheit die Aufgabe, dem Wohl der ihnen anvertrauten Menschen nicht im Wege zu stehen. Wenn man nun benötigte Arbeits- und Geisteskraft auswandern läßt, dann gestattet man einzelnen, ihre persönliche Lage auf Kosten der Menschen in ihrem Heimatland zu verbessern – kurz: Man befördert die Egoismen einzelner auf Kosten der Gemeinschaft, daher sollte, wenn schon das Recht auf Auswanderung nicht beschnitten werden kann, das potentielle Aufnahmeland auch immer das Schicksal der Herkunftsstaaten im Augen haben.

Ein drittes, auf den ersten Blick pragmatisch anmutendes Argument bezieht sich auf die Gemütsverfassung der autochthonen Bevölkerung von Aufnahmeländern. Die Menschen nehmen an, daß ihr Land ihnen gehöre und sie deshalb auch das Recht hätten, Zutritt zu erlauben bzw. zu verwehren. Eben deshalb könne es kein Immigrationsrecht geben, das sie nicht gewähren.

Auch diese Überlegung kann in eine Form gebracht werden, die philosophisch bedeutsam ist. Dazu muß eine Staatsvertragsfiktion in Kraft gesetzt werden, mit der man annimmt, daß eine Gruppe prä-politischer Individuen sich zu einem Staatsvolk dadurch vereinigt, daß sie politische und Rechtsinstitutionen schafft, an diese gewisse Rechte delegiert und eine Legislative ins Leben ruft, welche die Regeln des Zusammenlebens festlegt, die dann durch Ordnungskräfte durchgesetzt werden. Hinzu kämen Streitkräfte, welche die Existenz des kreierten Gemeinwesens nach außen schützen sollen. Mit dem letzten Aspekt wird deutlich, daß eine jede Staatskonstitution immer so vollzogen wird, daß man sich gegen andere Subjekte qua politisch-rechtlicher Konstitution abgrenzt. Eine politische Entität kann nur dann entstehen, wenn es ein Außen gibt, das sie im Akte ihrer Konstitution durch Abgrenzung definiert. Das heißt nicht, daß man den Nachbarn feindlich gesonnen sein muß, es heißt nur, daß der Akt, in welchem die vertragsbeteiligten Subjekte sich als Einheit konstituieren, zugleich der Akt ist, in dem sie den Begriff des Inlands von dem des Auslands unterscheiden; denn ohne territoriale Abgrenzung kann kein souveränes Gemeinwesen bestehen.

Die Fiktion eines Staatsvertrages gewinnt ihren eigentlichen Sinn erst dadurch, daß man mit John Locke der Auffassung ist, nur ein ‚government by consent' sei eine legitime Form der Herrschaft[12] – oder noch gesteigert, eine Regierung, die dem konstitutiven Willen des Staatsvolkes entspringt, sei die einzige nicht-despotische Herrschaftsform.

Treffen diese Überlegungen zu, dann liegt es bei der jeweils als autochthon angesehenen Bevölkerung einer politischen Entität festzulegen, welchen Umfang die Nation jeweils haben soll. Nähme man nun an, daß jedermann ein Recht auf Mitgliedschaft reklamieren könnte, dann verlöre das Staatsvolk dieses Selbstbestimmungsrecht.

Das letzte Argument für eine durch die Bevölkerung des Aufnahmelandes regulierte Migration ist mit dem Schlagwort ‚Identität' bezeichnet. Das Identitätsargument wird allerdings zu zwei unterschiedlichen Zwecken in die Migrationsdebatte eingebracht, es dient einmal dazu, Einwanderung zu begrenzen, zum anderen benutzt man es, um Assimilationsansprüche der einheimischen Bevölkerung abzuwehren. Das führt zunächst zu einer dem Anscheine nach desolaten Argumentationssituation, wie die folgenden Überlegungen zeigen sollen.

Staatsvölker haben – ganz wie die Individuen, aus denen sie bestehen – eine Identität[13], die sich aus ihrer Geschichte, ihren Rechtsbegriffen, ihrer Kultur im weitesten Sinne, zuweilen auch aus ihrer Sprache ergibt, in jedem Falle aber aus kollektiver Erinnerung, sei diese nun positiv oder in Teilen eher traumatisierend. Wer ein politisch bewußtes Leben führen will, entwirft im Blick auf die Vergangenheit eine Gegenwart, die wiederum für künftige Bewohner eines Landes einmal die ihre Sicht konstituierende Vergangenheit sein wird. Die Reihe dieser Entwürfe bildet das, was man heute gerne ein Narrativ nennt, eine fortgesponnene Erzählung dessen, was man als politisches Kollektiv eigentlich sei. Das heißt nicht, daß diese Geschichte widerspruchsfrei sein muß, sie wird vielmehr im Regelfall Brüche aufweisen, wodurch ihre Bedeutsamkeit aber in keiner Weise geschmälert wird. Ich habe in diesem Buch den Begriff ‚Kultur' zur Kennzeichnung solcher Kollektive verwendet.

Nimmt man Menschen die Möglichkeit, ihren Erinnerungs-Kontext in solchen Narrativen zu entwickeln, dann zerstört man einen tradierbaren Orientierungsrahmen, ohne welchen politische Subjekte nicht handeln können. Nun besteht die Gefahr, daß auch noch so anpassungsbereite Einwanderer, wenn sie als eine kulturell relativ homogene Gruppe in einer zu großen Zahl und über einen zu langen Zeitraum unkontrolliert ins Land kommen, diese Identität ins Wanken bringen, weil ihre Erinnerungen ganz andere sind. Für die deutsche politische Identität dürfte es verheerend sein, wenn eine größere Zahl antisemitischer Einwanderer die Möglichkeit bekäme, das besondere Verhältnis, das die Bundesrepublik zum

---

[12] Vgl. *Locke* 980, 400.
[13] Vgl. *Fukuyama*, 2018, 126, 128 ff.

Staate Israel hat, zu beenden und eine Politik einzuleiten, welche die deutschen Verbrechen ignoriert.

Die zweite Verwendung des Identitätsargumentes verläuft in genau entgegengesetzter Richtung. Hier stellt man fest, daß Einwanderer, die zur Assimilation gezwungen würden, ihre Identität verlören, wiewohl sie auf sie ein Recht hätten. Das Identitätsargument erzeugt mithin eine paradoxe Situation; denn in den beiden Fällen seiner Verwendung führt es zu entgegengesetzten Resultaten. Mit Verweis auf seine kulturelle Identität pocht der Einheimische darauf, das Eingewanderte die ihre aufgeben; mit dem gleichen Hinweis verlangt der Migrant, daß die autochthone Bevölkerung Wandlungen ihrer Identität hinnimmt, die er für sich selbst ablehnt. Um der eigenen Identität willen sollen jeweils die anderen Abstriche an der ihren akzeptieren oder aber ihrer völlige Aufgabe zustimmen.

Eine Lösung dieser Schwierigkeit kann nur dann gelingen, wenn man sich vor Augen führt, daß Individuen eine andere Identität besitzen als politische Entitäten. Dies wird deutlich, wenn man sich klarmacht, wie eine persönliche Identität grundiert wird – im Normalfalle im Verband einer Familie.

Die traditionelle Familie resultiert aus der Zweigeschlechtlichkeit der Menschen. Sie ist also in erster Linie eine Reproduktionsgemeinschaft im physischen Sinne. Und das heißt: Sie dient der Arterhaltung, aber auch der Reproduktion der Individuen, die sie ernährt, bekleidet, unterbringt. Darüber hinaus ist die Familie der primäre Ort von Erziehung und Bildung. Denn die Eltern tradieren sich nicht nur physisch, sondern vor allem auch kulturell. Sie verlängern nämlich die Existenz ihrer Kinder in einen historisch zurückliegenden Raum, dem sie durch ihre Erzählungen eine eigentümliche zweite Präsenz verschaffen. Wenn sie sich andererseits dazu äußern, was aus ihren Kindern einmal werden soll, versuchen sie, deren Zukunft zu beeinflussen. Man kann also sagen, innerhalb der Familien werden den Kindern Entwürfe der Vergangenheit, der Gegenwart und der Zukunft angeboten, ohne daß diese freilich dazu verpflichtet wären, diese Narrative dauerhaft zu akzeptieren. Viel wahrscheinlicher ist es, daß sie Korrekturen vornehmen, je älter sie werden – auch die völlige Ablehnung ist gewiß nicht undenkbar.

Die Familie schafft in ihren Narrativen einen Kontext, in dem sich alle ihre Mitglieder verankern, um auf diese Weise zu bestimmen, wer sie eigentlich waren, sind, sein werden. Noch im benannten Affront gegen meine Familie, in der Ablehnung all' dessen also, was sie mir an Tradition und Zukunftsbildern liefern mag, bleibe ich ihr verhaftet; in diesem Sinne ist Familienzugehörigkeit ein unausweichliches Schicksal.

Persönliche Identität im politischen Sinne meint den gelungenen Vollzug einer Selbstzuordnung bezüglich des oder – was wahrscheinlicher ist – der Narrative, die über eine familiale Kontextualisierung hinaus eine politische Identität anbieten. Denn auch das Kollektivsubjekt pflegt ja – wie gezeigt – gewisse Narrative – in Schule und Universität, in der Presse und in den Verlautbarungen von Politikern.

Persönliche politische Identität gewinnt man also – über familiale Bindungen hinaus – genau dann, wenn man sich mit den Identitätsangeboten auseinandersetzt, die ein Kollektivsubjekt macht. Dies wird besonders deutlich in Ländern, deren Geschichte gebrochen ist, die also nicht einfach stolz auf ihre Vorfahren sein können, sondern ihnen vielmehr Verbrechen zur Last legen müssen. Die vom Kollektivsubjekt angebotenen Narrative werden diese Verwerfungen spiegeln, die in einem solchen Lande lebenden Menschen müssen einen Weg finden, ihre Identität als Bürger einer Nation auszubilden, die wenig ruhmreich, partiell gar verbrecherisch, aber eben immer noch ihre Nation ist.

Mit der letzten Überlegung ist schon angedeutet: Identitätskonflikte treten dann auf, wenn Kontextualisierungen in den Augen desjenigen Subjektes, das sie vornimmt, konfligieren, wenn es also nicht gelingt, sich zu den Narrativen, welche den Kern der Identität eines Gemeinwesens ausmachen, in ein produktives Verhältnis zu setzen. Dies ist wahrscheinlich, wenn Kollektivsubjekte im Kontext einer gebrochenen Geschichte stehen. Es ist aber auch zu erwarten, wenn in das neue Land hineingeborene Migrantenkinder sich vor das Problem gestellt sehen, bestenfalls eine Bindestrichexistenz führen zu können.

Um solche Konflikte zu minimieren, so lautet das Argument einer differenzierten Migrationspolitik, gilt es Zuwanderung zu steuern, obendrein Integrations- und vor allem Bildungsangebote zu machen. Damit soll nicht etwa die politische Identität des artifiziellen Subjektes Staat ein für allemal konserviert werden, es geht vielmehr darum, eine kontinuierliche kulturelle Fortentwicklung zu gewährleisten.

Das Kriterium für die Beschränkung der Einwanderung lautet also: Man treffe solche Maßnahmen, welche einen Konflikt zwischen der persönlichen Identität eines Migranten und der Identität des Aufnahmelandes ausschließen, wenigstens aber minimieren. Eine dieser Maßnahmen wird darin bestehen, daß man sich einerseits um eine bessere – in den meisten Fällen über Spracherwerb erfolgende – Integration solcher Einwanderer bemüht, die schon im Lande sind, andererseits aber auch um die Vorbereitung von Personen, die um eine Zuzugserlaubnis gebeten haben und nun in ihrem Ursprungsland gewisse Qualifikationen erwerben sollen – auch hier ist die Bedeutung des Erwerbs von Sprachkenntnissen gar nicht zu überschätzen.

Verbunden mit dem vorgeschlagenen Verfahren wäre dann freilich auch, bei – auf mangelnde Bereitschaft des Migranten zurückzuführender – gescheiterter Eingliederung die Konsequenz einer Ausweisung zu ziehen, so diese nicht – wie schon die von Kant[14] formulierte Einschränkung lautet – den Untergang des Ausgewiesenen bedeutet. Analog gilt die Notwendigkeit, solchen Personen den Zutritt zu verweigern, für die man keine günstige Integrationsprognose stellen kann.

---

[14] ZeF – Akad VIII, 357 f.

Verlaufen die Anstrengungen hingegen glücklich, gelingt es dem Migranten also, seine persönliche Identität mit dem Narrativ seines Aufnahmelandes in Einklang zu bringen, dann wird eine Einbürgerung den Abschluß dieses erfolgreichen Prozesses markieren.

Damit ist exemplarisch erörtert, welche Konsequenzen der politische Grundwert der Freiheit für die Bürger fremder Länder hat. Es gilt abschließend noch, einen Blick auf die Folgen für die autochthone Bevölkerung zu werfen. Auch dies kann nur beispielhaft geschehen. Ich will einen Gegenstand wählen, der – wie die Migrationfrage – eine gewisse Brisanz aufweist: das Problem, ob der Staat aus sozialen Gründen das Vermögen seiner Bürger redistribuieren darf. Thematisiert wird also die Legitimität des Sozialstaates. Daß hier Kollisionsmöglichkeiten mit dem Grundwert der Freiheit bestehen, liegt auf der Hand. Denn eines seiner Auswirkungen ist ja das Recht auf Eigentum, das der Staat genau dann zu ignorieren scheint, wenn er sich die Mittel beschafft, die er verteilen will.

XII. Der Sozialstaat

> „Fraternité bedeutet, daß nicht mehr der Vater die
> Söhne opfert, sondern die Brüder sich unterein-
> ander umbringen"[1].

Der Sozialstaat setzt für einen Teil seiner Bevölkerung die Notwendigkeit außer Kraft, zur Wahrung der physischen Subsistenz die alles Leben durch und durch prägenden Knappheitsbedingungen zu negieren, populärer formuliert: arbeiten zu müssen. Man tut dies, weil die auf diese Weise Begünstigten – so die Begründung – zeitlich begrenzt oder aber überhaupt nicht, noch nicht oder nicht mehr dazu in der Lage sind, für sich selbst zu sorgen.

Knappheitsbedingungen zu negieren meint, irgendeiner Art von Erwerbstätigkeit nachzugehen, welche es – in Staaten, die über die Naturalwirtschaft hinausgekommen sind, – erlaubt, solche finanziellen Mittel zu erwirtschaften, mit deren Hilfe, Unterkunft, Ernährung, Bekleidung beschafft, kulturelle Bedürfnisse oder welche Wünsche auch immer befriedigt werden können. Außerstande dazu sind fraglos Kinder eines gewissen Alters, hinfällige Alte und Kranke.

Nun ist es nicht selbstverständlich, daß der politische Verband, dem sie angehören, für solche Personen in die Bresche springt. Natürlicherweise treten Eltern für ihre Kinder, Kinder für ihre Eltern, gesunde für kranke Familienmitglieder ein. Die Familie ist bis heute der natürliche Ort, an dem die Schwäche der Kindheit, des Alters oder einer Krankheit kompensiert wird. Dabei findet ein Tauschgeschäft statt: Eltern ziehen ihre Kinder auf, um von ihnen einmal im Alter alimentiert zu werden. Gesunde helfen den Kranken – in der Hoffnung, daß die so Unterstützen auch ihnen bespringen, sollte dies einmal nötig werden.

Fällt die Familie als Instanz der Hilfe aus, hat die aus Alters- oder Krankheitsgründen hinfällige Person also keine Angehörigen, die sie unterstützen, dann ist sie auf die Mildtätigkeit ihrer Mitmenschen angewiesen; diese werden als Einzelpersonen spontan oder regelmäßig tätig, oder aber Hilfe erfolgt im Rahmen eines Verbandes, z. B. einer kirchlichen Organisation. Auch im letzteren Falle verbleibt die Hilfe noch im prä-staatlichen Bereich. Dies gilt auch dann, wenn die Steuergesetzgebung gewisse Vergünstigungen für helfende Personen bzw. Organisationen kennt.

Für das ethische Denken Kants ist die angesprochene Mildtätigkeit lediglich Tugend-, nicht aber Rechtspflicht, kann also nur erbeten, nicht aber eingeklagt

---

[1] *Jünger* 1977, 172.

werden[2]. Der Bettler, der einen Passanten beschimpft, weil er ihn nicht bedenkt, sondern wortlos vorbeieilt, tut dies also für Kant ganz zu Unrecht; denn er hat keinerlei Anspruch auf Mildtätigkeit – bestenfalls könnte er an das Gewissen des Knauserigen appellieren und ihn darauf verweisen, was ein wirklich tugendhaftes Verhalten wäre; wobei er freilich voraussetzen müßte, daß der so Angesprochene wirklich über freie Mittel verfügt, die er ohne Schaden für sich und seine Familie entbehren könnte, wenn er es nur wollte. Ob solche Bedingungen wirklich vorliegen, dürfte der um das Almosen Bittende kaum zu überprüfen in der Lage sein. Seine Ermahnungen erfolgten also in jedem Falle auf gut Glück und ohne wirkliche Grundlage.

Der Sozialstaat verwandelt – wendet man die Kantische Terminologie auf ihn an – Tugend- in Rechtspflichten, er schafft einen Anspruch auf Alimentation der Bedürftigen – oder besser: solcher Menschen, denen es gelingt, wie auch immer definierte, von einer Sozialbürokratie in Anschlag zu bringende Bedürftigkeitskriterien zu erfüllen. Die Schlüsselbegriffe einer Rechtfertigung dieses Vorgehens, mit dem nun alle Steuerzahler zur Tugend gezwungen werden sollen, lauten hier – jenseits der auch anzutreffenden utilitaristischen Begründungen: Solidarität, Gerechtigkeit, Menschenwürde. Alle drei werden sich in der folgenden Analyse ebenso als untaugliche Legitimationsinstrumente erweisen wie die utilitaristische Argumentation.

Das philosophische Problem, das aus den geschilderten Verhältnissen resultiert, läßt sich in zwei Schritten so formulieren:

(i) Aus welchen Gründen sollte jemand, der mit einem als bedürftig Gekennzeichneten nicht verwandt, verheiratet oder verschwägert ist, dazu verpflichtet sein, zur Alimentation dieser Person beizutragen oder sie gar vollständig zu übernehmen?

Wenn sich eine solche Verpflichtung mit guten Gründen vertreten ließe, wäre weiterhin zu fragen:

(ii) Warum wäre es eine staatliche Aufgabe, derlei Alimentation dadurch zu erzwingen, daß man Teile der Bevölkerung enteignet, um mit den konfiszierten Mitteln eine Wohlfahrtspolitik zu betreiben?

Pragmatisch orientiert – und daher zunächst außer-philosophisch argumentierend – operiert man zur Beantwortung der zweiten Frage gerne mit dem Hinweis auf die Gefahr von Hungerrevolten, welche nicht nur den Landfrieden, sondern auch den Reichtum der Hartherzigen bedrohten. Verelendete Massen fielen nämlich, wenn man sich nicht um sie kümmere, am Ende über die wenigen Reichen her und nähmen sich, was sie zum Leben brauchten. Das könne niemandem gefallen; es sei daher eine gute Investition, wenn die Wohlhabenderen ihr Eigentum

---

[2] Vgl. MdS – Akad VI, 383.

dadurch schützten, daß sie einen ja doch verhältnismäßig kleinen Teil davon an Bedürftige abträten und sich damit die Ruhe erkauften, den verbleibenden Rest ihres Vermögens zu genießen oder für ihre Kinder aufzubewahren.

Die Überlegung klingt zunächst ganz vernünftig; sie scheint der realen Kräfteverhältnissen ganz unsentimental Rechnung zu tragen[3]. Doch hat sie ihre Tücken. Denn gäbe man einer solchen Argumentation Raum, dann gerieten alle sozialstaatlichen Maßnahmen in Mißkredit. Sie wären nämlich der Zahlung an Erpresser vergleichbar, die damit drohen, die Bedingungen zu zerstören, unter denen die prosperierenden Teile der Bevölkerung leben, wenn diese nicht dazu bereit sind, die Unproduktiven durch eine Art von Tributzahlung in einem relativ komfortablen Zustand zu halten. Daß sich ein in diesem Stile geführter Diskurs in einer gefährlichen Nähe zur Legitimation eines offenen Rechtsbruchs bewegt, dürfte evident sein.

Die geläufige Gegenargumentation lautet so: Führt man den Gedankengang einen Schritt weiter, dann läßt sich leicht eine politische Formation imaginieren, die durch Agitation die Gesellschaft spaltet, Sozialneid schürt und zugleich zu verstehen gibt, bei kraftvoller Besteuerung der Reichen könnte den Armen vom Staate gegeben werden, was sie so bitter nötig hätten. Damit schaffte man allererst die gefährliche Situation, welche man abzustellen verspricht. Man wiegelte einen Teil der Bevölkerung gegen den anderen auf, drohte dann mit der Gefahr von Hungerrevolten und erpreßte so Zahlungen, welche es ermöglichen, Geschenke zu verteilen. Der gegen das pragmatische Argument gerichtete Hinweis endet oft mit einer Verdächtigung: Bei Lichte besehen stelle sich schnell die Vermutung ein, daß die angestrebten Sozialmaßnahmen wohl nicht Ausfluß einer sozialpolitischen *misericordia* seien, sondern daß die vermeintlichen Samariter viel eher die nächsten Wahlen im Auge haben könnten.

Die vorgeführte pragmatische Begründung des Sozialstaats steht also sehr leicht im Verdacht politischer Korruption. Darum liegt es nahe, ihm eine fundiertere Begründung zu geben. Dies kann dadurch geschehen, daß man sie auf die Basis des utilitaristischen Denkens stellt[4]. Nun lautet das Argument so: Aufgabe der Politik ist es, dem ‚Greates Happiness Principle'[5] zu folgen, also für die größte Anzahl von Bürgern das größtmögliche Glück herbeizuführen. Glück drückt sich hier zu

---

[3] Buchanan verwendet einen ähnlichen Argumentationsgang, um die Entstehung einer durch das Recht geordneten Gesellschaft zu erklären: Es geht – unter Hobbesschen Naturzustandsverhältnissen – um Senkung der Kosten, die dadurch entstehen, daß man sich gegen Angriffe verteidigen bzw. selber solche Attacken durchführen muß, um ein bestimmtes Gut zu erwerben – vgl. *Buchanan* 1975, 23 ff.

[4] Im Rahmen der Wirtschaftswissenschaften tritt der Utilitarismus als ‚welfare economy' auf – ihr Begründer, A.C. Pigou, bestimmt die ökonomische Wohlfahrt der Menschen, deren Maßstab das Geld sein soll, als den Gegenstand der ökonomischen Wissenschaft (*Pigou* 1932, 11).

[5] Vgl. *Mill* 1926, 6.

allererst in erfolgreichen Bemühungen um Bedürfnisbefriedigung aus. Der Staat hat dafür zu sorgen, daß sich breiteste Kreise eine möglichst große Zahl an Wünschen erfüllen können. Sein Erfolg bemißt sich an dem Grade, in welchem diese Glückmaximierung erreicht wird. Dieser wird in allgemeinen Wahlen gemessen. Findet diejenige politische Gruppierung, welche die glückmaximierenden Sozialmaßnahmen zu verantworten hat, hier eine Mehrheit, dann hat sie die Bestätigung dafür erhalten, daß es ihr gelungen ist, im utilitaristischen Sinne politisch richtig und damit auch moralisch gehandelt zu haben. Die Bürger ihrerseits lesen die wohlfahrtsstaatlichen Erfolge an den Zuwächsen ab, welche sie in ihren jeweiligen Besitzständen erreicht haben und präferieren die politische Gruppierung, der sie die Wohlstandsmehrung zuschreiben.

Was in der ersten Version des pragmatischen Argumentes noch wie ein anrüchiger Versuch des Stimmenkaufs aussah, scheint nun als Methode zur Erfolgsmessung und -kontrolle völlig gerechtfertigt. Allerdings wird man dabei im Auge behalten müssen, daß jede utilitaristische Argumentation in der Gefahr steht, die aus dem Grundwert der Freiheit fließenden Normen, welche sich als individuelle Freiheitsrechte manifestieren, wenn nicht zu verletzen, dann doch zu ignorieren[6]. Denn das in den Utilitarismus eingebaute Maximierungspostulat wirkt so, daß die Rechte einer Minderheit, ganz gewiß aber die eines einzelnen Bürgers angesichts des kollektiven Glücks gar nicht in den Blick geraten können; sie werden schlicht hinwegaddiert. Wenn eine Enteignungsmaßnahme, welche die zwei vermögendsten Prozent der Bewohner eines Landes gemessen am *status quo ante* weitgehend mittellos zurückläßt, die Restbevölkerung hingegen bereichert, dann ist eine solche Vorgehensweise für den Utilitaristen nicht nur gerechtfertigt, sondern sogar geboten, auch wenn die Eigentumsrechte der Geschädigten mißachtet worden sind und ihr Glück deshalb schwindet.

Aus den Überlegungen läßt sich nur der Schluß ziehen: Eine utilitaristische Begründung des Sozialstaats ist mit dem Grundwert der Freiheit unvereinbar. Das pragmatische Argument kann deshalb durch einen solchen Fundierungsversuch philosophisch nicht wetterfester gemacht werden als es ohne eine solche Hilfe ist.

In den Alltagsdiskursen verbreiteter als die soeben abgewiesene utilitaristische Argumentation ist der Hinweis auf den schon benannten Begriff ‚Solidarität'[7]. Der – wie ich meine – angesichts seiner Herkunft zu Unrecht stark moralisch

---

[6] Berlin formuliert dieses klassische antiutilitaristische Argument recht drastisch, wenn er feststellt, zu Zeiten der Hexenverbrennungen habe diese Art der öffentlichen Hinrichtung gewiß das psychische Wohlbefinden einer großen Zahl von Zuschauern gesteigert, was aber kaum für die moralische Richtigkeit einer solchen Rechtspraxis spreche; vgl. *Berlin* 2002, 237. Nozick vermag Berlin noch zu überbieten; vgl. *Nozick* 1980, 41. Für eine ausführliche Kritik des Utilitarismus vgl. *Schmitz* 2001, 55 ff.

[7] Eine gründlichere Analyse als sie hier möglich ist, findet sich in *Schmitz* 2012, 56–60; 76–78, u. a.

konnotierte Terminus[8] hat eine Doppelbedeutung. Einmal meint er eine Haltung, mit der mit anderen geteilte Ziele verfochten werden. Das augenfälligste Beispiel dürften die Arbeiter eines Betriebes sein, die solidarisch zusammenstehen, um für höhere Löhne zu streiken. Eine zweite Verwendungsweise liegt vor, wenn man jemanden, der sich für die Interessen einer Gruppe Schwächerer einsetzt, ohne daß er diese Interessen teilte, ‚solidarisch' nennt. Beispiel sind hier solche Arbeiter, die sich selber zwar nicht in Tarifauseinandersetzungen befinden, die aber dennoch in den Streik treten oder zu sonstigen Unterstützungsmaßnahmen greifen, weil ihre Kollegen, die in einer anderen Branche tätig sind, um höhere Löhne kämpfen. Letzteres geschieht vielleicht in der Hoffnung, daß man auch ihnen einmal bespringen werde, wenn ein Auseinandersetzung anstehen sollte.

Beiden Begriffsverwendungen ist zweierlei gemeinsam:

(i) Solidarität braucht immer einen moralisch diskreditierten oder diskreditierbaren Gegner, den es zu bekämpfen gilt.

(ii) Solidarität ist immer Ausdruck eines Kollektivegoismus, den man für gerechter hält als die Selbstsucht auf der gegnerischen Seite.

Die gängige Handhabung des Wortes ‚Solidarität' in unseren Alltagsdiskursen verdeckt die dem Konzept eingeschriebene Partikularität, i.e. das Faktum, daß zwei Parteien, die diskreditierten Gegner, aber auch die einander Solidarität Erweisenden, in ihrer Auseinandersetzung vom Motiv der Wohlstandsmehrung beseelt sind. Dazu wollen sie eine Distributionsregel entweder festlegen oder neu aushandeln. Weil sich mit einer solchen Formulierung ihres Anliegens aber nur sehr schlecht Politik machen läßt, sucht man sich auf Seiten der Fordernden moralisch zu nobilitieren, indem man dem Terminus ‚Solidarität' die Aura einer säkularisierten Nächstenliebe verleiht, den ihm innewohnenden partikularen Gruppenegoismus hingegen abblendet. Bringt man dieses eher rhetorische Strategem der Debatten, in denen das Wort ‚Solidarität' fällt, in Abzug, dann hat man es stets mit interessengesteuerten Verteilungskämpfen zu tun, die Partikularität der Solidargenossen tritt ans Licht.

Daß es sich bei den Handlungen eines Sozialstaates nicht um Akte der Solidarität handeln kann, erhellt schon daraus, daß es keinen Gegner gibt, der hier dadurch bekämpft werden muß, daß man ihm – im weitesten Sinne – in Verhandlungen, in denen man nach Distributionsregeln sucht, geldwerte Vorteile abringt. Es liegt überhaupt kein Verteilungskampf vor. Vielmehr wendet der Sozialstaat, dem eigenen Verständnis nach, eine für bestimmte Menschen bestehende, sie in ihrer Existenz bedrohende oder zumindest doch ihre Lebensqualität empfindlich einschränkende Notsituation ab, indem er – aus einer universellen, nicht etwa partikularen Verpflichtung heraus – finanzielle Mittel nach gewissen prädefinierten

---

[8] Bayertz konstatiert mit Recht eine ‚ethische Randstellung' des Solidaritätskonzeptes, welche aus dem Partikularismus resultiere, der ihm innewohne – vgl. *Bayertz* 1996, 307.

Regeln redistribuiert. Diese Regeln sind zuvor in den Auseinandersetzungen von politischen Parteien, welche nicht Empfänger und auch nicht Quelle der Hilfsmittel sind, ausgehandelt worden.

In einem zweiten Begründungsversuch argumentiert man in philosophischen Debatten mit einem Gerechtigkeitspostulat: Es sei nicht hinnehmbar, daß einige Menschen fast nichts, andere hingegen sehr viel besäßen. Diese Ungleichheit gelte es – freilich nur bis zu einem gewissen Grade – zu beseitigen. Völlige Gleichheit könne man nämlich nicht anstreben, da man sonst die Quellen, aus denen die zu redistribuierenden Mittel stammen, zum Versiegen brächte[9]. Also werde man ein Maß der Umverteilung zu suchen haben, welches den Wohlhabenden nicht die Lust verderbe, im Lande zu bleiben und deshalb auch weiterhin dort ihre Steuern zu entrichten[10].

Zur Begründung dieser Auffassung führt man einen relativen Armutsbegriff ein, welcher ‚bedürftig' denjenigen nennt, dessen finanzielle Möglichkeiten einen gewissen – nach einer mehr oder weniger willkürlichen Formel berechneten – Abstand zur Lage der Bessergestellten überschreiten. Reale Not ist hier also nicht mehr ausschlaggebend; wer arm ist, bestimmt die Applikation eines gewissen statistisch fundierten Instrumentariums.

Man sieht leicht, daß auch hier die Rede von einer moralischen Verpflichtung zur Hilfe allenfalls rhetorischen Wert besitzt. Denn der Hinweis auf die Erfordernisse der Gerechtigkeit taugt nicht zur Begründung sozialstaatlicher Maßnahmen – man spricht in diesem Zusammenhang gerne von ‚sozialer Gerechtigkeit', was eine sinnlos pleonastische Dopplung darstellt, da es keine Art von Gerechtigkeit gibt, die nicht auch zugleich sozial wäre.

Die Unbrauchbarkeit einer Konzeption der Verteilungsgerechtigkeit – und nur um sie kann es sich im gegebenen Falle handeln – zeigt eine Analyse der Regeln der *iustitia distributiva*. Diese besagen, daß bei der Verteilung gewisser Güter auf zweifache Weise verfahren werden kann:

(i) Man distribuiert nach Bedürfnis der Empfangenden.

(ii) Man distribuiert nach Leistung der Empfangenden.

Im ersten Falle erhält der Hungrigste den größten Teil, im zweiten hingegen derjenige, der zur Nahrungsbeschaffung das meiste beigetragen hat. Vorausgesetzt allerdings ist stets, daß der Verteilende eine legitime Verfügungsgewalt über das besitzt, was er distribuieren will.

Das legt eine der Prämissen offen, welche mit einer Apologie des Sozialstaates aus Gerechtigkeitsgründen stets *ex silentio* gemacht wird. Sie lautet: Alles, was in

---

[9] Vgl. *Sandel* 2009, 59.
[10] Topisch ist hier gewiß das Rawlssche Differenzprinzip; vgl. *Rawls* 1973, 83.

einer politischen Gemeinschaft erwirtschaftet wird, gehört dieser Gemeinschaft, die sodann entscheidet, wie sie verteilt.

Das Eigentum, welches zu schützen, Ausdruck eines der zentralen politischen Werte ist, beruht für den sozialstaatlichen Gerechtigkeitstheoretiker also auf einer Schenkung, die der Staat vornimmt[11]. Senkt er die Steuern, dann macht er nach dieser Auffassung Präsente; es ist nicht etwa so, daß er sich, wenn er sich dazu bereitfände, die Abgabenlast zu mindern, damit zugleich entschlösse, weniger konfiskatorisch zu operieren.

Man hat in diesem Zusammenhang nicht zu Unrecht darauf hingewiesen[12], daß ein Wohlfahrtsstaat sich genau dann in einen paternalistischen Haushaltsstaat verwandele, wenn er sich dazu entschließe, die Einkünfte aller oder doch wenigstens der meisten Bürger unter seine Kontrolle zu bringen und danach für die Allokation dieser Mittel zu sorgen. Das Verteilungsprinzip wäre dann die vom Patriarchen – gemäß seiner tieferen Einsicht – attestierte Bedürftigkeit. Daß dies die Beschreibung einer Wohlfahrtsdiktatur[13] ist, dürfte außer Zweifel stehen.

Auch die verschiedenen Formen eines gemäßigten, den Eintritt in eine Wohlfahrtsdiktatur meidenden Sozialstaates schaffen Kollision mit dem Grundwert der Freiheit, wenn sie sich mit Gerechtigkeitsvorstellungen legitimieren wollen. Sie unterscheiden sich nämlich nur dadurch voneinander, daß sie unterschiedliche Mischungen der beiden Prinzipien der *iustitia distributiva* – Bedürfnis und Leistung – herbeiführen. Dabei geht es freilich in den Begründungsdiskursen weniger um Fragen der Gerechtigkeit; was man hier viel eher im Auge hat, ist der eben gerade noch mögliche Uniformitätsgrad der Gesellschaft, der ebenso gewählt werden muß, daß Emigrationswellen produktiver Menschen ausbleiben. Hinter einer sich mit Verweis auf ein Gerechtigkeitspostulat legitimierenden Sozialstaatlichkeit steht also der Wunsch nach *egalité*. Damit tritt die hier gewählte Begründung in eine klassische Konkurrenz zum Grundwert der Freiheit, welche letztlich niemals überwunden werden kann; denn so lange man eine Eigentumsgarantie zu geben geneigt ist, wird eine Konfiskation von Vermögen, mit welcher Gleichheit geschaffen werden soll, nicht zu legitimieren sein.

Ein axiologisch begründbarer, i. e. mit dem Grundwert des Politischen vereinbarer, Sozialstaat kann daher nicht auf Gerechtigkeitserwägungen ruhen; er legitimiert sich nicht aus dem Streben nach einer egalitären Gesellschaft, sondern – ganz im Gegenteil: Er ist Ausdruck der Tatsache, daß in freien Gesellschaften Ungleich-

---

[11] Daß der Staat nicht etwa vorfindbares Eigentum zu schützen, sondern durch Verteilung allererst Eigentum zu schaffen habe, sagt Fichte im ‚Geschlossenen Handelsstaat'; vgl. *Fichte* 1971, 453. Damit wird freilich nichts anderes gefordert als ein Rückfall in prä-politische Verhältnisse, wie sie in tribalistischen Gemeinschaften herrschen, die nur Stammeseigentum kennen; vgl. *Fukuyama* 2011, 15.
[12] Vgl. *Hayek* 1978, 260/261.
[13] Zu diesem Terminus Näheres bei *Schmitz* 2005, 81 ff., 85 f. u. a.

heit herrscht, die man nicht etwa beseitigen, sondern aus bestimmten Gründen in ihren Folgen kompensatorisch zu mildern hat.

Das dritte, in den letzten Jahren häufig vorgebrachte Argument für solche Kompensationsmaßnahmen verweist auf die Würde des Menschen, die nicht angetastet werden dürfe[14]. Genau das aber geschehe, wenn einem Bedürftigen Nahrung, Behausung, Bekleidung, medizinische Versorgung, ja am Ende auch der Fernseher und die Waschmaschine verweigert würden. Mir scheint diese Argumentation insofern wenig überzeugend, als man hier das Faktum verkennt, daß die Rede von der zu wahrenden Würde des Menschen bei näherem Hinsehen lediglich ein Abwehrrecht bezeichnen kann[15]. Mit ihr wird postuliert, daß gewisse – von einer staatlichen Instanz ausgehende – Handlungen zu unterbleiben haben, z. B. eine bestimmte Art der Bestrafung, mit der eine Person herabgewürdigt wird. Insofern ist die Forderung nach Wahrung der Menschenwürde dem Postulat vergleichbar, Zensurmaßnahmen zu unterlassen. Aus ihm kann nicht geschlossen werden, daß der Staat allen seinen Bürgern Publikationsmöglichkeiten zu garantieren habe. Ebensowenig impliziert die Gewährung von Reisefreiheit die Verpflichtung, die zur Ausübung eines solchen Rechtes nötigen finanziellen Mittel bereitzustellen. Letztlich verhält es sich mit dem Respekt vor der Würde des Menschen so wie mit dem Recht auf Emigration. Letzteres besteht in dem Gebot, daß staatliche Stellen einer Auswanderung der Bürger keine Hindernisse in den Weg legen dürfen. Ein Recht auf Einwanderung in ein anderes Land resultiert nicht aus ihm. Die Forderung, die Menschenwürde zu respektieren, läuft – ganz analog zum Recht auf Emigration – darauf hinaus, den Bürgern gewisse Dinge nicht anzutun.

Neben den bereits vorgetragenen Überlegungen gibt es noch ein *argumentum ex consequentibus*, das freilich in Teilen der Forschung nicht als solches aufgefaßt wird. Dennoch entbehrt es nicht einer gewissen Evidenz. Der Gedankengang hat folgende Gestalt: Menschenwürde ist Teil der Freiheit *von*. Wäre dem nicht so, steckte in ihr mithin dergestalt Freiheit *zu*, daß der Staat gewisse Alimentationsleistungen zu erbringen hätte, dann stellte sich unmittelbar die Frage, warum eine Beschränkung auf Inländer zu erfolgen hätte[16]. Menschenwürde besitzen ja fraglos

---

[14] Was ich hier nicht vor Augen habe, ist die einschlägige juristische Auseinandersetzung; vgl. dazu *Neumann* 1994. Ich beziehe mich vielmehr auf die im Kontext einer vorzugsweise marxistischen Tradition formulierten These, daß es ohne ein Ende des menschlichen Elends keine menschliche Würde geben könne; vgl. hierzu exemplarisch *Bloch* 1975,14.

[15] In der philosophischen Tradition ist es der von Kant gegen Hobbes' Behauptung, jeder Mensch haben seinen Preis (vgl. *Hobbes* 1972, 151), in Feld geführte Begriff der Würde, welcher deutlich macht, daß man es mit einem der sogenannten negativen Rechte zu tun hat: Was – wie der Mensch – keinen Preis hat, weil sich kein Äquivalent findet, mit dem sich sein Wert ausdrücken ließe, hat Würde; denn es ist Zweck an sich selbst (vgl. GzMdS – Akad IV, 434 f.). Daraus resultiert dann das Verbot, andere Menschen zu instrumentalisieren, nicht aber die Verpflichtung, sie zu alimentieren.

[16] Für eine Ausdehnung auf den globalen Raum argumentiert u. a. Martha Nußbaum; vgl. *Nußbaum* 2007, 274. Daß man sich solch' frommen Wünschen sofort anschließen mag, steht außer Frage. Nur es dürfte hier beim Wünschen bleiben. Anderer Ansicht ist Thomas Pogge; vgl. *Pogge* 1998.

auch Personen in unterentwickelten Gebieten, die in fremden Staaten liegen. Auch ihnen hätte man, wenn die Rede von Menschenwürde mehr als ein Abwehrrecht bedeutete, beizuspringen – und zwar ausnahmslos allen; denn ein Selektionsprinzip wäre dann allein die Antwort auf die Frage, ob ein Mensch materielle Unterstützung zur Wahrung seiner Würde benötigt.

Man sieht schnell, daß eine solche Auffassung nicht wirklich in praktische Politik umzusetzen wäre, da auch die sehr wohlhabenden, aber meist hochverschuldeten Länder der westlichen Welt kaum in der Lage sein dürften, die skizzierten Leistungen ohne Vernachlässigung der eigenen Bevölkerung umfassend zu erbringen, ganz abgesehen von den außenpolitischen Schwierigkeiten, die mit einer solchen notwendigerweise interventionistischen Hilfe verbunden wären; denn man müßte ja dabei zunächst solche Regime beseitigen, die ihre Völker in Armut halten, weil sie ja in sehr vielen Fällen die Wurzel des Übels darstellen.

Damit sind die drei gängigen Begründungsversuche einer Sozialstaatlichkeit abgewiesen. Es verbleibt zu ihrer Rechtfertigung nun nur noch eine Überprüfung des Verhältnisses von Sozialstaat und Freiheit. Im Laufe der Abhandlung ist mehrfach der Begriff der Freiheit als Freiheit *von* und Freiheit *zu* auseinandergelegt worden. Dieses begriffliche Instrumentarium kann nun verwendet werden, um zu zeigen, daß sich aus dem politischen Grundwert der Freiheit in der Tat eine gewisse soziale Verpflichtung des Gemeinwesens ergibt[17]. Denn um die Partizipationsrechte, welche im Begriff der Freiheit *zu* etwas liegen, wahrnehmen zu können, ist es in der Tat nötig, von bedrückenden materiellen Verhältnissen so weit frei zu sein, daß man dazu in der Lage ist, an den politischen Diskursen einer Gemeinschaft teilzunehmen[18].

Hierzu gehört nicht nur eine Befriedigung der Grundbedürfnisse, sondern auch ein bestimmter Bildungsgrad, der eine demokratische politische Orientierung allererst ermöglicht. Es ist schwer zu sehen, daß jemand, dem die Fähigkeit zu lesen und zu schreiben fehlt, in der Lage ist, sich ein Bild von der politisch-gesellschaftlichen Lage seines Landes zu machen. Gleiches gilt für jemanden, dem alle historischen Kenntnisse fehlen. Der Sozialstaat muß daher – neben der Hilfe zu Unterkunft und Lebensunterhalt – z. B. auch dafür sorgen, daß eine allgemeine Schulpflicht eingeführt und verwirklicht wird, daß – etwa durch öffentliche Bibliotheken – Informationsmöglichkeiten gegeben sind, wenn der politische Grundwert der Freiheit gewahrt bleiben soll.

Aus dem zentralen Wert des Politischen resultiert also das Postulat, breitesten Kreisen der Bevölkerung die Möglichkeit zur Partizipation zu garantieren. Entsprechende Vorkehrungen schaffen die Voraussetzung, daß jedermann sich an der Gestaltung des Gemeinwesens beteiligen kann.

---

[17] Böckenförde spricht in diesem Zusammenhang von ‚sozialer Freiheit'; vgl. *Böckenförde* 1973, 38. Schwartländer betont, daß soziale Menschenrechte sich aus den Freiheitsrechten ergeben; vgl. *Schwartländer* 1981, 80.
[18] Vgl. *Höffe* 1981, 255.

Wovor man sich hier – wie dargelegt – freilich hüten muß, ist die Gefahr, in eine Praxis abzugleiten, welche schließlich durch eine weitreichende Alimentation gewisser Bevölkerungsteile, die man zu seiner Wählerklientel rechnet, die Sicherung der politischen Fortexistenz von Parteien im Auge hat. Es gilt also stets, das in aller Sozialstaatlichkeit lauernde Korruptionspotential nicht zu unterschätzen. Gerade Parteiendemokratien legen hier ein gerüttelt Maß an Skepsis nahe, denn die mit einem Leben als Berufspolitiker verbundenen Unwägbarkeiten verführen gewiß leicht dazu, nach Wegen zu suchen, welche es ermöglichen, gewisse Ämter und Positionen über längere Zeiträume hinweg zu besetzen.

Mit den letzten Überlegungen sind die beiden Applikationen des politischen Grundwertes der Freiheit abgeschlossen. Ich will nun in einer resümierenden Theoretisierung den Begriff der Gleichheit thematisieren, der allem Bisherigen immer schon zugrunde lag, aber bisher nicht ausdrücklich gemacht worden ist.

XIII. Die Gleichheit der Bürger

> „Einige Stunden Bergsteigens machen aus einem Schuft und einem Heiligen zwei ziemlich gleiche Geschöpfe. Die Ermüdung ist der kürzeste Weg zur *Gleichheit* und Brüderlichkeit – und die Freiheit wird endlich durch den Schlaf hinzugegeben."[1]

Plutarch teilt in seiner Theseus-Vita mit, der Aigeus-Sohn habe den Damastes[2] getötet, indem er ihn dazu gezwungen habe, so für sein Bett passend gemacht zu werden, wie er selbst Fremde traktiert hatte[3]. Damit habe Theseus den Herakles imitiert, der ihn bedrohende Gewalttäter bestrafte, indem er sie die Art des Todes erleiden ließ, die sie für ihn vorgesehen hatten. Diodor verwendet den uns geläufigeren Namen des barbarischen Bösewichts: Prokrustes, und er führt die Bezeichnung darauf zurück, daß er solche Menschen, die für sein Bett zu kleinwüchsig waren, gestreckt habe[4]. Daß er den zu Großen die herausstehenden Glieder abhackte, scheint für die Namengebung keine Rolle gespielt zu haben.

Der antike Mythos ist wie geschaffen für eine Illustration einer der in den Debatten, welche man um den Begriff der Gleichheit geführt hat, bezogenen Positionen. Natürlich dient er hier den Anti-Egalitaristen als Beleg[5] für die ubiquitäre Gewalttätigkeit, welche unausweichlich mit der Verwirklichung von Gleichheit verbunden sei. Denn niemand passe ja in das Bett des Prokrustes, alle seine Besucher kämen in ihm auf äußerst schmerzhafte Weise zu Tode. Ebenso stehe es mit den Gliedern einer auf kompromißlose Egalität setzenden Gesellschaft. Auch wenn man sie am Leben lasse, tue man ihnen dennoch einen schrecklichen Tort an, wenn man sie alle über einen Kamm schere; denn man müsse die Menschen ihrer Freiheit berauben, wenn sie auch nur annähernd gleich werden sollten. Zudem: Die Propheten der Gleichheit nähmen sich selbst – ganz wie Prokrustes – von jedem Gleichheitsgebot aus. Es müsse daher erst ein Theseus kommen, welcher auch sie dem Egalitarismus unterwerfe und damit jedermann drastisch vor Augen führe, welche Hypokrisie unter ihnen herrsche.

Dennoch stand (wie sich mit einem Blick auf die griechische Antike zeigen läß) das Gleichheitsideal hoch in Kurs. Auch heute ist es mitnichten obsolet, wie ein

---

[1] *F. Nietzsche*: Menschliches, Allzumenschliches, KSA 2, 665/666.
[2] Pausanias nennt den Räuber Polypemon (1, 38, 5), obwohl das eher der Name seines Vaters zu sein scheint.
[3] ... ἀωαγκάσας αὐτὸν ἀπισσοῦν τοῖς κλιντῆρσιν ὥσπερ τοὺς ξένους ἐκεῖνος (11,1).
[4] ... τῶν δ' ἐλαττόνων τοὺς πόδας προέκρουεν (Diodor IV, 59, 6).
[5] Vgl. z. B. den Titel des Aufsatzes von Antony Flew (1983).

Blick auf die politischen Debatten zeigt[6]. Anlaß genug, es einer philosophischen Analyse zu unterziehen. Dazu wird es nötig sein, den Begriff der Egalität zunächst ganz allgemein, i. e. rein formal, zu klären, um ihn sodann als Idee der Rechts- und der sozialen Gleichheit zu erörtern. Die Überlegungen werden folgendes Resultat präsentieren. Gleichheit läßt sich nur als eine schwache Form der Chancengleichheit postulieren, welche sich darin manifestiert, daß staatliche Autorität keine Hindernisse aufbaut, welche die Freiheitsrechte der Bürger tangieren.

Man kann die Bedeutung der Rede von Gleichheit am besten dadurch ermitteln, daß man den Begriff in eine Reihe von Termini stellt, welche ihn begrenzen. Im vorliegenden Falle ist *Selbigkeit* als gesteigerte *Gleichheit* zu verstehen, *Ähnlichkeit* als ihre geminderte Form, *Verschiedenheit* schließlich als ihre Negation. Ich will alle vier Begriff im Rahmen einer Minimalanalyse vorführen, die zwei Objekte, *A* und *B*, korreliert, welche über vier verschiedene Eigenschaften (E) verfügen können. E_1 bezeichnet das Kugelförmig-Sein (Durchmesser: 5 cm), E_2 benennt das Blau-Sein, E_3 den Besitz einer rauhen Oberfläche, E_4 das Gewicht (hier 500 Gramm.). Je nach dem Grade, in welchem *A* und *B* Eigenschaften teilen, stehen sie zueinander in der Relation R_S (Selbigkeit), R_G (Gleichheit), $R_Ä$ (Ähnlichkeit)und R_V (Verschiedenheit).

Selbigkeit liegt vor, wenn zwischen A und B ein Äquivalenzverhältnis besteht. Formalisiert:

$$(A \leftrightarrow B) \rightarrow AR_SB.$$

Ist diese Bedingung erfüllt, dann sind *A* und *B* lediglich zwei verschiedene Namen für ein und dieselbe Entität, welche nur eine Raum-Zeitstelle einnimmt. Ein Alltagsbeispiel wären die in unterschiedlichen Sprachen unterschiedlichen Namen für ein und dasselbe Land: ‚Deutschland', ‚Germany', ‚l'Allemagne'.

Im Falle der Gleichheit, wie auch in dem der Ähnlichkeit und der Verschiedenheit nehmen *A* und *B* unterschiedliche Raum-/Zeitstellen ein. Wir haben es hier also mit zwei Objekten zu tun. Gleichheit liegt vor, wenn sowohl *A* als auch *B* über E_1 bis E_4 verfügen. Sie stehen dann in der Relation R_s. Formalisiert:

$$[E_1/E_2/E_3/E_4 (A) \wedge E_1/E_2/E_3/E_4(B)] \rightarrow AR_GB.$$

Man mag hier an Objekte denken, die von sehr präzisen Maschinen in Massenproduktion hergestellt werden. Sie haben alle die gleichen Eigenschaften, wiewohl es sich um unterschiedliche Gegenstände handelt, die man freilich erst dann auseinanderhalten kann, wenn man sich ihre temporal-lokale Situierung vor Augen führt. Diese macht sie dann in der Tat verschieden, denn eine Raum-/Zeitstelle kann natürlich nur von jeweils einem Objekt eingenommen werden.

---

[6] Man spricht gar von einem quasi-religiösen Status des Egalitätspostulats – vgl. *Nisbet* 1983, 124.

XIII. Die Gleichheit der Bürger

Mit Ähnlichkeit von *A* und *B* hat man es zu tun, wenn beide zwar einige Eigenschaften teilen, sich in anderen aber unterscheiden. *A* sei eine blaue (E_2) Kugel mit einem Durchmesser von 5 cm (E_1) mit einer glatten Oberfläche und einem Gewicht von einem Kilogramm; B hingegen ein quadratischer blauer (E2) Körper mit einer Seitenlänge von 5 cm und einem Gewicht von 500 gr. (E4). Formalisiert:

$[E_1/E_2 \, (A) \wedge E_2/E_4 \, (B)] \rightarrow AR_{\ddot{A}}B$.

A und *B* sind einander insofern ähnlich als sie E_2, i. e. das Blau-Sein, teilen, in allen anderen Eigenschaften sind sie verschieden. Man denke an Schuhe gleicher Farbe, aber unterschiedlicher Form, unterschiedlichen Gewichtes, unterschiedlichen Materials – rauhes und glattes Leder etwa.

Mit Verschiedenheit hat man es zu tun, wenn A und B keine Eigenschaft teilen: A ist eine blaue Kugel mit glatter Oberfläche und einem Kilogramm Gewicht, B ein roter Quader mit rauher Oberfläche und einem Pfund Gewicht. Formalisiert:

$[E_1/E_2 \, (A) \wedge E_3/E_4 \, (B)] \rightarrow AR_VB$.

Zur Illustration dieses Falles braucht es wohl kein Beispiel. Wir haben es mit Verschiedenheit zu tun, wenn wir die Unvergleichlichkeit zweier Objekte konstatieren oder glauben, sie konstatieren zu müssen. Denn Vergleichbarkeit setzt Ähnlichkeit voraus, weil ein *tertium comparationis* nötig ist, mit dessen Hilfe die zu Vergleichenden ins Verhältnis gesetzt werden können. Man kann also sehr wohl Äpfel mit Birnen vergleichen, da beide Obstsorten ja doch einige Eigenschaften gemeinsam haben, sie enthalten z. B. Kerne und wachsen an Bäumen.

Wenn Vergleichbarkeit Ähnlichkeit voraussetzt, dann schließen Verschiedenheit, Gleichheit und Selbigkeit sie aus. Denn was verschieden ist läßt sich nicht miteinander ins Verhältnis setzten. Liegt Gleichheit vor, erübrigt sich ein Vergleich; dies ist erst recht bei der Selbigkeit der Fall. Vergleichbarkeit beruht also auf partieller Differenz.

Wendet man die bisher entwickelten – gänzlich formalen – Bestimmungen auf die Frage nach erwünschten Formen des sozialen und rechtlichen Miteinander der Menschen an, dann scheint Verschiedenheit der Glieder einer Gemeinschaft in genau dem Maße perhorresziert zu werden, wie sie Ähnlichkeit bedroht. Man duldet sie allenfalls als partielle Differenz. Dies ist ein Zugeständnis an die Selbigkeit, i. e. die Identität der Menschen, welche sich als singuläre Individuen begreifen, die aus eigenem Recht so sind, wie sie sein wollen. Daß diese Autonomie nur partiellen Charakter hat, wird genau dann evident, wenn die Gemeinschaft Forderungen dem Individuum gegenüber erhebt und eine Ablehnung mehr oder weniger empfindlich sanktioniert.

Man stelle sich einen Staat vor, dessen Rechtssystem so ausgelegt ist, daß man – im Rahmen eines Strafprozesses – weit über die Feststellung hinausgeht, daß ein gewisser Tatbestand erfüllt sei. Man bringt das Lebensalter des Angeklagten in Anschlag, seine Einkommensverhältnisse, seinen Bildungsgrad, seine Standeszugehörigkeit. Bis auf den letzten Gesichtspunkt ist uns das Kalkül, zu dem der Richter hier verpflichtet ist, geläufig. Denn wir kennen ja ein Jugendstrafrecht; was uns allerdings fremd sein müßte, ist eine Ausdehnung des Altersprinzips – etwa dadurch, daß man ältere Menschen grundsätzlich anders behandelt als jüngere, wodurch eine Tat, sieht man die Strafe als den Preis an, den man für sie zu zahlen hat, für den Dreißigjährigen vielleicht kostspieliger wäre als für einen doppelt so alten Menschen.

Auch eine Berücksichtigung der Vermögens- bzw. der Einkommensverhältnisse ist uns nicht fremd – wenn man etwa an die Zumessung von Geldstrafen denkt, deren Höhe so gewählt werden soll, daß der Bestrafte eine empfindliche Einbuße hinzunehmen hat. Dies ist für einen relativ Mittellosen schon bei einer recht geringen Summe gegeben, für den vermögenden Rechtsbrecher hingegen dürfte eine Geldbuße dieser Höhe kaum spürbar sein.

Daneben ist der Bildungsgrad bei der Rechtsfindung nicht unwesentlich. Wird man doch einem Hochschulabsolventen ein umsichtiges Verhalten eher abverlangen als einer Person, die nicht daran gewöhnt worden ist, die Folgen ihrer Handlungen durchzurechnen.

Als skandalös dürften wir eine Berücksichtigung der Standeszugehörigkeit empfinden – erst recht, wenn sie so weit ginge, eine regelrechte Klassenjustiz einzuführen, in welcher man nur von Seinesgleichen be- bzw. verurteilt werden darf – und dies nach Regeln, die nur für diese eine Klasse gelten. Was hier genau gemeint ist, geht aus einer Überlegung hervor, die der historisch ja nicht ganz unbewanderte Schiller, der Titelheldin seines Dramas ‚Maria Stuart' in den Mund legt. Sie führt aus:

„Verordnet ist im englischen Gesetz,
Daß jeder Angeklagte durch Geschworne
Von seinesgleichen soll gerichtet werden.
Wer in der Committee ist meinesgleichen?
Nur Könige sind meine Peers."[7]

Daher sei der Prozeß, den Elisabeth, die Königin von England, ihr, der schottischen Königin, habe machen lassen, gänzlich illegitim gewesen. Daß Könige in einer Welt der Stände außerhalb menschlichen Rechts stehen, ist die Konsequenz aus der vorgetragenen Argumentation – nur Gott ist ihr Richter.

Was uns hier so skandalös erscheinen will, ist der eklatante Widerspruch, in dem eine Standesgerichtsbarkeit zum Postulat der Rechtsgleichheit steht, i. e. zu einem umfassend gültigen Diskriminierungsverbot[8]. Bei der Zuerkennung des Rechts dürfen eben das Geschlecht, die Religion, die sexuelle Orientierung, die ethnische oder nationale Zugehörigkeit, die soziale Stellung etc. keine Rolle spielen.

---

[7] 703–707 (*Schiller* 1881, 573)
[8] Vgl. z. B. Art. 2, 1 Allgemeine Erklärung der Menschenrechte; oder Art. 3, 1 GG.

XIII. Die Gleichheit der Bürger

Philosophisch bleibt die Gleichheitsforderung freilich so lange bedeutungslos, wie sie lediglich aus positivem Recht resultiert und daher eben nur eine schlichte Forderung darstellt, auch wenn sich die Mehrheit der involvierten Personen ohne Umstände auf ihre Gültigkeit einigen könnte. Eine ernst zu nehmende Begründung findet sich bei Locke, dem Vater des Liberalismus und – mit einer gewissen Einschränkung – bei Kant. Ich will beide Positionen kurz skizzieren, um dann zu einer Einschätzung zu gelangen, wie sich aus einer philosophischen Perspektive das Postulat der Rechtsgleichheit legitimieren läßt.

Locke beginnt mit einer Feststellung, die seinen Zeitgenossen nur zu selbstverständlich erschienen sein mag, die aber heute bei einigen seiner Leser auf agnostische Skepsis stoßen dürfte: Ein Schöpfergott habe uns alle gleich geschaffen, darum seien wir auch alle als gleich anzusehen, niemand dürfe sich über einen anderen erheben und damit dessen natürliche, gottgewollte Freiheit beschränken.

Angesichts der eklatanten Unterschiede, welche die Menschen aufweisen, scheint das eine recht unsinnige Bemerkung zu sein. Wir zerfallen in zwei Geschlechter, nehmen im Laufe unseres Lebens ganz verschiedene Altersstufen ein, gehören schließlich differenten Ethnien an, die jeweils körperliche Besonderheiten besitzen: kurz, wir stehen zueinander nicht im Verhältnis der Äquivalenz; eine konvertierbare Relation, welche symmetrisch wäre, liegt nicht vor. Das alles sollen wir ignorieren?

Locke dürfte antworten: Wir müssen es; denn Gott hat keinem von uns ein Zeichen angeheftet, dem zu entnehmen wäre, daß die so klassifizierte Person über andere Menschen gesetzt sei und diese daher dann auch beherrschen dürfe[9]. Auch dieser Hinweis hat zunächst eine religiöse Fundierung, eben die Annahme, ein göttlicher Demiurgos sei am Werke gewesen. Hier aber kann – ohne Verlust der argumentativen Kraft – auf die Annahme eines Schöpfers durchaus verzichtet werden. Man muß den Hinweis nur – über Locke hinausgehend – leicht modifizieren: Kein Mensch weist ein Merkmal auf, das ihn auszeichnen könnte; wir dürfen immer nur konstatieren, daß wir unterschiedlich sind, niemals aber, daß der Besitz der Eigenschaft E das Subjekt S_1 zum Regenten über S_2 bis S_n qualifiziere. Schlage S_1 diesen Hinweis in den Wind und versuche es, die Herrschaft über andere Subjekte zu erlangen, dann – nun wieder Originalton Locke – setzte es sich mit diesen in den Kriegszustand und dürfe bekämpft, gegebenenfalls auch getötet werden[10].

Rekonstruiert man den Kern der Ausführungen, dann läßt sich feststellen: Daß S_1 über E verfügt läßt sich immer nur konstatieren, also lediglich deskriptiv erfassen. Aus dem Besitz von E ein Sollen herleiten zu wollen, i. e. eine Unterwerfungspflicht der anderen Subjekte, die ihre Ungleichheit anzuerkennen hätten, hieße, den berühmten Seins-Sollens-Hiatus zu vollziehen. Schlüsse von dem, was ist, auf das,

---

[9] *Locke* 1979, 269.
[10] *Locke* 1979, 279.

was sein soll/sein muß, sind ungültig. Das hat die Vernunft zuzugestehen, auch wenn sie dies nur zähneknirschend tun mag.

Nun wird deutlich, wo der Kern der Lockeschen Überlegungen liegt – auch wenn er selbst sie in dieser, erst von David Hume geprägten, Form[11] nicht präsentiert. Die Vernunft zwingt rationale Wesen, die dem Augenscheine nach nicht symmetrisch korreliert sind, zu einer Gleichheitsfiktion, welche eben diese Relation ansetzt. Alles andere käme einer Subreption gleich.

Die Gleichheitsfiktion ist für die Lockesche Staatstheorie folgenreich, sie führt schließlich sogar zu einem Widerstandsrecht gegen eine tyrannische Obrigkeit[12]. So weit wollte Kant nicht gehen. Rechtsgleichheit entspringt für ihn vielmehr seiner Ethik des kategorischen Imperativs. Aber auch hier ist die Ratio natürlich die ausschlaggebende Instanz der Beurteilung.

Ausgangspunkt ist die Unterscheidung von Person und Sache. Der letzte Terminus wird nicht nur auf Objekte, sondern auch auf vernunftlose Lebewesen bezogen, mithin auf Pflanzen und Tiere, die wir ja auch wie Sachen kaufen und verkaufen und nach Belieben, sollte es nötig scheinen, töten und verspeisen – wohl die extremste Form der Instrumentalisierung eines anderen Lebewesens. Die Erlaubnis, auf diese Weise zu verfahren, ruht auf dem Faktum, daß Sachen nur einen relativen Wert haben, i. e. einen Wert in Bezug auf ein anderes – kurz: Sie sind Mittel zum Zweck. Personen hingegen sind Zwecke an sich selbst, so daß ein Verbot, sie zu instrumentalisieren, unmittelbar evident ist[13].

Kant begründet seine Einlassungen so: Jeder Mensch stellt sich sein eigenes Dasein so vor, daß er eben ein Zweck an sich selbst sei. Wir haben es also zunächst mit einem subjektiven Prinzip menschlicher Handlungen zu tun. Wir agieren so, daß deutlich sichtbar wird: Eine Instrumentalisierung unserer Person lehnen wir ab, andere Personen zu Mitteln für unsere Zwecke zu machen, scheint uns zuweilen ganz akzeptabel. Ein objektives Prinzip des Handelns steht dem freilich im Wege; es ergibt sich, wenn man darauf reflektiert, daß nicht nur ich es bin, der reklamiert, Zweck an sich selbst zu sein, sondern daß auch jedes andere vernünftige Wesen sich so konzeptualisiert[14].

Aus dem Generalisierbarkeitsgebot, welches in den ersten Formulierungen des kategorischen Imperativ ausgesprochen wird, resultiert nun die Vernunftforderung, kein rationales Wesen nur als Mittel zu gebrauchen. Denn dies könnte nur so geschehen, daß ich die Existenz des anderen meinen Wünschen, Bedürfnissen, Neigungen unterordne. Damit aber verletzte ich das mit der Generalisierbarkeitsanforderung ausgesprochene Dekontextualisierungsgebot, welches besagt: Der Wollende muß sich, sucht er nach einer Maxime seines Wollens, aus allen situativen

---

[11] *Hume* 1981, 469.
[12] Vgl. *Locke* 1979, 416 f.
[13] GzMdS, Akad IV, 428.
[14] GzMdS Akad IV, 429.

Verstrickungen lösen und unbeirrt lediglich darauf achten, daß die ins Auge gefaßte Maxime generalisierbar ist. Ist mir dabei klar, daß alle rationalen Wesen so auf sich selbst blicken, daß sie sich absolut setzen, dann kann von einer Generalisierbarkeit der Maxime so lange nicht die Rede sein, wie wir untereinander das Instrumentalisierungsverbot nicht achten.

Aus diesen Überlegungen springt nun unmittelbar die Rechtsgleichheit der Bürger eines Gemeinwesens: „Ein jedes Glied des gemeinen Wesens hat gegen jedes andere Zwangsrechte …"[15], welche darin bestehen, im Falle einer putativen Instrumentalisierung durch einen anderen diesen vor ein Gericht zu ziehen, welches dann unparteiisch, i. e. ohne Ansehung der Person, überprüft, ob das Recht des Klägers, als Zweck an sich selbst behandelt zu werden, verletzt worden ist. Sollte das Gericht zu einer positiven Auskunft gelangen, wird es mit den Zwangsmitteln des Gemeinwesens die Achtung der Rechtsgleichheit widerherstellen, also einen Zustand aufheben, in welchem der des Rechtsbruches Überführte die Gleichheit rationaler Subjekte ignoriert hat, um die eigene Zweckhaftigkeit über die aller anderen zu setzen.

Jedes Verbrechen – so kann man sagen – stellt eine Instrumentalisierung des Opfers dar, mithin einen Angriff auf die Rechtsgleichheit. Diesen gilt es abzuwehren – durch gutes Zureden vor Ausführung der Tat, wenn das nützt, oder, *post festum*, durch den harten Zugriff einer, was die Unterschiedlichkeit der Menschen angeht, blinden Justiz.

Sowohl bei Locke als auch bei Kant wird die Rechtsgleichheit durch den Zwang der Vernunft erzeugt. Der Brite operiert letztlich mit dem Vorwurf, einer Qualität von Subjekten dergestalt normative Kraft zuzuschreiben, daß es eine Handhabe gewinnt, andere zu beherrschen, beruhe auf einer Subreption; denn die behauptete Normativität müsse vorausgesetzt werden, um sie danach beweisen zu können – eine *petitio principii* also. Wolle die Vernunft bei Verstand bleiben, müsse sie derartige Pseudoschlüsse weit von sich weisen.

Kant hingegen legt den moralisch und dann auch rechtlich Reflektierenden auf das *principium contradictionis* fest. Der Dieb kann nicht wollen, was er sich zu tun vornimmt, wenn er einen Einbruch plant, denn damit reklamiert er für sich das Recht auf einen Bruch der Eigentumsordnung und postuliert zugleich ihre Wirksamkeit; denn er will ja die Beute genießen. Jeder Diebstahl ist eine Eigentumsübertragung in den Augen des Diebes, wodurch er sich vor dem strengen Blick seiner Vernunft lächerlich macht. Für die Rechtsgleichheit gilt nichts anderes. Wenn ein objektives Prinzip des Handelns für Wesen aufgefunden werden soll, die sich selbst als Zwecke an sich betrachten, dann kann es nur darin bestehen, allen anderen Wesen den gleichen Anspruch zuzugestehen. Damit ist jede Art von Klassengerichtsbarkeit obsolet, das Postulat der Rechtsgleichheit in seiner Gültigkeit erwiesen.

---

[15] Gemeinspruch Akad VIII, 291.

Verglichen mit der Frage nach der Berechtigung eines Rechtsgleichheitspostulates ist die Forderung nach sozialer Gleichheit deutlich schwieriger zu legitimieren, zumal sie sehr häufig mit der Forderung nach Rechtsgleichheit kollidiert. Ihr Ausgangspunkt ist philosophiehistorisch eine von Herodot erfundene Diskussion bezüglich der besten Verfassung, eine Debatte, welche Perser, wie Herodot vorgibt, gewiß nicht geführt hätten. Ich zitiere Otanes, der für die Volksherrschaft plädiert:

„πλῆθος δὲ ἄρχον πρῶτα μὲν οὔνομα πάντων κάλλιστον ἔχει, ἰσονομίην"[16].

Worum Otanes es hier geht, ist ein wirksames Mittel gegen die Willkür tyrannischer Einzelner zu finden, ihre ὕβρις zu bekämpfen[17]. Sein Gesprächspartner Megabyzos argumentiert für die Oligarchie, also eine Form der Ungleichheit, wenn er eben dem Volk vorwirft, seine Herrschaft begründe ὕβρις im gleichen Maße, wie sie den Tyrannen befalle[18]. Der dritte Diskutant steigert die Ungleichheit einerseits noch einmal, indem er nur eine Person herrschen lassen will, welche weit über die anderen erhoben sein muß. Denn die Oligarchie führe nur zu Fraktionskämpfen, die Volksherrschaft hingegen zur κακότης[19] – womit Feigheit, Gemeinheit und niederträchtige Mißgunst gemeint sind. Andererseits restituiert die Monarchie die Gleichheit der Untertanen wieder, weil dem Herrscher gegenüber alle in gleicher Weise untertänig zu sein haben.

Den Ausführungen läßt sich entnehmen, daß die eigentliche Auseinandersetzung zwischen Oligarchen und Demokraten geführt wird. In diesem Fahrwasser sich bewegend hat die griechische Antike späterer Zeiten dann die Demokratie und mit ihr das Postulat der Gleichheit gerne diskutiert und dabei die Betonung auf den sozialen Charakter demokratischer Forderungen gelegt. Ich referiere exemplarisch Pseudo-Xenophon für die oligarchische Position, i. e. den Herrschaftsanspruch der Gleichheitsfeinde: Die Demokratie ist dadurch ausgezeichnet, daß sie den Armen mehr zugestehen als den Wohlhabenden[20]. Damit aber etabliere man Unwissenheit (ἀμαθία), Unordnung (ἀταξία) und Bosheit (πονηρία); denn Armut treibe zu unwürdigem Gebaren[21].

Nach diesen Bestimmungen steht zu vermuten, daß die Oligarchen fürchten oder – aufgrund ihrer Erfahrung mit dem Verhalten der Demokraten – dessen sicher sind, daß die Volksmenge sich mit dem Gleichheitspostulat auf den Lippen nicht nur in die Herrschaft drängen werde, sondern sich auch über das Vermögen der Wohlhabenden herzumachen gedenke.

---

[16] „Wenn aber die Menge ‚des Volkes' herrscht, dann hat ‚diese Regierung' erstens den schönsten Namen von allen: Isonomie" (III, 80, 6).
[17] III, 80, 3.
[18] III, 81, 1 f.
[19] III, 82, 3.
[20] Ἀθηναίων πολιτεία (= Ath.pol.) I, 4.
[21] Ath.pol. I, 5.

XIII. Die Gleichheit der Bürger

Aristoteles übernimmt den Tenor des Gesagten, dehnt die Kritik aber auch auf die Oligarchen aus: Die verschiedenen Verfassungen sind nicht zuletzt – sieht man einmal von Tüchtigkeit (ἀρετή[22]) und Herkunft als Kriterium ab – Resultat der ökonomischen Potenz einzelner Teile der Bevölkerung[23].

Die Oligarchen bilden als Wohlhabende eine Minderheitsregierung, in welche aufgenommen zu werden, eine hohe Steuerschätzung voraussetzt; denn sie sind offensichtlich der Auffassung, regieren müsse, wer den Staat finanziere. Letztes Ziel der Oligarchie sei – trotz aller anderslautender, auf eine aristokratische Herrschaft Anspruch erhebender, Hinweise – τὸ πλουτεῖν, die Bereicherung der Regierenden[24].

Für die Verfechter der Demokratie gilt die Annahme, daß diejenigen, die in einer gewissen Hinsicht gleich sind (nämlich als in gleicher Weise Freie), dies in jeder anderen Hinsicht auch sein müssten (δῆμος μὲν γὰρ ἐγένετο ἐκ τοῦ ἴσους ὁτιοῦν ὄντας οἴεσθαι ἁπλῶς ἴσους εἶναι [ὅτι γὰρ ἐλεύθεροι πάντες ὁμοίως, ἁπλῶς ἴσοι εἶναι νομίζουσιν][25]). Daher geben sie allen das Gleiche[26].

Damit ist topisch formuliert, worum sich die Debatte um soziale Gleichheit bis auf den heutigen Tag dreht – soll sie mehr sein als die Forderung nach Erbarmen mit den Minderbemittelten. Die Freunde der sozialen Gleichheit verlangen identische oder wenigstens annähernd ähnliche Vermögensverhältnisse, die, wenn sie nicht vorlägen, durch Umverteilung – und das heißt natürlich durch Enteignungsakte – herzuführen seien. Die Gegner eines solchen Vorgehens werden heutzutage nicht mehr offen die Argumente der antiken Oligarchen artikulieren, sie werden aber auf ihre Eigentumsrechte hinweisen. Daß aus ansehnlichem Besitz zuweilen größere Einflußmöglichkeiten resultierten als der Unbemittelte sie besitze, sei nur eine natürliche Konsequenz. Und man wird auch gewiß nicht vergessen – sich ganz im Horizont des bürgerlichen Leistungsethos bewegend – darauf hinzuweisen, daß der Reichtum nicht vom Himmel gefallen, sondern erarbeitet sei. Die Gleichheitsfreunde wollten Früchte genießen, die sie weder gesät noch gepflegt hätten, ausschließlich ernten wollten sie. Mit dem letzten Hinweis setzen die modernen Oligarchen ihrer Argumentation natürlich eine polemische Spitze auf.

Systematisiert man die bisherigen Überlegungen zur sozialen Gleichheit, dann wird man eine Begriffsunterscheidung einführen, welche in der einschlägigen Forschung unter differierenden Bezeichnungen gehandhabt wird. Ich schließe mich der Nomenklatur an, die Dworkin verwendet. Er spricht von Gleichheit *ex ante* und

---

[22] Pol. 1290a1.
[23] Pol. 1289b27 ff.
[24] EN 1160b15.
[25] Pol. 1301a28–31.
[26] Pol. 1301b29/30. Die Wendung ist präformiert bei *Platon*; vgl. Leges 757b1 ff. und Rep. 558c5: Die Demokratie teilt Gleichen und Ungleichen das Gleiche zu.

*ex post*²⁷. Erstere meint, was man im deutschen Sprachraum Chancengleichheit nennt, letztere im wesentlichen die Einkommens- bzw. Vermögensverhältnisse, in welchen die Glieder einer Gesellschaft sich schließlich versetzt finden. In den heutigen Debatten wird die Forderung nach völliger sozialer Gleichheit nicht vertreten, aber man spricht schon von der Notwendigkeit, die Verhältnisse einander anzugleichen, um eine soziale Spaltung zu vermeiden. In welchem Grade dies zu geschehen hätte, wird kontrovers erörtert. Ich will die radikalen Positionen – völlige Identität versus freier Lauf der Differenzen – mit Beispielen verdeutlichen, die sich in der Literatur finden.

Dworkins Beispiel ist ein Wettlauf, bei dem, vor dem Startschuß, i. e. *ex ante*, wenn es fair zugeht, gleiche Ausgangsbedingungen herrschen, der aber gerade darauf ausgerichtet ist, *ex post* keine Gleichheit zu intendieren, sondern einen Sieger und mehrere Verlierer zu produzieren, die vielleicht als zweite oder dritte oder gar als letzte in Ziel kommen. Wettläufe sind also das Muster eines freien Spieles der Differenzen: Der beste Teilnehmer gewinne, die anderen haben ihre Niederlage zu akzeptieren, wenn sie als gute Sportsleute gelten wollen.

Gleichheit *ex post* strebt der sogenannte Wohlfahrtsstaat an – sei es in gemäßigter, sei es in radikaler Form. Um in Dworkins Bild zu bleiben – wir hätten es hier mit einer Wettkampfleitung zu tun, der keine gleichen Ausgangsbedingungen garantieren kann, weil die Menschen nun einmal von Natur aus ungleich sind, die aber dafür sorgt, daß alle Teilnehmer zur gleichen Zeit oder doch wenigstens nur mit geringem Abstand voneinander ins Ziel kommen. Dies bewirkt man dadurch, daß solche Läufer, die schneller als andere sind, so stark behindert werden, daß sie ihre Überlegenheit nicht – oder wenigstens nicht voll – ausspielen können. Geht jemand während des Laufes über Gebühr in Führung, dann tritt der Wettkampfleiter von außen hinzu und hält ihn so lange fest, bis die anderen aufgeschlossen haben.

Amartya Sen gibt ein weiteres Beispiel, das ihm freilich zugleich dazu dient, eine *reductio ad absurdum* der Gleichheit *ex post* einzuleiten: Frauen werden im Schnitt älter als Männer; was die Lebenserwartung angeht, besteht also Ungleichheit *ex post* zwischen den Geschlechtern. Wenn einem nun an Gleichheit der Geschlechter gelegen ist, dann müßte man Frauen medizinische Betreuung in einem solchen Grade verweigern, daß ihre Sterblichkeit sich der von Männern annähert bzw. mit ihr identisch wird.²⁸

Gleichheit des Resultates läßt sich, das ist leicht zu sehen, nur unter Aufopferung der Freiheitsrechte einzelner Bürger erreichen. Der Staat muß recht tyrannische Züge annehmen, wenn er – auch nur annähernd – materiale Gleichheit erreichen

---

[27] *Dworkin* 2011, 358. Friedman (2002, 232) unterscheidet die Gleichheit der Möglichkeiten von materieller Gleichheit; Friedrich von Hajek (1978, 85) spricht von ‚equality of her general rules of law and conduct'; Antony Flew (1983, 149) unterscheidet ‚equality of opportunity' von der ‚equality of result' – um nur einige der konkurrierenden Termini zu benennen, welche freilich alle die gleiche Begriffsdifferenzierung im Auge haben.
[28] *Senn* 2009, 296.

will. Damit ist dann ein Paradoxon gegeben, auf das Peter Bauer aufmerksam gemacht hat: Materiale Gleichheit setzt eine eklatante Ungleichheit zwischen Herrschenden und Beherrschten voraus; denn nur ein Bürger, welcher dem staatlichen Zugrifft hilflos ausgesetzt ist und der sich ihm auch nicht durch Auswanderung entziehen kann, muß sich dazu zwingen lassen, sein Vermögen zur Umverteilung herzugeben.[29] Bezüglich der Gleichheit *ex post* bleibt daher nur ein Schluß: Sie kann nicht Ziel eines Staates sein, in dem die Eigentumsrechte der Bürger[30], ihre Freiheitsrechte im allgemeinen geachtet werden[31].

Auch das Postulat einer Gleichheit *ex ante*, der Chancengleichheit also, hat seine Schwierigkeiten. Bernard Williams[32] erörtert den Begriff der Chancengleichheit, indem er ein science-fiction-haft anmutendes Gedankenexperiment durchführt. Man weiß, daß Elternhäuser einen ganz erheblichen Einfluß auf die Bildungsentwicklung von Kindern haben. Gesetzt nun den Fall, diese Ungleichheit wäre dem Staat ein Dorn im Auge, man habe deshalb, was den Schulerfolg der Kinder betrifft, alle Einflüsse der Umwelt harmonisiert (und das kann am Ende nichts anderes heißen, als den Eltern ihre Kinder wegzunehmen), dann verblieben immer noch die Unterschiede der Begabung. Nun habe man entdeckt, daß die hier bedeutsamen Fähigkeiten durch eine Hirnoperation bei denjenigen Kindern, welche sie bei ihrer Geburt nicht besitzen, erzeugt werden können. Freilich wäre ein solcher Eingriff kostspielig und könne daher nur von vermögenden Eltern bezahlt werden. In einer Fußnote steigert Williams sein Arrangement noch, indem er die Möglichkeit einer pränatalen genetischen Manipulation andeutet, durch welche erwünschte intellektuelle Kompetenzen generiert werden könnten.

Die zu ergreifenden Maßnahmen läßt Williams offen, aber sie liegen auf der Hand, denn sie lassen sich leicht interpolieren. Der ärmere Bevölkerungsteil müßte auf Kosten der Gemeinschaft die nötige Hirnreparatur bzw. pränatale Manipulation durchführen lassen können, so daß die von weniger begüterten Eltern gezeugten Kinder – wie die Sprößlinge der reicheren Eltern auch – mit voller Begabung ihren Bildungsweg antreten könnten.

Eine weitaus brutalere – weil sich vollends am Prokrustes-Modell orientierende – Variante ergibt sich, wenn man die Konditionen des Experiments ein wenig abändert. Nun soll die Medizin immer noch eingreifen können, aber lediglich zu dem Zwecke, die nur bei einem Teil der Bevölkerung anzutreffenden Fähigkeiten abzuschalten, so daß sich alle Kinder auf demselben relativ niedrigen Begabungsniveau bewegen müssen. Der radikale Egalitarist hätte diesen Eingriff zu befürworten, denn nur so ließe sich ja Gleichheit der Chancen herbeiführen – mit der Konsequenz freilich, die Rede von Chancengleichheit *ad absurdum* zu führen,

---

[29] *Bauer* 1983, 360.
[30] Vgl. *Dworkin* 2000, 297 f.
[31] Vgl. *Friedman* 2002, 232.
[32] *Williams* 2008, 112.

denn man nähme hier ja einem Teil der Kinder die Gewinnaussichten, welche sie von Natur aus mitbringen: Chancengleichheit qua Chancendestruktion.

Was sich dem Experiment entnehmen läßt ist folgendes: Das Postulat der Chancengleichheit ist nur als Aufforderung zu rechtfertigen, gewisse Handlungen zu unterlassen, i. e. bestimmte soziale Hürden nicht zu errichten, indem eine Gleichheitsfiktion in Kraft gesetzt wird – im vollen Bewußtsein der Tatsache einer natürlichen Diversität der Menschen, die es zu respektieren gilt.

So stellt sich als Resultat der Überlegungen zum Begriff der Gleichheit ein: *ex post* postuliert droht man die Freiheit aufs Spiel zu setzen, *ex ante* droht sie in Chancenvernichtung umzuschlagen. Die Rede von Gleichheit kann daher nur gerechtfertigt werden, wenn sie eine Gleichheitsfiktion meint, welche in einer Reihe von Unterlassungen staatlichen Handelns manifestiert wird: Neutralität[33] heißt das Gebot. In allem, was darüber hinausgeht, rückt der Staat in eine gefährliche Nähe zu Prokrustes; den Bürgern einer solchen Gemeinschaft kann man nur wünschen, daß bald einmal wieder ein Theseus vorbeikäme und dem Spuk ein Ende macht.

---

[33] Vgl. *Buchanan* 1975, 12.

XIV. Schlußüberlegung

>„Ich bin der Geist, der stets verneint!
>Und das mit Recht; denn alles, was ensteht,
>Ist wert, daß es zugrunde geht;
>Drum besser wär's, daß nichts entstünde.
>So ist denn alles, was ihr Sünde,
>Zerstörung, kurz das Böse nennt,
>Mein eigentliches Element."[1]

Das zu Ostern stattfindende Wettrennen hat Tradition – wie fast alles in England. Zwei Mannschaften rudern gegeneinander – die eine aus Oxford, die andere aus Cambridge; Studenten also, die hart trainieren und zum Ruhme ihrer Universität gewinnen, wenn sie erfolgreich sind. Wer einmal das Fieber in einem der beiden Orte erlebt hat, der weiß, daß den Zuschauern ebensoviel an der Sache liegt wie den Beteiligten.

Das Rennen des Jahres 2012 fiel dann allerdings gänzlich aus dem Rahmen – wegen eines offensichtlich mißgünstigen Australiers. Er tauchte plötzlich zwischen den Ruderblättern eines der beiden Boote auf. Man brach das Rennen sofort ab, um sein Leben, das er leichtfertig aufs Spiel gesetzt hatte, zu retten.

Das Rennen fiel zwar nicht gänzlich aus, man machte einen neuen Anlauf; aber die Atmosphäre war zerstört, die Feiertagsstimmung verloren. Der festgenommene Schwimmer lieferte dann folgende Erklärung: Was er getan habe und wieder zu tun bereit sei, müsse als Protest gegen den Elitismus verstanden werden, der mit dem Ruderwettkampf der beiden führenden britischen Traditionsuniversitäten zum Ausdruck komme.

Zum persönlichen Hintergrund des Täters konnte folgendes herausgebracht werden: Er stammte aus Sydney, Kind durchaus betuchter Eltern, hatte einen Abschluß der – in der akademischen Welt Großbritanniens nicht gerade gering geschätzten – ‚London School of Economics and Political Sciences', lebte in der englischen Hauptstadt unter Umständen, um die ihn mancher der weniger begüterten Briten beneiden dürfte.

Was ihn mithin kaum angetrieben haben wird, ist der Zorn des sozial Deklassierten, welcher reichen alten Familien ihren Besitz, ihre Privilegien und eben auch ihre Bildungschancen zum Vorwurf macht. Vielmehr dürfte man es mit jemandem zu tun haben, dessen Verhalten sich mit der Kategorie des Interesses nicht fassen

---

[1] Mephisto zu Faust in der Studierzimmerszene – *Goethe* 1964, 47 (Zeilen 1338–1344).

läßt – zumal er sich in Lebensgefahr begeben hat. Es geht also wohl um nichts anderes als um die im dritten Kapitel analysierte und im Zusammenhang mit der Bestimmung dessen, was man unter dem Begriff ‚Kultur' zu verstehen hat, erneut thematisierte irrationale Bösartigkeit, die selbst eigenen Schaden in Kauf nimmt, wenn es nur gelingt, anderen einen Tort anzutun.

Das vorliegende Buch begann mit einer Darstellung einer weniger harmlosen Form von Bösartigkeit – mit dem Verhalten einiger Personen, die an den Unruhen im England des Sommers 2011 beteiligt waren. Was an den Reaktionen von Politik und Wissenschaft dabei auffiel, war das Faktum, daß man von allen Seiten auf Werte verwies, die entweder völlig fehlen sollten oder falsch konzeptualisiert seien. Dem philosophisch Interessierten stellte sich angesichts dieser recht konfusen Diskussionslage die Frage nach dem Charakter unserer Werte: Sind sie subjektive Zuschreibungen? Sind sie Entitäten, die man suchen und finden kann? Vermag man sie sich zuzulegen, kann man sie wechseln wie die Kleidung oder hat man sich ihnen zu beugen – etwa so wie man, trotz der Erfindung entsprechender Schutzkleidung, den klimatischen Bedingungen ausgeliefert ist, die in einem Lande wie Großbritannien, aber natürlich auch in anderen Weltgegenden herrschen?

Ich habe im Verlaufe der Überlegungen zunächst einige der Prämissen zu klären versucht. Ein Blick auf Nietzsches Umwertungs-Theorem sollte die mit einem Wertrelativismus verbundene Schwierigkeit thematisieren. Einerseits sieht man Werte als subjektive Zuschreibungen an, andererseits fordert man eine Reform des Wertens und gesteht damit *ex silentio* zu, daß sich anhand gewisser Meta-Werte die Wertlosigkeit der herrschen Werte feststellen lasse. Damit deutete sich bereits in einem recht frühen Stadium des Buches die Unmöglichkeit an, dem Werten zu entkommen.

Die Präzisierung dessen, was man meint, wenn man vom Tragischen und vom Bösen spricht, beabsichtigte, in einem noch vorläufigen Zugriff die Frage zu beantworten, was uns veranlassen könnte, von einer trans-subjektiven Gültigkeit der Werte zu sprechen. Zugleich zeigte sich hier, worin eine Negation des Wertens besteht, in dem nämlich, was als die irrationale Boshaftigkeit bezeichnet worden ist.

Anschließend war es wichtig, die Notwendigkeit der Annahme freier Willensentscheidung für eine auf Werte gerichtete Philosophie zu unterstreichen. Hierzu sind zunächst die Termini ‚Freiheit' und ‚Wille' geklärt worden. Anschließend habe ich im Exkurs (a) versucht, in der nun schon etwas zurückliegenden, aber sicher nicht abgeschlossenen Willensfreiheitsdebatte eine Position zu beziehen, welche ein ‚gemäßigter Libertarianismus' genannt werden kann. Eine solche Auffassung setzt eine Ontologie der lediglich partiellen Kontingenz bzw. der unvollständigen Determination voraus.

Eine derartige Seinslehre kommt im Gewande eines Perspektivismus daher. Behauptet wird: Für den makroskopischen Bereich nimmt die Naturwissenschaft als ihr heuristisches Modell vollständige Determination an, i. e. den Laplaceschen

XIV. Schlußüberlegung

Kosmos, in dem eine unendliche Intelligenz, wenn sie alle bestehenden Sachverhalte und die in ihnen aufleuchtenden Regeln überschaut, die verflossenen Zuständen vollständig rekonstruieren und alle künftigen prognostizieren kann. Für die mikroskopische Sphäre allerdings rechnet die Naturwissenschaft lediglich mit Wahrscheinlichkeiten – Laplace' Intelligenz scheiterte hier.

Wenn man praktische Philosophie treiben und also von Werten reden will, die unser Handeln steuern, dann ist eine dritte nicht-szientifische Perspektive nötig, welche aus dem Nebeneinander eines makro- und mikroskopischen Bereiches den Schluß einer lediglich partiellen Determination zieht, wodurch eine Perspektive berechtigt zu sein scheint, in welcher wir uns als frei zum Handeln bestimmbare Wesen konzeptualisieren können, die gewisse Wertorientierungen vorzunehmen in der Lage sind. Solches Agieren galt es dann dergestalt zu kontextualisieren, daß ein Begriff der Kultur allem lediglich Natürlichen konfrontiert wurde. Hier wurden die Beziehungen zwischen Subjekten und Objekten, zwischen Subjekten untereinander, zwischen einem Subjekt und dem Kollektivsubjekt, dem es angehört, und schließlich die Relationen zwischen mehreren Kollektivsubjekten untersucht. Auf diese Weise ließ sich konkretisieren, in welchem Umfang wir uns selbst wertorientiert lokalisieren, indem wir allerorten naturwüchsige Verhältnisse negieren.

Mit Erreichen dieses Punktes war es möglich geworden, in einem zweiten Teil des Buches die verschiedenen wertphilosophischen Positionen einer genaueren Analyse zu unterziehen. Drei Auffassungen waren denkbar – ein Objektivismus, ein Subjektivismus und, als eine hier neu zu präsentierende Position, ein wertphilosophischer Intersubjektivismus. Ich habe ihn mit Hilfe der Peirceschen Semiotik zu entwickelt versucht. Zusammenfließen sollten die Überlegungen in einem Theoriestück, das ich eine ‚semiotische Axiologie‘ genannt habe. Man kann diesen Ansatz nämlich so weit von Peirce' Ausführungen lösen, daß er auf eigenen Füßen zu stehen vermag.

Kurzgefaßt besagt eine semiotische Axiologie folgendes: Gewisse Handlungen lassen darauf schließen, daß sie einer Regel unterstehen, welche sie indizieren. Die Verbindung von Handlung und Regel gilt dabei als überkonventionell garantiert. Die indizierte überkonventionelle Regel ist ihrerseits Ausdruck eines Wertes, der auf weitere Werte verweist. Folgt man der Indikationsspur, dann gelingt es schrittweise, einen omnipräsenten Wertekanon zu dekodieren.

Nach Klärung dieser theoretischen Voraussetzungen habe ich in Teil C des Buches versucht, die Resultate praktischer werden zu lassen, als es im Rahmen der vorangegangenen Überlegungen möglich war. Zunächst wurde – unter Wiederaufnahme der Ergebnisse des vierten Kapitels – politische Freiheit als Grundwert gekennzeichnet. Auch das blieb freilich noch sehr allgemein. Deshalb folgte die Darstellung zweier Konsequenzen eines solches politischen Grundwertes – einmal auf Menschen bezogen, die nicht Bürger eines Landes sind, aber sich darum bemühen, ihm – in der einen oder anderen Form – beizutreten; dann hinsichtlich der Bedürfnisse der autochthonen Bevölkerung. Zur Sprache kamen in diesem Rahmen Migration und sozialstaatliche Maßnahmen.

Sichtbar sollte durch diese praktischen Überlegungen werden, daß sich in der Welt des Politischen in der Tat nicht ohne eine deutlich artikulierte grundlegende Wertorientierung handeln läßt. Nur mit dem Blick auf das, was man letztlich durch die Begründung und Bewahrung eines Gemeinwesens finden will, die Freiheit nämlich, läßt sich ein Standpunkt fixieren, welcher es erlaubt, Ansprüche an die Gemeinschaft auf ihre Berechtigung hin zu überprüfen – kommen sie nun, wie im Falle der Migration, von außen oder, wie im Falle der Sozialstaatsapologeten, von innen.

Vieles ist zu klären übriggeblieben; denn die Ansprüche der Menschen an das Gemeinwesen, aber auch die Forderungen, welche der Staat seinen Bürgern gegenüber erhebt, sind vielfältig. Sie alle müßten mit dem Grundwert der Freiheit ins Verhältnis gesetzt werden, sollte zumindest für das Feld des Politischen eine vollständige Axiologie entfaltet werden.

Ich will nur zwei Beispiele nennen, um eine Vorstellung von der Größe des hier zu beackernden Feldes zu geben. Man denke an die in den Vereinigten Staaten kontrovers geführte Debatte, ob es dem Staat erlaubt sein solle, alle Bürger zum Abschluß einer Krankenversicherung zu zwingen. Wendet man die Blickrichtung, dann hat man zu fragen, ob der Einzelne nicht einen Anspruch darauf hat, daß die Gemeinschaft Schutz gegen Krankheit liefert.

Ein weiteres Beispiel ist die – durch die Tagespolitik ihrer Aktualität beraubte – Frage, ob der Staat ein Recht haben kann, seine Bürger zu militärischen Diensten zu zwingen, ob es, wenn dies mit dem Grundwert der Freiheit vereinbar ist, nicht auch Frauen erlaubt sein muß, sich soldatisch zu betätigen. Die Tatsache, daß die Wehrpflicht in vielen Ländern abgeschafft und daß das Militär schon seit einiger Zeit keine männliche Domäne mehr ist, entschärft das philosophische Problem nicht, sie nimmt ihm nur etwas von seiner tagesaktuellen Brisanz.

Als letztes sei auf die Debatte um eine vom Staat zu verordnende Zwangsanleihe verwiesen, welche zu kaufen reichen Bürgern auferlegt werden könnte, um auf diese Weise die Schuldenberge, die man im Laufe der Jahre angesammelt hat, abbauen zu können. Ob man das Geld zu verzinsen, ob man es überhaupt zurückzuzahlen bereit wäre, ist hier erst ein sekundäres Problem. Die angesichts des Grundwertes der Freiheit zu erörternde Frage lautet: Darf der Staat seine Bürger auf eine solche, den Weg der Besteuerung vermeidende Weise, bluten lassen?

Wenn die voranstehenden Überlegungen eines erwiesen haben, dann gewiß die bereits herausgestellte Unsinnigkeit des Rufes nach Werten; denn wir orientieren uns unausweichlich an ihnen, wenn wir uns für etwas entscheiden – dies gilt in vorzüglicher Weise im Felde des Politischen; denn hier ist man in demokratischen Ländern gezwungen, seine Entscheidungen öffentlich zu begründen, was natürlich nur geschehen kann, wenn man die Argumente benennt, die für ein Handeln oder Nicht-Handeln sprechen.

XIV. Schlußüberlegung

Selbst die Negation gewisser Werte bleibt, wie gezeigt, noch wertorientiert. Die Randalierer des englischen Sommers 2011 handelten, wie sie handelten, weil sie einer gewissen, aus dem Grundwert der politischen Freiheit resultierende Ordnung, die nach dem Schutz von Hab und Gut, von Leib und Leben der Bürger verlangt, zu trotzen sich vorgenommen hatten. Gewiß geschah dabei vieles aus reiner Boshaftigkeit. Aber das Böse als Manifestation des Unwertes schlechthin bleibt den Werten, die es in den Wind zu schlagen behauptet, natürlich *ex negativo* verpflichtet. Niemand hat diesen Zusammenhang augenfälliger werden lassen, als Goethes im Motto zitierter Mephisto, dem es mit aller – im Wortsinne – boshaft-diabolischen Energie nicht gelingen will, den Kosmos ins anfängliche Chaos zurückzustürzen, mag er nun dessen eingeborener Sohn sein oder nicht.

Bibliographie

Adorno, Th. W. (2003): Minima Moralia. Reflexionen aus dem beschädigten Leben, in: Th. W.A.: Gesammelte Schriften, hg. v. R. Tiedemann unter Mitwirkung von G. Adorno, S. Buck-Morss und K. Schultz, 20 Bde., Bd. 4, Frankfurt/M.

Anscombe, G.E.M. (2011): Absicht, übers. v. J. Schulte (erstmals 1957), Frankfurt/M.

Arendt, H. (1963): Eichmann in Jerusalem: A Report on the Banality of Evil, New York.

Arendt, H. (1972): Civil Disobedience, in: H.A.: Crisis of the Republic, New York, 49–102.

Arendt, H. (1978): The Life of the Mind, 2 Bde., Bd. 1: Tinking, New York/London.

Arendt, H. (1985): Tradition and the Modern Age, in: H.A.: Between Past and Future. Eight Exercises in Political Thought. Enlarged Edition (erstmals 1961, erweiterte Fassung erstmals 1968), New York, 17–40.

Aristoteles (1959): Ars rhetorica, ed. W.D. Ross, Oxford.

Aristoteles (1965): De arte poetica liber, ed. R. Kassel, Oxford.

Aristoteles (1966): Categoriae et liber de interpretatione, ed. L. Minio-Paluello, Oxford.

Aristoteles (1973): Metaphysica, ed. W. Jaeger, Oxford.

Aristoteles (1977): Physica, ed. W.D. Ross, Oxford.

Aster, E. von (1928): Zur Kritik der materialen Wertethik, in: Kant-Studien 33, 172–199.

Bakunin, M. (1972): Prinzipien und Organisation einer internationalen revolutionär-sozialistischen Geheimgesellschaft (1866), in: M.B.: Staatlichkeit und Anarchie und andere Schriften, hg. u. eingl. v. H. Stuke, Berlin, 3–64.

Bakunin, M. (1972a): Die Commune von Paris und der Staatsbegriff (1871), in: M.B.: Staatlichkeit und Anarchie und andere Schriften, hg. u. eingl. v. H. Stuke, Berlin, 298–314.

Bauböck, R. (1994): Gibt es ein Recht auf Einwanderung?, in: Institut für Höhere Studien. Reihe Politikwissenschaft 18.

Bauer, P. (1983): The grail of equality in: W. Letwin: Against Equality. Readings on Economic and Social Policy, London/Basingstoke (erstmals 1974), 360–282.

Bayertz, K. (1996): Staat und Solidarität, in: K.B. (Hrsg.): Politik und Ethik, Stuttgart, 305–329.

Benhabib, S. (2011): The Rights of Others. Aliens, Residents and Citizens, 8. Auflg. (erstmals 2004), New York.

Berlin, I. (2002): John Stuart Mill and the Ends of Life, in: I.B.: Liberty, hg. v. H. Hardy, Oxford, 218–251.

Bishop, R.C. (2011): Chaos, Indeterminism, and Free Will, in: R. Kane (Hrsg.): The Oxford Handbook of Free Will, 2. Auflg., Oxford 84–100.

Bishop, R.C./*Atmanspacher*, H. (2011): The Causal Closure of Physics and Free Will, in: R. Kane (Hrsg.): The Oxford Handbook of Free Will, 2. Auflg., Oxford, 101–111.

Bloch, E. (1975): Naturrecht und menschliche Würde, 2. Auflg., Frankfurt/M.

Block, W. (1998): A Libertarian Case for Free Immigration, in: Journal of Libertarian Studies 13:2, 167–186.

Bloom, A. (1990): Commerce and ‚Culture', in: A.B.: Giants and Dwarfs. Essays 1960–1990 (erstmals 1982), New York/London/Toronto/Sydney/Tokyo/Singapore, 277–294.

Böckenförde, E.-W. (1973): Die verfassungstheoretische Unterscheidung von Staat und Gesellschaft als Bedingung der individuellen Freiheit. Rheinisch-westfälische Akademie der Wissenschaften, Vorträge G 183, Opladen.

Bohrer, K.H. (2009): Das Tragische. Erscheinung, Pathos, Klage, München.

Bok, H. (2004): Freedom and Practical Reason, in: G. Watson (Hrsg.): Free Will, Oxford (erstmals 1969), 130–166.

Broad, C.D. (1952): Determinism, indeterminism, and libertarianism, in: C.D.B. (Hrsg.): Ethics and the History of Philosophy, London, 195–217.

Buchanan, J.M. (1975): The Limits of Liberty. Between Anarchy and Leviathan, Chicago.

Carnap, R. (1966): Philosophical Foundations of Physics. An Introduction to the Philosophy of Science, ed. M. Gardner, New York/London.

Carnap, R. (1979): Der logische Aufbau der Welt, Frankfurt a.M./Berlin.

Chisholm, R.M. (2004): Human Freedom and the Self, in: G. Watson (Hrsg.): Free Will, 2. Auflg. (erstmals 1964), Oxford, 26–37.

Cicero, M.T. (1979): De senectute, de amicitia, de divinatione, lat.-engl., übers. v. W.A. Falconer, Cambridge, Mass./London, 213–540.

Clarke, R. (2011): Alternatives for Libertarians, in: R. Kane (Hrsg.): The Oxford Handbook of Free Will, 2. Auflg., Oxford, 329–348.

Dennett, D.C. (2003): Freedom Evolves, New York.

Descola, Ph. (2011): Jenseits von Natur und Kultur, übers. v. E. Moldenhauer, mit einem Nachwort v. M. Kaupert (erstmals 2005), Berlin.

Doppelt, G. (2013): Die Wertgeladenheit wissenschaftlicher Erkenntnis, in: G. Schurz/M. Carriere (Hrsg.): Werte in den Wissenschaften. Neue Theorien zum Werturteilsstreit (erstmals 2007), Berlin, 272–304.

Doughney, J.R. (2005): Moral Description: Overcoming the Fact-Vaue-Dichotomy in Social Research, in: eCOMMUNITY. International Journal of Mental Health & Addiction 2, 6–12.

Dunn, J. (1995): Trust, in: Goodin, R.E./Pettit, Ph. (Hrsg.): A Companion to Contemporary Political Philosophy, Oxford/Cambridge, Mass., 638–644.

Dworkin, R. (2000): Law's Empire, Cambridge, Mass., 11. Auflg. (erstmals 1986).

Dworkin, R. (2002): Sovereign Virtue. The Theory and Practice of Equality, 4. Auflg. (erstmals 2000), Cambridge, Mass./London.

Dworkin, R. (2011): Justice for Hedgehogs, Cambridge, Mass./London.

Eagleton, T. (2003): Sweet Violence. The Idea of the Tragic, Malden, MA/Oxford/Carlton, Victoria (Australia).

Falkenburg, B. (2012): Wieviel erklärt uns die Hirnforschung?, in: Information Philosophie, H. 1, 8–19.

Fichte, J. G. (1971): Der geschlossene Handelsstaat, in: Fichtes Werke, hg. v. I. H. Fichte, 11 Bde., Berlin, Bd. 3 (photomechanischer Nachdruck der folgenden Ausgaben: J. G. F.s sämmtliche Werke, 8 Bde, Berlin 1845/1846; Nachgelassene Werke, hg. v. I. H. Fichte, 3 Bde., Bonn 1834/1835).

Flew, A. (1983): The procrustean ideal: libertarians v. egalitarians (in: W. Letwin: Against Equality. Readings on Economic and Social Policy, London/Basingstoke (erstmals 1974), 148–163.

Frankfurt, H. (1971): Freedom of the Will and the Concept of a Person, in: Journal of Philosophy 68, 5–20.

Frankfurt, H. (2004): Alternate Possibilities and Moral Responsibility, in: G. Watson (Hrsg.): Free Will (erstmals 1969), Oxford, 167–176.

Freud, S. (1974): Das Unbehagen in der Kultur, in: S. F.: Kulturtheoretische Schriften, Frankfurt/M., 191–270.

Friedman, M. (2002): Kapitalismus und Freiheit, übers. v. Paul Martin, Frankfurt/M. (erstmals Chicago 1962).

Fukuyama, F. (2011): The Origins of Political Order. From Prehuman Times to the French Revolution, New York.

Fukuyama, F. (2018): Identity. Contemporary Politics and the Struggle for Recognition, London.

Gadamer, H.-G. (1965): Wahrheit und Methode. Grundzüge einer philosophischen Hermeneutik. 2. Auflage (erstmals 1960), Tübingen.

Gehlen, A. (2004): Der Mensch. Seine Natur und seine Stellung in der Welt. Mit einer Einführung v. K.-S. Rehberg, 14. Auflg., Wiebelsheim.

Gethmann, C. F. (2004): Die Erfahrung der Handlungsurheberschaft und die Erkenntnisse der Neurowissenschaften, in: Debatte H. 1, 45–61.

Goethe, J. W. (1964): Faust. Eine Tragödie, in: Goethes Werke. Hamburger Ausgabe, hg. v. E. Trunz, Bd. 3, textkrit. durchges. u. m. Anmerkungen v. E. Trunz, München.

Goethe, J. W. (1973): Unterhaltungen deutscher Ausgewanderten, in: Goethes Werke. Hamburger Ausgabe, hg. v. E. Trunz, Bd. 6, textkrit. durchges. v. E. Trunz, kom. v. E. Trunz u. B. von Wiese, München, 125–241.

Gosepath, S. (1998): Zu Begründungen sozialer Menschenrechte, in: S. G./G. Lohmann: Philosophie der Menschenrechte, Frankfurt/M., 146–187.

Habermas, J. (1997): Versöhnung durch öffentlichen Vernunftgebrauch, in: J. H.: Die Einbeziehung des Anderen. Studien zur politischen Theorie, Frankfurt a. M., 65–94.

Habermas, J. (1997a): Staatsbürgerschaft und Identität (1990), in: J. H.: Faktizität und Geltung. Beiträge zur Diskurstheorie des Rechts und des demokratischen Rechtsstaats, 5. Auflg. (erstmals 1994), Frankfurt/M., 632–660.

Hartmann, N. (1949): Ethik. 3. Auflg., Berlin.

Hayek, F. A. (1978): The Constitution of Liberty (erstmals 1960), Chicago.

Hegel, G. W. F. (1979): Werke, auf der Grundlage der Werke von 1832–1845 neu edierte Ausgabe, Redaktion E. Moldenhauer u. K. M. Michel, Frankfurt a. M.

Heidegger, M. (1961): Der europäische Nihilismus, in: M. H.: Nietzsche, 2 Bde., Pfullingen, 2. Bd., 31–256.

Heidegger, M. (1972): Die Zeit des Weltbildes, in: M. H.: Holzwege, Frankfurt a. M., 69–104.

Heine, H. (1972): Zur Geschichte der Religion und Philosophie in Deutschland, in: Werke und Briefe in zehn Bänden, hg. v. H. Kaufmann, 2. Auflage, Bd. 5, Berlin und Weimar.

Heisenberg, M. (2004): Freier Wille und Naturwissenschaft, in: Debatte H1, 35–43.

Hempel, C. G. (2013): Wissenschaft und menschliche Werte, in: G. Schurz/M. Carriere (Hrsg.): Werte in den Wissenschaften. Neue Ansätze zum Werturteilsstreit (erstmals 1960), Berlin, 118–140.

Henn, T. R. (1956): The Harvest of Tragedy, London.

Heyde, J. E. (1926): Grundfragen zum Problem der objektiven Werte, in: Kant-Studien 31, 46–52.

Higgins, K. M. (2009): Rebaptizing our Evil: On the Revaluation of All Values, in: K. A. Pearson (Hrsg.): A Companion to Nitzsche, Oxford, 404–418.

Hobbes, Th. (1972): Leviathan, ed. C. B. Macpherson, Harmondsworth.

Hobbes, Th. (1983): De Cive. The English Version. Entitled in the first edition ‚Philosophicall Rudiments Concerning Government and Society'. A critical edition by H. Warrender, Oxford.

Hodgson, D. (2011): Quantum Physics, Consciousness, and Free Will, in: R. Kane (Hrsg.): The Oxford Handbook of Free Will, 2. Auflg., Oxford, 57–83.

Höffe, O. (1981): Die Menschenrechte als Legitimation und kritischer Maßstab der Demokratie, in: J. Schwartländer (Hrsg.): Menschenrechte und Demokratie. Kehl/Straßburg, 241–274.

Hondrich, T. (2011): Effects, Determinism, Compatibilism nor Incompatibilism, Consciousness, in: R. Kane (Hrsg.): The Oxford Handbook of Free Will, 2. Auflg., Oxford, 442–456.

Horkheimer, M./Adorno, Th. W. (2003): Dialektik der Aufklärung, in: Th. W. A.: Gesammelte Schriften, hg. v. R. Tiedemann, G. Adorno, S. Buck-Morss, K. Schultz, 3. Bd. Frankfurt/M.

House, E. R. (2001): Unfinished Business: Causes and Values, in: American Journal of Evaluation 22, 309–315.

Houser, N./Kloesel, Ch. (Hrsg.) (1992): The Essential Peirce. Selected Philosophical Writings, vol. 1: 1867–1893, Bloomington/Indianapolis.

Hume, D. (1981): A Treatise of Human Nature, ed. L. A. SelbyBigge, second edition with text revised and notes by P. H. Nidditch, Oxford.

Hume, D. (1982): Enquiries Concerning Human Understanding and Concerning the Principles of Morals, ed. by L. A. Selby-Bigge, third edition with text revised and notes by P. H. Nidditch, Oxford.

Hume, D. (1987): The Sceptic, in: D. Hume: Essays. Moral, Political, and Literary, ed. and with a Foreword, Notes, and Glossary by E. F. Miller. With an apparatus of variant readings from the 1889 edition by T. H. Green and T. H. Grose. Revised edition, Indianapolis, 159–180.

Husserl, E. (1988): Vorlesungen über Ethik und Wertlehre 1908–1914, hg. v. U. Melle (= Husserliana, Bd. 28), Dordrecht/Boston/London.

van Inwagen, P. (2000): Free will remains a mystery, in: Philosophical Perspektives 14, 1–19.

James, W. (1956): The Moral Philosopher and Moral Life, in: W. J.: The Will to Believe and Other Essays in Popular Philosophy (erstmals 1897), New York, 184–215.

James, W. (1956a): The Dilemma of Determinism, in: W. J.: The Will to Believe and Other Essays in Popular Philosophy (erstmals 1897), New York, 145–183.

Jaspers, K. (1971): Vollendung der Wahrheit in Ursprünglichen Anschauungen (Beispiel: das tragische Wissen). In: V. Sander (Hrsg): Tragik und Tragödie (= Wege der Forschung Bd. 108) (erstmals 1947), Darmstadt, 1–57.

Jünger, E. (1977): Eumeswil, Stuttgart.

Jünger, E. (1998): Siebzig verweht, 5 Bde., Stuttgart.

Kane, R. (2011): Rethinking Free Will: New Perspectives on an Ancient Problem, in: R. K. (Hrsg.): The Oxford Handbook of Free Will, 2. Auflg., Oxford, 381–404.

Kant, I. (1968): Werke. Akademie-Textausgabe. Unveränderter photomechanischer Abdruck des Textes der von der Preußischen Akademie der Wissenschaften 1902 begonnen Ausgabe von Kants gesammelten Schriften, Berlin.

Kaufmann, W. (1982): Nietzsche. Philosoph – Psychologe – Antichrist, übers. v. J. Slaquarda, Darmstadt.

Kelsen, H. (2000): Was ist Gerechtigkeit? Text nach dem Erstdruck Wien 1953, Stuttgart.

Kim, J. (1981): Nichtkausale Beziehungen, in: G. Posch (Hrsg.): Kausalität. Neue Texte, Stuttgart, 127–146.

Kneale, W. (1949): Probability and Induction, Oxford.

Ladwig, B. (2002): Gibt es ein Recht auf Einwanderung?, in: K. Graf Ballestrem/V. Gerhard/H. Ottmann/M. P. Thompson (Hrsg.). Politisches Denken. Jahrbuch, Stuttgart/Weimar, 18–40.

Landgrebe, L. (1974): Zur Überwindung des europäischen Nihilismus, in: D. Arendt (Hrsg.): Der Nihilismus als Phänomen der Geistesgeschichte, Darmstadt,19–37.

Laplace, Pierre-Simon Marquis de (1906): A Philosophical Essay on Probabilities. Übers. nach der 6. franz. Auflg., übers. v. F. W. Truscott u. F. L. Emroy (erstmals 1814), New York/London.

Lessing, G. E. (1968): Hamburgische Dramaturgie, in: G. E. L.: Gesammelte Werke in 10 Bänden, hg. v. P. Rilla, Bd. 6, Berlin/Weimar.

Lessing, G. E. (1968a): Emilia Galotti, in: G. E. L.: Gesammelte Werke in 10 Bänden, hg. v. P. Rilla, Bd. 2, Berlin/Weimar, 237–318.

Locke, J. (1979): An Essay Concerning Human Understanding, ed. P. Nidditch, Oxford.

Locke, J. (1980): Two Treatises of Government. A critical edition with an introduction and apparatus criticus by P. Laslett, 2. Auflg., Cambridge/London/New York/New Rochelle/Melbourne/Sydney.

Lorenz, K. (1998): Das sogenannte Böse (erstmals 1963), München.

Lotze, H. (1899): Grundzüge der praktischen Philosophie. Diktate aus den Vorlesungen, 3. Auflg., Leipzig.

Löw, R. (1984): Nietzsche. Sophist und Erzieher. Weinheim.

Luhmann, N. (1987): Soziale Systeme. Grundriß einer allgemeinen Theorie, Frankfurt/M.

Machiavelli, N. (2011): Il Principe, in: N. M. Il Principe/Dell' arte della guerra, Rom, 19–98.

Mackie, J. L. (1987): Ethics. Inventing Right and Wrong (erstmals 1977), London/Harmondsworth.

Maliandi, R.-G. (1966): Wertobjektivität und Realitätserfahrung. Mit besonderer Berücksichtigung der Philosophie Nicolai Hartmanns, Bonn.

Mann, Th. (2004): Betrachtungen eines Unpolitischen. Text anhand der Erstausgabe Berlin 1918, 3. Auflg., Frankfurt/M.

Mann, Th. (2005): Mario und der Zauberer, in: Th. M.: Die Erzählungen, Frankfurt/M.

Marx, K. (1972): Kritik des Gothaer Programms, in: K. M./F. Engels (1959 ff.): Werke, hg. v. Institut für Marxismus-Leninismus beim ZK der SED, Bd. 1–43, Berlin, Bd. 19, 15–106.

Matt, P. von (2009): Die Intrige. Theorie und Praxis der Hinterlist, 2. Auflg., München.

McGrew, W. C./Tutin, D. (1978): Evidence for a Social Custom in Wild Chimpanzees?, in: Man 13, 234–252.

Menke, Ch. (2005): Die Gegenwart der Tragödie. Versuch über Urteil und Spiel, Frankfurt a. M.

Mill, J. St (1882): A System of Logic, Ratiocinative and Inductive, being a connected view of the principles of evidence, and the methods of scientific investigation, 8. Auflg., New York.

Mill, J. St. (1926): Utilitarianism, in: J. St. M.: Utilitarianism, Liberty, and Representative Government, with an Introduction by A. D. Lindsay, London/Toronto/New York.

Misztal, B. A. (1996): Trust in Modern Societies. The Search for the Bases of Social Order, Cambridge.

Montesquieu, Ch.-L. Secondat, Baron de la Brède et de (2001): Meine Gedanken. Mes pensées. Aufzeichnungen, übers. v. H. Ritter, München.

Moore, G. E. (1989): Principia Ethica (erstmals 1903), Cambridge/New York/New Rochelle/Melbourne/Sydney.

Morgenthau, H. (1973): Politics Among Nations: the Struggle for Power and Peace, 5th edition, New York.

Mosebach, M. (2007): Ewige Steinzeit, in: M. M.: Häresie der Formlosigkeit. Die römische Liturgie und ihr Feind (erstmals 2002), München, 7–18.

Mosebach, M. (2010): Was davor geschah, München.

Müller, J.-W. (2011): Ein gefährlicher Geist. Carl Schmitts Wirkung in Europa, 2. Auflg. (erstmals 2003), Darmstadt.

Münsterberg, H. (1908): Philosophie der Werte. Grundzüge einer Weltanschauung, Leipzig.

Nagel, Th. (2012): Mind & Cosmos. Why the Materialist Neo-Darwinian Conception of Nature Is Almost Certainly False, Oxford.

Neimann, S. (2006): Das Böse denken. Eine andere Geschichte der Philosophie (erstmals 2002), Frankfurt/M.

Neumann, V. (1994): Menschenwürde und Existenzminimum. Antrittsvorlesung 19.5.1994, Humboldt Universität Berlin online im internet. URL http://www.edoc.hu-berlin.de/humboldt-vl/neumann-volker/PDF/Neumann.pdf (Abruf am 23.7.2012).

Nietzsche, F. (1980): Sämtliche Werke. Kritische Studienausgabe in 15 Bde., hg. v. G. Colli u. M. Montinari, München/Berlin/New York.

Nisbet, R. (198: The pursuit of equality, in: W. Letwin: Against Equality. Readings on Economic and Social Policy, London/Basingstoke (erstmals 1974), 124–147.

Nozick, R. (1980) Anarchy, State, and Utopia (erstmals 1974), Oxford.

Nußbaum, M. (2007): Frontiers of Justice. Disability, Nationality, Species Membership, Cambridge, Mass./London.

Nußbaum, M. (2013): Political Emotions. Why Love Matters For Justice, Cambridge, Mass./London.

O'Connor, T. (2011): Agent-Causal Theories of Freedom, in: R. Kanes (Hrsg.): The Oxford Handbook of free Will, 2. Auflg., Oxford 309–328.

Oakeshott, M. (2003): On Human Conduct (erstmals 1975), Oxford.

Oakeshott, M. (2006): Lectures in the History of Political Thought, ed. T. Nardin and L. O'Sullivan (= Selected Writings, Bd. II), Exeter, England/Charlottesville, VA.

Ockham, W. (1974): Summa logicae, ed. P. Boehner, G. Gál, S. Brown (= Guillelmi de Ockham Opera Philosophica et Theologica ad fidem codicum manuscriptorum edita cura Instituti Franziscani universitatis S. Bonaventurae, Opera Philosophica I), St. Bonaventure, N. Y.

Peirce, Ch. S. (1955): The Philosophical Writings, ed. J. Buchler, New York.

Peirce, Ch. S. (1966): Selected Writings (Values in a Universe of Chance), ed. Ph. P. Wiener, New York.

Penelhum, T. (2003): Themes in Hume. The Self, the Will, Religion, Oxford/New York.

Pereboom, D. (2011): Free-Will Skepticism and Meaning in Life, in: R. Kane (Hrsg.): The Oxford Handbook of Free Will, Oxford, 408–424.

Pigou, A. C. (1932): The Economics of Welfare, 4. Auflg. (erstmals 1920), London.

Pogge, Th. (1998): Menschenrechte als moralische Ansprüche an globale Institutionen, in: S. G./G. Lohmann: Philosophie der Menschenrechte, Frankfurt/M., 378–400.

Popper, K. R./Eccles, J. C. (1977): The Self and Its Brain, Berlin/Heidelberg/London/New York.

Prinz, W. (2004): Kritik des freien Willens: Bemerkungen über eine soziale Institution, in: Psychologische Rundschau 55, 198–206.

Putnam, H. (2003): The Collaps of the Fact/Value Dichotomy, in: H. P.: The Collaps of the Fact/Value Dichotomy and Other Essays, 2. Auflg., Cambridge, Mass./London, 7–64.

Rammstedt, O. (1969): Anarchismus. Grundtexte zur Theorie und Praxis der Gewalt. Köln/Opladen.

Rawls, J. (1973): A Theory of Justice (erstmals 1971), Oxford.

Reichenbach, H. (1968): Der Aufstieg der wissenschaftlichen Philosophie, Berlin.

Rickert, H. (1921): System der Philosophie. Erster Teil: Allgemeine Grundlegung der Philosophie, Tübingen.

Rickert, H. (1999): Vom Begriff der Philosophie, in: H. R.: Philosophische Aufsätze (erstmals 1910), Tübingen, 3–36.

Rorty, R. (1989): Contingency, irony, and solidarity, Cambridge/New York/Port Chester/Melbourne/Sydney.

Roth, F. (1993): Nietzsches Wahrheitsbegriff in seiner selbstwidersprüchlichen Problematik, in: Nietzsche-Studien 22, 94–114.

Rousseau, J.-J. (1995): Politische Schriften. übers. u. eingl. v. L. Schmidts, 2. Auflg., Paderborn/München/Wien/Zürich.

Rudner, R. (1953): The Scientist qua Scientist Makes Value Judgments, in: Philosophy of Science 20, 1–6.

Russell, B. (2009): Physics and Neutral Monism, in: R. R.: The Basic Writings. London/New York, 589–596.

Russell, J. B. (1992): The Prince od Darkness. Radical Evil and the Power of Good in History (erstmals 1988), Ithaca/London.

Sandel, M. J. (2009): Justice. What's the Right Thing to Do?, New York.

Sartre, J.-P. (1983): Cahiers pour une morale, Paris.

Saussure, F. de (1973): Cours de linguistique générale, édition critique préparée par T. de Mauro, Paris.

Scheler, M. (1919): Zum Phänomen des Tragischen, in: M. Sch.: Vom Umsturz der Werte, Leipzig.

Scheler, M. (1921): Der Formalismus in der Ethik und die materiale Wertethik. Neuer Versuch der Grundlegung eines ethischen Personalismus, 2. Auflg., Halle.

Schiller, F. (1981): Werke, hg. v. G. Fricke u. H. Göpfert, Darmstadt, 6. Auflg, Bd. II.

Schmitt, C. (2011): Die Tyrannei der Werte, 3. korr. Auflg. (erstmals 1960), Berlin.

Schmitz, H.-G. (1993): The Sign Over the Barber Shop. Annotations on the problem of interpretation, in: International Philosophical Quarterly 33, 197-202.

Schmitz, H.-G. (1994): Die teleologische Textur. Wie Aristoteles der Reduktionismusthese begegnet, in: Gymnasium 101, 193–203.

Schmitz, H.-G. (1998): Zeichenrede. Überlegungen zu Fundierung und Reichweite von Nietzsches skeptischem Perspektivismus, in: Perspektiven der Philosophie. Neues Jahrbuch 24, 275–301.

Schmitz, H.-G. (2000): Von der Wandelbarkeit natürlichen Rechts. Überlegungen zur Aristotelischen Praktik, in: Philosophisches Jahrbuch 107, 116–132.

Schmitz, H.-G. (2001): Zur Legitimität der Kriminalstrafe. Philosophische Erörterungen (=Schriften zur Rechtstheorie, Heft 204), Berlin.

Schmitz, H.-G. (2005): Die dunkle Seite der Politik. Philosophische Theorien des Despotismus, der Diktatur und des Totalitarismus (=Philosophische Schriften, Bd. 62), Berlin.

Schmitz, H.-G. (2008): Philosophische Probleme internationaler Politik und transnationalen Rechts (=Wissenschaftliche Abhandlungen und Reden zur Philosophie, Politik und Geistesgeschichte, Bd. 47), Berlin.

Schmitz, H.-G. (2012): Die Textur des Sozialen. Schlüsselbegriffe einer Philosophie der Gesellschaft, Stuttgart.

Schopenhauer, A. (1977): Die Welt als Wille und Vorstellung, 1. Bd., 2. Teilbd., in: A. Sch.: Zürcher Ausgabe. Werke in zehn Bänden, Bd. 2, Zürich (Text nach der hist.-krit. Ausg. v. A. Hübscher, 3. Auflg., Wiesbaden 1972).

Schulz, W. (1959): Hegels System des absoluten Geistes und Nietzsches System der ewigen Wiederkehr des Gleichen, in: W. Sch.: Der Gott der neuzeitlichen Metaphysik, Pfullingen.

Schurz, G. (2013): Wertneutralität und hypothetische Werturteile in den Wissenschaften, in: G. Sch./M. Carriere (Hrsg.): Werte in den Wissenschaften. Neue Theorien zum Werturteilsstreit, Berlin, 305–334.

Schwartländer, J. (1981): Staatsbürgerliche und sittlich-institutionelle Menschenrechte. Aspekte zur Begründung und Bestimmung der Menschenrechte, in: J. Sch. (Hrsg.): Menschenrechte, Kehl/Straßburg, 77–95.

Sen, A. (1982): Description as Choice, in: A. S. (Hrsg.): Choice, Welfare and Measurement, Oxford.

Sen, A. (2009): The Idea of Justice, London.

Sewall, R. B. (1971): Die tragische Form, in: V. Sander (Hrsg): Tragik und Tragödie (=Wege der Forschung Bd. 108) (erstmals 1954), Darmstadt, 148–165.

Sidgwick, H. (1919): The Elements of Politics, 4. Auflg., London.

Simmel, G. (1968): Soziologie. Untersuchungen über die Formen der Vergesellschaftung. 5. Auflage, Berlin.

Simmel, G. (2008): Der Begriff und die Tragödie der Kultur, in: G. S.: Philosophische Kultur, Frankfurt/M., 199–220.

Smart, J. J. C. (2004): Free Will, Praise and Blame, in: G. Watson (Hrsg.): Free Will, 2. Auflg., Oxford, 58–71.

Smith, A. (1937): An Inquiry into the Nature and Causes of the Wealth of Nations, ed. with an introduction, notes, marginal summary and an enlarged index by E. Cannan, with an introduction by M. Lerner, New York.

Somek, A. (1998): Einwanderung und soziale Gerechtigkeit, in: Ch. Chwaszcza/W. Kerstin (Hrsg.): Politische Philosophie der internationalen Beziehungen, Frankfurt/M., 409–448.

Sophokles (1966): Tragödien und Fragmente, gr. u. dt., hg. u. übers. v. W. Willige, überarb. v. K. Bayer, München.

Spiekermann, K. (1988): Nietzsches Beweise für die ewige Wiederkehr, in: Nietzsche-Studien 17, 496–538.

Stein, W. (1971): Das Tragische und das Absurde, in: V. Sander (Hrsg.): Tragik und Tragödie (=Wege der Forschung Bd. 108) (erstmals 1959), Darmstadt, 303–332.

Steiner, G.: Der Tod der Tragödie, in: V. Sander (Hrsg.): Tragik und Tragödie (=Wege der Forschung Bd. 108), Darmstadt (erstmals 1962), 342–380.

Strawson, P. (2004): Freedom and Resentment, in: G. Watson (Hrsg.): Free Will, 2. Auflg. (erstmals 1963), Oxford, 72–93.

Szondi, P. (1978): Versuch über das Tragische, in: P. S.: Schriften I, Frankfurt a. M., 149–260.

Titze, H. (1981): Das Kausalproblem und die moderne Physik, in: G. Posch (Hrsg.): Kausalität. Neue Texte. Stuttgart, 30–54.

Vaihinger, H. (1920): Die Philosophie des Als-Ob. System der theoretischen, praktischen und religiösen Fiktionen der Menschheit auf Grund eines idealistischen Positivismus. Mit einem Anhang über Kant und Nietzsche, 4. Auflg., Leipzig.

Williams, B. (2008): The Idea of Equality, in: B. W.: In the Beginning Was the Deed, ed. G. Hawthorn, 3. Auflg., Princeton/Oxford, 97–114.

Windelband, W. (1915): Was ist Philosophie?, in: W. W.: Präludien, Aufsätze und Reden zur Philosophie und ihrer Geschichte, 5. erw. Auflg., 2 Bde., Tübingen, 1. Bd., 1–54.

Wittgenstein, L. (1989): Über Gewißheit, hg. v. G. E. M. Anscombe u. G. H. von Wright, in: L. W.: Werkausgabe, 8 Bde., Bd. 8, Frankfurt a. M., 113–258.

Wittgenstein, L. (1989a): Letzte Schriften über die Philosophie der Psychologie, in: L. W.: Werkausgabe, 8 Bde., Bd. 7, Frankfurt a. M., 347–489.

Personenregister

Arendt, Hannah 36, 80
Aristoteles 24, 31, 93, 100, 153

Bakunin, Michail Alexandrowitsch 109
Bauer, Peter 155
Bentham, Jeremy 86
Blond, Philipp 12

Descola, Philippe 61–63
Dworkin, Ronald 153 f.

Hartmann, Nicolai 84, 91 f.
Hegel, Georg Friedrich Wilhelm 35, 38, 110–114
Heidegger, Marti, Werner 54
Herodot 152
Hume, David 56–59, 74, 150

Kant, Immanuel 115, 129, 135 f., 149–151

Laplace, Pierre-Simon, Marquis de 14–16, 51, 54, 88, 158 f.
Lessing, Gotthold Ephraim 33
Locke, John 92, 131, 149–151

Mann, Thomas 52
Marx, Karl 25
Mill, John Stuart 85 f.

Moore, Georg Edward 85
Mosebach, Martin 30, 32

Neiman, Susanne 36, 40
Nietzsche, Friedrich 16 f., 23, 25, 27, 30–32, 74 f., 81 f., 88 f., 92, 99, 101, 104, 158

Oakeshott, Michel 38
Ockham, William 92

Peirce, Charles Sanders 17, 92–100, 159
Platon 24, 27, 84
Plutarch 145

Rousseau, Jean-Jacques 35, 112 f., 115

Sartre 82 f.
Scheler, Max 17, 33
Schmitt, Carl 80
Sen, Amartya 154
Smith, Adam 73
Sophokles 34, 111

Vaihinger, Hans 15

Williams, Bernard 155
Wittgenstein, Ludwig 77

Sachregister

Abduktion 96f.
Adäquationsbegriff der Wahrheit 62, 64
Alterität 111
Animismus 30, 32, 63
Anti-Egalitaristen 145
Auswanderung 128–130, 142, 155
Axiologie 16, 18, 74, 98f., 101–104, 159f.
Axiologisch, 16, 18, 28, 31, 74, 99, 101–104, 141

Bestialität 67f.
Bösartig 35f., 67, 116, 158
Böses 16, 17, 27, 32–41, 67, 113, 161
Boshaftigkeit 68, 158

Chancengleichheit 146, 154–156

Dekontextualisierung 65f.
Demokratie 152f.
Despotismus 18, 113f.
Determination 16, 53–56, 65, 69, 76f., 88, 158f.
Determinismus 17, 52f., 55f., 59
Dezisionismus 80

Egalitarismus 145
Egalitaristen 155
Egalität 127f., 145f.
Eigentum 115, 134, 136, 140f.
Einwanderer 124, 126, 131–133
Elitismus 157
Emigration 128
England 11f., 157f.
Entität 13f., 17, 26, 31, 42, 44f., 68, 83f., 87–90, 130–132, 146, 158
Ethnologe 63

Fähigkeit 17, 26, 44, 48f., 69, 80, 88, 110, 118, 125, 143, 155
Familie 132, 135f.

Freiheit 17f., 41, 44, 50–52, 60, 98, 105,109, 110, 112–116, 118, 122f., 127f., 130, 134, 138, 141, 143- 145, 149, 156, 158f., 160f.
Freiheit von 42f., 44, 51, 109–111, 114f., 120, 142f.
Freiheit zu 43f., 51, 110f., 114f.,120, 127f., 142f.
Freiheit, dyadisch 51, 114
Freiheit, triadisch 50
Freiheitsberaubung 116

Geltung 31, 34, 80, 123
Gemeinwesen 68, 113, 123, 130, 160
Gerechtigkeit 88, 136, 140f.
Geschichtsmetaphysik 24f.
Gesellschaft 25, 31, 67, 120, 137, 141, 145, 154
Gewalt 18, 35, 115, 118, 122f.
Gewalttätigkeit 122, 145
Gleichheit 18, 62, 126f., 139–141, 144–147, 151–156
Großbritannien 12, 90, 157
Grundwert 18, 98, 110, 114–116, 118, 120, 122f., 125, 128–130, 134, 138, 141–144, 159–161
Gültigkeit 12–14, 16f., 23, 31f., 34, 47, 54, 58, 61, 63f., 67, 69, 74, 76, 80f., 83f., 86, 91f., 97, 123, 149, 151, 158

Handlung 14, 17f., 27, 31, 35, 37–40, 43–45, 48, 66, 79, 96, 99, 103, 109, 139, 142, 148, 150, 156, 159
Handlungsfreiheit 15, 76

Identität 131–134, 147, 154
Immigration 18, 125f., 128
Initiation 102
Inkompatibilistisch 53, 56
Interpretant 18, 92, 94–98, 103f.
Intersubjektivismus 17, 159

Sachregister

Intrige 18, 116–123

Kausalnexus 53 f., 56
Kollektivsubjekt 61, 68 f., 83, 92, 112, 114 f., 132 f., 159
Kompatibilisten 42, 52
Konsens 47
Konstruktivismus 28
Kontingenz 51–53, 55 f., 76 f., 158
Korrespondenztheorie 47
Korruption 68, 137
Kosmos 14, 16, 30, 36, 40, 51, 55, 59 f., 63, 69, 74 f., 84, 87–89, 92, 99, 159, 161
Krieg 69
Kultur 15, 17, 34, 41, 60 f., 63 f., 66 f., 69, 79, 88, 131, 158 f.
Kulturkritik 64
Kulturleistung 63, 65, 69
Kulturlosigkeit 60 f.

Libertarianer 52, 56
Libertarianismus 53, 158

Macht 26, 29
Meinungsfreiheit 51
Menschenwürde 18, 136, 142 f.
Meta-Wert 27 f., 81–83, 158
Metaphysik 24, 74, 84, 89, 110
Metaphysikkritik 27
Metaphysisch 24, 27, 84, 87–90, 114 f.
Migrant 124 f., 130, 132–134
Migration 105, 125, 130 f., 160
Migrationspolitik 125 f., 129, 133
Moral 26,
Mortalität 63 f.

Natur 34, 56, 61, 63–69, 86, 88 f., 92–94, 112, 154, 156
Naturwissenschaft 65, 89, 158 f.
Naturwüchsigkeit 67
Nihilismus 23, 26, 29, 267
Norm 13 f., 79, 119 f., 122 f., 132, 138
Normativ 68, 86, 99, 104, 151
Normativität 18, 151

Objektivismus 17, 32, 159
Objektivisten 98
Ontologie 15, 54–56, 59, 93, 158

Partei 68 f., 88, 90, 120–122, 139 f., 144
Partikularität 38, 111, 139
Partizipation 18, 143
Paternalismus 113 f.
Perspektive 14–17, 30, 37, 41, 65 f., 69, 98 f., 125, 149, 159
Perspektivismus 28, 32, 158
Politik 18, 80, 132, 137, 139, 143, 158
Politisches 18, 68, 98, 105, 113–116, 120, 141, 143, 160
Postulat 16, 23 f., 45–51, 60 f., 80, 87 f., 127, 142 f., 148 f., 151 f., 155 f.
Postulieren 46–48, 50, 110, 126, 146
Privateigentum 127

Rechtsgleichheit 148–152
Rekontextualisierung 65, 67
Relation, dyadisch 42, 92, 94
Relation, triadisch 44, 92, 94
Relativierung 26
Relativismus 82
Relativität 27, 74, 80, 82

Sachverhalt 12 f., 45 f., 48, 50 f., 76, 78–80, 85 f., 91, 99–104, 118, 159
Schicksal 28, 34, 128, 130, 132
Sein 24–26, 86, 93, 109, 146 f., 149, 158
Seins-Illusion 25
Semiose 92, 99, 103
Semiotik 93, 99, 103 f., 159
Solidarität 136, 138 f.
Sollenssatz 13 f., 47
Sozialstaat 18, 105, 134–136, 138 f., 143
Staat 18, 38, 100, 105, 110, 112, 124 f., 128 f., 133 f., 137 f., 141 f., 147, 153–156, 160
Staatsvertrag 131
Subjekt 13, 15, 17, 23, 27 f., 31–40, 45, 47 f., 51, 61, 64–68, 73, 82 f., 85–87, 91 f., 99, 111 f., 115, 118, 126, 128–131, 133, 151, 159
Subjektivismus 17, 32, 81, 82, 159
Subjektivist 16, 98, 104
Subjektivität 28, 91

Teleologie 24
Terrorismus 18, 111
Tradition 35, 92 f., 127, 132

Tragisches 32–34
Trans-subjektiv 16, 23, 28 f., 75, 81 f., 97, 158
Transzendent 84, 87–89
Tribalismus 68

Umverteilung 127
Umwertung 16, 23, 25–28, 158
Ungleichheit 127, 140, 149, 152, 154 f.
Unmittelbarkeit 61, 63 f., 66 f., 69, 93
Utilitarismus 86, 138

Versprechen 78–81, 110
Verteilungsgerechtigkeit 18, 140
Vertrauen 59, 75–80, 119

Wahrhaftigkeit 16, 75, 78, 80 f., 103 f., 123
Wahrheit 62, 68, 75 f., 78, 89, 110 f.
Wahrheitsanspruch 75, 104
Ware 73
Welt 31, 33, 104 f., 111, 120, 127, 143, 148, 157, 160
Weltlosigkeit 74
Weltverlauf 77
Weltzustand 12 f., 25

Werden 23–25
Werte 12, 14–18, 23–25, 27–30, 33 f., 60, 64, 73–75, 78, 81–84, 89, 91 f., 96–98, 101, 103–105, 113, 115, 140, 143, 150, 158 f., 161
Werteerziehung 87
Werterelativismus 23, 28, 158
Wertorientierung 67
Wertskepsis 99
Werttheorie 73–75, 83 f., 90
Wille 17, 26, 44–50, 52, 55, 59, 110–113
Wille zur Macht 26 f., 29
Willensfreiheit 15, 17, 42, 45, 48, 51 f., 55, 60, 66, 77, 90
Willenstautologie 50
Wohlfahrt 18
Wohlstand 127
Wollen 26, 35, 38, 45, 49 f., 52, 110–115, 150
Wollen-Können 49, 112

Zeichen 17, 44, 92, 94–97, 99, 101, 104, 116, 149
Zeichenmittel 18, 94 f., 102–104

Heinz-Gerd Schmitz

Philosophische Probleme internationaler Politik und transnationalen Rechts

Die politische Philosophie hat sich mit Fragen der internationalen Beziehungen bisher nur recht sporadisch befasst. Intensiver erörtert worden ist der Begriff der Souveränität, das bellum iustum-Theorem hat eine nicht unbedeutende Rolle gespielt, auch der Begriff des Völkerrechts. Heinz-Gerd Schmitz versucht demgegenüber in einem systematischen Zugriff die Prämissen der sogenannten realistischen Schule einer Lehre von den internationalen Beziehungen zu thematisieren und hierbei drei Fragen zu beantworten: Wie sind die Subjekte des Völkerrechtes zu konzeptualisieren? Aus welchen Quellen fließt das Völkerrecht? Wie steht es zum nationalen Recht? Um hier zu Resultaten zu gelangen, ist es nötig den Rechtspositivismus gegen eine Naturrechtslehre auszuspielen, die Begriffe Macht und Gewalt zu erörtern, den Status staatlicher Quasi-Subjekte zu bestimmen, anzugeben, was genau unter dem Begriff des Krieges zu verstehen ist, wie sich Menschenrechte herleiten lassen. Auch die heute des Öfteren diskutierte Frage der Möglichkeit bzw. Wünschbarkeit eines Weltstaates wird verhandelt. Die Arbeit endet mit einer Kritik des politiktheoretischen Realismus.

Wissenschaftliche Abhandlungen und Reden zur Philosophie,
Politik und Geistesgeschichte, Band 47
240 Seiten, 2008
ISBN 978-3-428-12662-0, € 64,–
Titel auch als E-Book erhältlich.

www.duncker-humblot.de